蔡永红 主编

LINGQIDIAN

XUEKAN

QICHE

DIANLUTU

零 — 起 — 点

学看汽车电路图

第2版

U0319429

化学工业出版社

·北 京·

内容简介

本书从最基本的电学知识讲起，主要介绍汽车电路识读的基本技能，包括汽车电路识读必备基础知识、汽车电路的特点及识读方法、汽车电气系统各单元电路识读方法、各品牌车型电路的特点及识读方法、新能源汽车电路图的特点及识读方法、汽车电路常见故障及检测方法等内容。书中插入大量实物图片，以便让读者在识读电路图时了解具体的实物，使初学者能快速入门，掌握汽车电路识读的基本方法。

本书特别适用于有志从事汽车维修工作的初学者自学、进修使用，也可作为大、中专及中、高职汽车维修专业的培训教材与参考书。

图书在版编目（CIP）数据

零起点学看汽车电路图／蔡永红主编．—2版．—北京：化学工业出版社，2022.12

ISBN 978-7-122-42230-9

Ⅰ．①零… Ⅱ．①蔡… Ⅲ．①汽车-电气设备-电路图-识图 Ⅳ．①U463.620.2

中国版本图书馆CIP数据核字（2022）第171215号

责任编辑：周　红	文字编辑：张　宇　陈小滔
责任校对：李　爽	装帧设计：王晓宇

出版发行：化学工业出版社（北京市东城区青年湖南街13号　邮政编码100011）
印　　装：河北京平诚乾印刷有限公司
880mm×1230mm　1/16　印张17　字数451千字　2023年3月北京第2版第1次印刷

购书咨询：010-64518888　　　　　　　售后服务：010-64518899
网　　址：http://www.cip.com.cn
凡购买本书，如有缺损质量问题，本社销售中心负责调换。

定　　价：99.00元

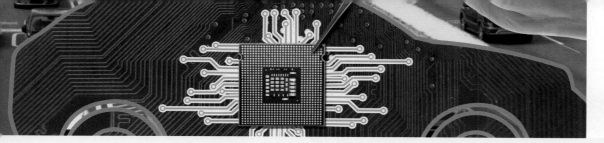

前　言

　　随着汽车电子技术的发展以及人们对汽车性能要求的不断提高，先进的电控装置不断地运用到汽车上，汽车电路图变得越来越复杂，再加上汽车品牌众多，各生产厂家电路图的绘制风格各异，电路图在图形符号、标注上也不尽相同，这给电路图的识读增加了很大的难度。看电路图，特别是电路原理图，对于相当一部分刚入门的汽车维修人员来说，是一件较困难的事情。而看图修车却是汽车维修人员必须具备的基本技能，只有读懂电路图，才能快速、准确地找到故障点，从而排除故障。

　　本书对《零起点学看汽车电路图》第一版中的不妥内容进行了修正，对部分内容进行了删减，新增了车载网络系统电路图的识读和新能源汽车电路图的特点及识读方法等内容。在编写过程中，本着从初学汽车电路人员的实际需要出发，从基础的电学知识讲起，对原理的阐述尽量通俗化，繁杂的问题简单化；书中插入大量的实物图片，把具体实物和抽象的电路做对比讲解，使读者在了解电路符号的同时，也认识了实物，以便让初学者学以致用，快速入门。

　　书中涉及的汽车电路图遵循厂家电路图的规范，部分元器件图形符号和文字符号与国家标准有所不同，敬请读者识读时注意。

　　本书特别适用于有志从事汽车维修工作的初学者自学、进修使用，也可作为大、中专及中、高职汽车维修专业的培训教材与参考书。

　　本书由蔡永红主编，参加编写的还有肖康宇、肖良军。

　　由于编者水平有限，书中难免有疏漏或不妥之处，恳请读者批评指正。

编　者

CONENTS

目录

第一章

汽车电路识读必备基础知识

第一节　汽车电工基础

一、电路的基本物理量

在了解汽车电路之前，先来学习一下电路的基本物理量。

图1-1所示为日常生活中常见的手电筒，它是应用直流电路的原理进行工作的。在直流电路中有三大要素，即电压、电流、电阻，这三者之间有定律关系。

图 1-1　手电筒

1.电流

当闭合手电筒的开关，灯泡亮了，因为有电流流过灯泡。大量的电荷朝一个方向移动（也称定向移动）就形成了电流。电流只在含有很多自由电子的物体中流动。电流是对在导体里移动的电子流的称谓，就像公路上有大量的汽车朝一个方向移动就形成"车流"一样。

电流用I来表示，单位为安培（简称安），用A表示，比安培小的单位有毫安（mA）、微安（μA），它们之间的关系为1A=1000mA，1mA=1000μA。

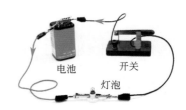

图 1-2　电流的方向

通常规定电流的方向是从高电位（正极）到低电位（负极）。图1-2所示电路的电流方向如图中箭头所示，即电源正极→灯泡→电源负极。

 提示

汽油发动机启动电流为200～600A，有些柴油机启动电流达1000A。

2.电压

电压是导致电子在导电体内流动的一种电力或压力，是位于两点之间的电位差。电压就如水压一样，水的流动是因为有水压（水位差），如图1-3所示，水由高水位向低水位流动。在电路中，由于有电压（电位差）的存在，电流就会从高电位点流向低电位点。

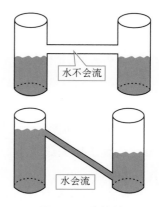

图 1-3　水位差

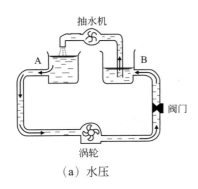

（a）水压

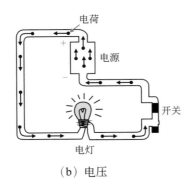

（b）电压

图1-4　水压与电压

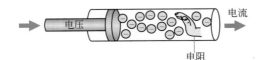

图1-5　电路中的电阻

图1-4（a）中水流的形成是由于抽水机给水流提供能量，抽水机的工作使水路存在一个稳定的水压，从而保证水流得以持续。图1-4（b）中电源的作用与抽水机类似，它给电路中的电流提供能量，使电路存在一个稳定的电压，从而保证电流得以持续。电压是使自由电荷发生定向移动的原因，但是当电路无电流流动时，电压依然存在。

电压分为直流电压与交流电压两种。如果电压的大小及方向都不随时间变化，则称为直流电压，用U表示。汽车电路中的电压一般指的是12V直流电压。通常规定电压的参考方向为高电位（"+"极性）端指向低电位（"-"极性）端，即电压的方向为电位降低的方向。

电压的国际单位为伏特（V），常用的单位还有千伏（kV）、毫伏（mV）、微伏（μV）等，它们之间的关系是：1kV=1000V，1V=1000mV，1mV=1000μV。

3. 电阻

河中的水流遇到石头时会受到阻碍。同样电流在导体中也会受到阻碍。导体对电流的阻碍作用称为电阻，电阻即是阻止电流流动及减缓流动的力（图1-5）。电阻将电能转换成其他形式的能，如热能、光能或动能。

电阻在电路中用字母R表示，电阻的单位有欧姆（Ω）、千欧（kΩ）、兆欧（MΩ），它们之间的关系为：1kΩ=1000Ω，1MΩ=1000kΩ。

影响电阻大小的因素有导体的材料、长度、温度和导体的横截面积。

4. 欧姆定律

前面讲了电的三大要素，即电压、电流、电阻，它们之间的关系就是欧姆定律。

欧姆定律：在同一电路中，导体中的电流与导体两端的电压成正比，与导体的电阻成反比。写成公式形式：

$$U=RI$$

式中　U——表示电压，V；

　　　R——表示电阻，Ω；

　　　I——表示电流，A。

欧姆定律如图1-6表达。也就是说，如果电阻恒定而改变电压，电流将随电压的增大或减小而（成比例地）增大或减小；如果电压恒定而改变电阻，电流与电阻的变化相反，电阻变大时电流将减小，而电阻减小时电流将增大。

为了在汽车电路中应用欧姆定律，记住它的一个较容易的方法是把它想象为一个电压恒定的跷跷板，如图1-7所示。电压不变时，如果电阻下降，则电流便会上升；反之，电阻升高，电流下降。

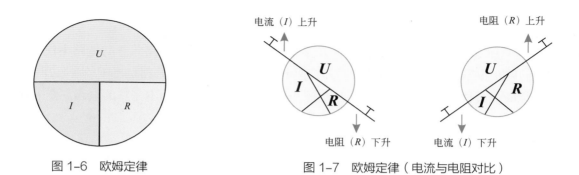

图 1-6　欧姆定律　　　　　　　　　　图 1-7　欧姆定律（电流与电阻对比）

二、电路及其工作状态

1. 电路

电路是电流流过的路径。把一个灯泡通过开关、导线和干电池连接起来，就组成了一个简单的电路，如图 1-8 所示。

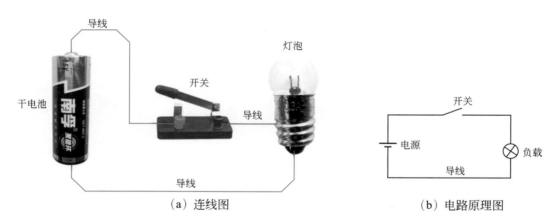

（a）连线图　　　　　　　　　　　　（b）电路原理图

图 1-8　简单电路的组成

可以看出，电路一般由电源、负载、控制装置以及导线组成。

（1）电源　图 1-8（a）中的干电池就是电源。电源是电路中供应电能的设备，如汽车上的发电机、蓄电池都是电源。发电机是将机械能转换成电能，蓄电池是将化学能转变成电能。

（2）负载　是将电能转换成其他形式能量的装置。灯泡、电炉、电动机等都是负载。灯泡是将电能转变成光能，电炉是将电能转变成热能，电动机是将电能转变成机械能。

（3）控制装置　图 1-8（b）中开关是控制装置，它为电流提供通路，把电源的能量供给负载，并根据负载需要接通和断开电路。

（4）导线　用来连接电源和负载，传输电能。汽车电路中，蓄电池和电路的负极与车体的金属架连接，以车体本身代替导线。

2. 电路的工作状态

电路的工作状态有三种，即通路、开路、短路。

（1）通路　是指从电源的一端沿着导线经过负载最终回到电源另一端的闭合电路。如图1-9所示，当开关闭合后，电源与负载接成闭合回路，电路中有电流流过。

（2）开路　也称断路，有控制性开路和故障性开路两种。开路状态时电路中没有电流流过。控制性开路是根据需要，人为将开关断开，使电路切断；而故障性开路是由于插头断开、电线截断、保险丝烧断或其他原因致使电流不能从电源正极流向负载和负极的不完整的电路。图1-10所示为控制性开路，当开关断开时，电路中的电流为零。

　　在汽车电路中，由于插接器连接问题造成的断路故障比较常见。

（3）短路　在电源正极和负极之间，负载被导线直接短接或负载内部击穿损坏，电流绕过了部分或全部电路负载而流过的较短（电阻较小）路径的情况称为短路。短路会导致电源严重过载，为防止电源被烧毁或发生火灾，通常要在电路中安装保险丝等保护装置，实现过电流保护。图1-11所示的状态为短路。

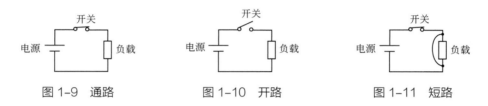

图1-9　通路　　　　　　　图1-10　开路　　　　　　　图1-11　短路

　　电路产生短路的原因大多是绝缘材料损坏或接线不慎，因此应经常检查电气设备和线路的绝缘情况。

三、电路基本连接方式

电路的连接方法主要有串联和并联。

1. 串联电路

这是一种最简单的电路，电源、负载、导体以及控制装置都与仅有的一条电路径相连。每个元件的电阻都可以是不同的，数值相同的电流将流经每一个元件，所以通过每个元件的电压也将是不同的。如果路径损坏，电流便不能通过。串联电路可以用水流来描述，如图1-12所示。

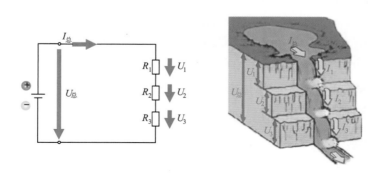

图1-12　电路的串联与水流原理

串联电路定律:

① 电路的总电阻等于各电阻之和。

② 串联电路中每一点的电流都是相同的。

③ 串联电路中各个压降的总和等于电路两端的总电压或电源电压。

2.并联电路

若干个元件首与首连接,尾与尾连接,接到一个电源上,这种连接方法称为并联。一个并联电路有一个以上的电流通路,每个分路的电压相同。假如每个分路的负载电阻相同,分路电流也将相同。假如分路里的负载电阻不同,分路电流也将不同。假如有一个分路损坏,电流将继续流往其他分路。并联电路也可以用水流来描述,如图1-13所示。

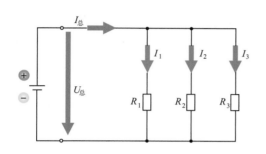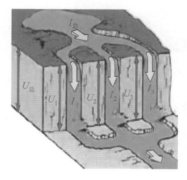

图 1-13　电路的并联与水流原理

并联电路定律:

① 并联电路中,通过各分路的电压相同。

② 并联电路中的总电流等于各个分路电流的总和。

③ 并联电路中的总电阻通常小于最小电阻分路里的电阻。

四、直流电与交流电

1.直流电

方向和大小均不随时间变化的电流或电压称为直流电(DC)。直流电流可由电池、热电偶、太阳能电池和换向器式的发电机产生。汽车的大部分系统均使用直流电。直流电的优点是可以被储存在蓄电池中。图1-14所示为12V的直流电压。

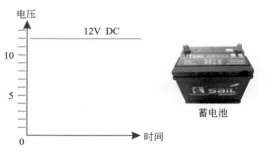

图 1-14　直流电压

2.交流电

大小和方向随时间改变的电压或电流统称为交流电(AC)。如果电压和电流是按周期性正弦规律变化的,则称为正弦交流电。在汽车维修企业中,许多大型汽车维修检测设备是用交流电作为电源的,其波形如图1-15所示。

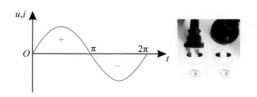

图 1-15　正弦交流电

汽车发电机所产生的就是交流电。由于磁路定律，交流电很容易在发电机中产生，但是却难以储存。因此，发电机配备有特殊电路，可以在应用于车辆电气系统之前被转换成直流电。

五、电流的三大效应

图 1-16　座椅加热

电流的效应是多方面的，电流三大效应是指电流的热效应、化学效应和磁效应。

1. 电流的热效应

电流通过电阻要发热，电流做功而消耗电能，产生了热量，这种现象称为电流的热效应。如除霜器、点烟器、座椅加热装置（图1-16）等就是利用这种效应制成的。当电流流经除霜器或点烟器时，就将电能转换成热能而产生热。当过大电流流过保险丝时，因为产生热而将保险丝熔断。

2. 电流的化学效应

电流通过导电的液体会使液体发生化学变化，产生新的物质，电流的这种效应称为化学效应，电解、电镀、电离等就属于电流的化学效应的应用例子，图1-17所示为电解硫酸铜。

汽车蓄电池的充电就是应用电流的化学效应。

3. 电流的磁效应

任何通有电流的导体都可以在其周围产生磁场现象，称为电流的磁效应。喇叭、继电器等都是利用电流的磁效应制成的。

如图1-18所示，把通电导体与指南针（磁针）平行放置，然后接通电源，当导体上有电流通过时，周围产生磁场，使附近的磁针产生偏转。

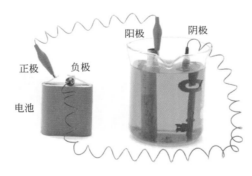

图 1-17　电解硫酸铜

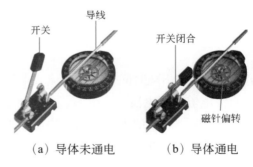

（a）导体未通电　　（b）导体通电

图 1-18　电流的磁效应

（1）通电直导线产生的磁力线　如果给直导线通电，在直导线周围会产生磁力线。磁力线的方向可以用安培右手定则（导线）来判定（图1-19）：以右手握住有电流的直导线，拇指指向电流方向，则其余四指的方向即为磁力线的方向。

（2）通电环形导线产生的磁力线　如果把导线做成环状并在导线中通入电流，导线周围会产生磁力线，这时每条圆形磁力线从环形导线的一边进入另一边。换句话说，这些磁力线都穿过环状导线中心，这就形成了一个带有N极和S极的弱电磁体。这些磁力线从N极离开环形导线，沿环形导线外部流动，在S极重新进入，就像一块条形磁铁，如图1-20所示。

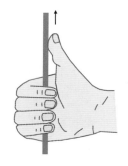

图1-19　安培右手定则（导线）

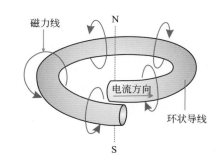

图1-20　通电环形导线产生的磁力线

（3）通电线圈产生的磁力线　当一带电导线变成线圈时就会产生一个带N、S极的磁场，如条形磁铁一样。

如果将一铁芯放入线圈中，磁场会变强，因为磁力线穿过铁芯比穿过空气要容易得多。一根铁芯能使磁场强度增大很多倍。线圈产生的磁力线如图1-21所示。这种称为电磁体的结构在发电机中得到应用。发电机使用绕成很多匝的载流导体以及放在其中的一块称为极心的铁芯，用于产生强磁场。

（a）铁粉显示的线圈的磁力线

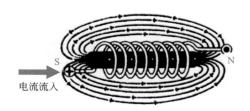

（b）线圈的磁力线

图1-21　线圈产生的磁力线

线圈磁力线的方向可以用安培右手定则（线圈）来判定（图1-22）：用右手握住线圈，使四指的方向与电流的方向一致，拇指的指向就是磁力线的方向。

汽车起动机上的电磁开关、启动继电器等就是电流磁效应的典型应用。图1-23所示为电磁开关示意图，一个较小的电流流过绕在铁芯上的电磁线圈，产生电磁吸力使电路触点闭合。然后，开关触点便可能接通大电流到用电设备，即以小电流控制大电流。

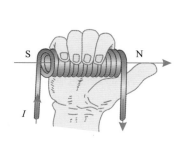

图1-22　安培右手定则（线圈）

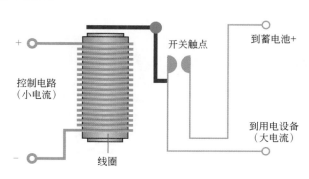

图1-23　电磁开关示意图

六、电磁力与电磁感应

1. 电磁力

载流导体在磁场中所受的作用力称为电磁力。通电直导体在磁场中所受作用力的方向，可用左手定则判定（图1-24）：将左手伸开，使拇指与四指垂直，让磁力线垂直穿过掌心，四指朝向导体电流的方向，拇指所指的方向就是导体所受电磁力的方向。

图 1-24　左手定则

> → : 导体的运动方向
> → : 电流方向
> ----→ : 磁力线方向

2. 电磁感应

电磁感应实验如图1-25所示。

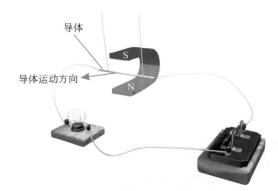

（a）导体的电磁感应

（b）线圈的电磁感应

图 1-25　电磁感应实验

在图1-25（a）所示的均匀磁场中放置一根导体。导体两端连接一个灯泡，当导体垂直切割磁力线时，可以明显地观察到灯泡发光。这说明导体回路中有电流存在。另外，当使导体平行于磁力线方向运动时，灯泡不发光，说明导体回路中不产生电流。

在图1-25（b）所示实验中，空心线圈两端连接检流计。当用一块条形磁铁快速插入线圈时，我们会观察到检流计指针向一个方向偏转；如果条形磁铁在线圈内静止不动，检流计指针不偏转；当将条形磁铁从线圈中迅速拔出时，又会观察到检流计指针向另一方向偏转。

上述两实验现象说明：当导体相对于磁场运动且切割磁力线或者线圈中的磁通发生变化时，在导体或线圈中都会产生感应电动势。若导体或线圈构成闭合回路，则导体或线圈中将有电流流过，这种现象称为电磁感应现象。

要注意的是这种切割磁力线的运动可以是导体相对磁体运动，也可以是磁体相对导体运动。图1-26所示为导体（线圈）在磁场中做切割磁力线运动产生感应电流。汽车的交流发电机就是利用电磁感应原理发电的。

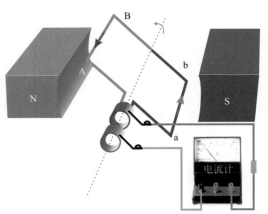

图 1-26　导体（线圈）在磁场中产生感应电流

　　图1-27所示为一个典型的交流发电机转子，转子上绕有励磁线圈，当外电路通过电刷使励磁绕组通电时，便产生磁场，使爪极被磁化为N极和S极。当转子旋转时，磁通交替地在定子绕组中变化，根据电磁感应原理可知，定子的三相绕组中便产生交变的感应电压。

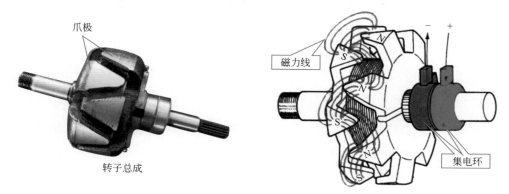

爪极

磁力线

集电环

转子总成

图 1-27　交流发电机转子

七、电功和电功率

1.电功

　　电功是指电场力对自由电荷所做的功，也就是通常所说的电流所做的功。做功的过程是电能转化为其他形式能量的过程。

　　如果一段电路两端的电压为U，通过的电流为I，在时间t内，电场力做的功为$W=UIt$，即电流在一段电路上所做的功等于这段电路两端的电压U、电路中的电流I和通电时间t三者的乘积。在国际单位中，电功的单位是焦（J），常用单位有千瓦时（kW·h）。

2.电功率

　　电流在单位时间内所做的功称为电功率。电功率是用来表示消耗电能快慢的物理量，用P表示，$P=W/t=UI$，即一段电路上的电功率P等于这段电路两端的电压U和电路中的电流I的乘积。电功率表示电流做功的快慢，它的单位是瓦特，简称瓦，符号是W。如宝马750i/750Li发动机功率是300kW。

　　汽车电路上的用电器工作时都会消耗蓄电池电能或者发电机产生的电能，有大功率的用电器（如前照灯、空调鼓风机、电加热装置等），也有小功率的用电器（如照明指示灯、小灯泡、收音机）。大功率用电器在关闭发动机后不宜长时间开启，以免过多消耗蓄电池电能。同时，在启动汽车时应关闭大功率用电器，使发动机有充足的电能启动。

第二节　汽车电路中的常见电气元件

一、电阻器

　　电路中阻碍电流流过的元件称为电阻器（简称电阻）。电阻是汽车电路中使用最多的基本元件之一，其质量的好坏对电路工作的稳定性有极大影响。它的主要用途是稳定和调节电路中的电流和电压，其次还作为分流器、分压器和负载使用。电阻图形符号如图1-28所示。

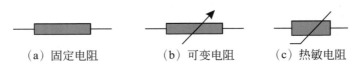

（a）固定电阻　　　（b）可变电阻　　　（c）热敏电阻

图 1-28　电阻的图形符号

1.电阻的分类

电阻的种类较多。按材料分，有碳膜电阻、金属膜电阻、线绕电阻等；按阻值是否可变分，有固定电阻、可变电阻；按具有的特殊性质分，有光敏电阻、压敏电阻、热敏电阻等；按安装方式分，有插件式电阻和贴片式电阻。在汽车电脑板中，常采用贴片式电阻。各种电阻外形如图1-29所示。

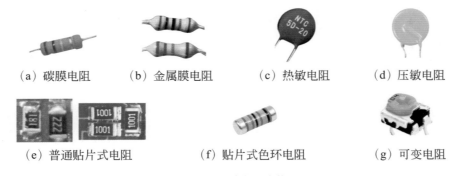

（a）碳膜电阻　　　（b）金属膜电阻　　　（c）热敏电阻　　　（d）压敏电阻

（e）普通贴片式电阻　　　（f）贴片式色环电阻　　　（g）可变电阻

图 1-29　各种电阻实物图

2.电阻的标识

大多数电阻上都标有电阻的数值，这就是电阻的标称值。电阻的标称值往往和它的实际阻值不完全相同。电阻的实际阻值与其标称值的偏差，除以标称值所得到的百分比，称为电阻的误差。电阻的标称值的表示方法有直标法、文字符号法、数码表示法、色标法。

（1）直标法　就是直接用阿拉伯数字和单位符号标出参数。一般用于功率较大的电阻器。如图1-30所示，电阻体上标注"5W10KJ"，表示电阻的阻值为10kΩ，功率为5W，允许误差为 ±5%。

（2）文字符号法　就是将电阻的标称值和误差用数字和文字符号按一定的规律组合标识在电阻体上。符号前数字为整数，符号后面数字为小数。

例如，电阻器上印有"2.2k"或"2 k2"字样，表示电阻值为2.2kΩ。

如图1-31所示，"5M0"表示电阻值为5.0MΩ。

（3）数码表示法　是在电阻体的表面用3～4位整数或两位数字加R来表示标称值的方法。该方法常用于

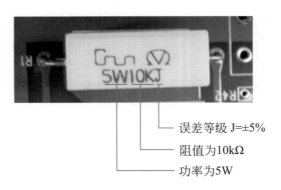

误差等级 J=±5%
阻值为10kΩ
功率为5W

图 1-30　电阻的直标法

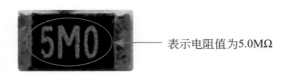

表示电阻值为5.0MΩ

图 1-31　电阻的文字符号法

贴片电阻，如图1-32所示。

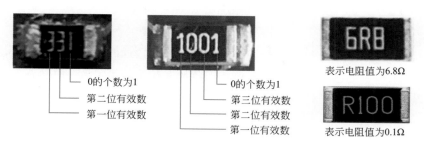

图 1-32　电阻的数码表示法

　　① 三位数字标注法　前两位是有效数字，第三位表示0的个数，例如标注为331的电阻，其阻值为 $33 \times 10^1 = 330\Omega$。

　　② 四位数字标注法　前三位是有效数字，第四位表示0的个数，例如标注为1001的电阻，其阻值为 $100 \times 10^1 = 1k\Omega$。

　　③ 二位数字后加R标注法　若阻值小于 10Ω，则用R表示，且R代表小数点，如标注为6R8的电阻，其阻值为 6.8Ω，标注为R100即阻值为 0.1Ω。

　　（4）色标法　是目前国际上普遍流行的电阻值标识方法。它将不同颜色的色环涂在电阻上来表示电阻的标称值及允许误差，色环电阻中最常见的是四环电阻和五环电阻。各种颜色所对应的数值如图1-33所示。

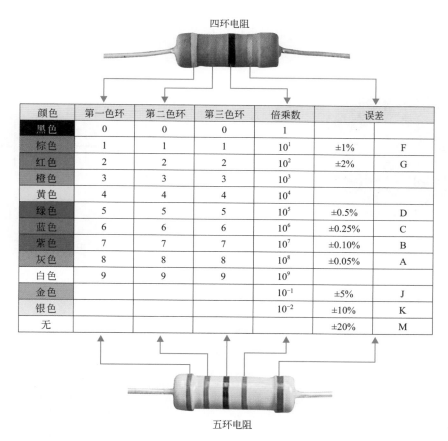

图 1-33　色环电阻标志读数及识别规则

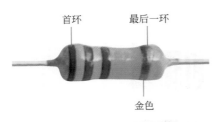

图 1-34 电阻首环的识别

色环电阻识读技巧：识读色环电阻的关键是找准电阻的首环（依图 1-34 做说明）。

① 离端部近的为首环；

② 端头任一环与其他较远的一环为最后一环即误差；

③ 金色、银色环在端头的为最后一环（误差环）；

④ 黑色环在端头为倒数第二环，并且末环为无色环；

⑤ 紫色、灰色、白色环一般不会是倍乘数，即不大可能为倒数第二环。

色环电阻识读示例：图 1-33 中四环电阻的颜色为黄、紫、黑、金，表示电阻的大小为 $47 \times 10^0 = 47\Omega$，误差为 $\pm 5\%$；五环电阻颜色为橙、橙、黑、橙、棕，表示电阻的大小为 $330 \times 10^3 = 330k\Omega$，误差为 $\pm 1\%$。

3.电位器

电位器实际上是一个可变电阻，通常是由电阻体与转动或滑动系统组成，即靠一个动触点在电阻体上移动，获得部分电压输出。典型的三线电位器结构如图 1-35 所示，它有三个引出端，其中定片 1、定片 2 两端间电阻值为最大，定片 1、动片或定片 2、动片两端间的电阻值可以通过活动触头所在位置加以调节。活动触头与旋转轴相连，即与动片相连，在弹簧压力的作用下与电阻片保持接触。

可变电阻用作分压器时，被称为电位器，是一个三端器件，如图 1-36（a）所示；可变电阻用作变阻器时，应把它接成两端器件，即动片要与某一定片用导线直接相连。这里假设动片与定片 2 相连，如图 1-36（b）所示。另外，可变电阻器也可以用动片与定片 1 相连，两定片引脚之间可以互换使用。

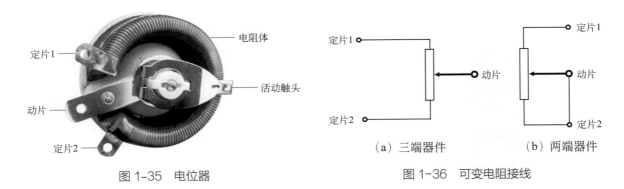

图 1-35 电位器

（a）三端器件　　　（b）两端器件

图 1-36 可变电阻接线

电位器外壳上标注的阻值称为标称值，是电位器两固定引脚之间的阻值，一般称为电位器的最大阻值，通常采用直标法或数码表示法表示，如图 1-37 所示。

图 1-37 电位器的标称值

电位器一般用在电路中需要经常改变电阻阻值的地方。在汽车电路中，它主要用作位置传感器，如发动机电控系统的节气门位置传感器、加速踏板位置传感器、空调风门伺服电动机电位计等。这些传感器可以精确计量某些位置的微小变化，将位置信号转换成电压信号输出。图1-38所示为大众波罗（POLO）汽车空调内循环风门电动机及电位计。

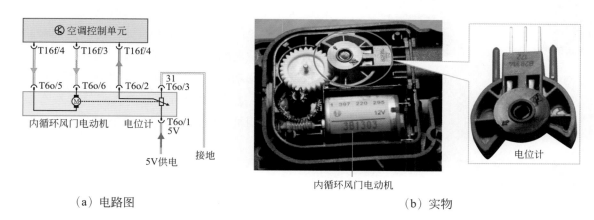

（a）电路图　　　　　　　　　　　　　　　　　（b）实物

图1-38　大众波罗（POLO）汽车空调内循环风门电动机及电位计

4.电阻的检测

（1）量程的选择　为提高测量精度，应根据被测电阻标称值的大小来选择量程。一般数字万用表有6个电阻挡位：200Ω、2kΩ、20kΩ、200kΩ、2MΩ和20MΩ。R_X为被测电阻，选取挡位的原则为$R_X<200Ω$的选择200Ω挡位，$200Ω<R_X<2kΩ$的选择2kΩ挡位，依此类推。若所选量程小于被测量电阻的阻值，则仪表会显示"OL"或"1"，此时应改用更大的量程进行测量。

（2）检测方法

① 普通电阻的检测　将黑表笔插入"COM"插座，红表笔插入"V/Ω"插座。测量前先将表笔短路，万用表调零，才能保证测量的精度。实际检修时，如怀疑某电阻失效，则不能直接在电路板上测量电阻值，因为被测电阻两端存在其他电路的等效电阻；正确的方法是先将电阻拆下（或焊开一个头），选择合适的量程，再将两表笔跨接在被测电阻的两个引脚上（图1-39），万用表的显示屏即可显示出被测电阻的阻值。如果所测电阻阻值为无穷大，则表明电阻内部已断路。

图1-39　用万用表检测电阻

　　一般情况下，电阻的失效率比较低，电阻的失效主要为阻值变大或内部开路、虚焊、脱焊等。

② 电位器的检测

测标称值：用万用表测量电位器时，应先根据被测电位器标称值的大小，选择好万用表的合适挡位再进行测量。测量时，将万用表的红、黑表笔分别接在定片引脚上，万用表读数应为电位器的标称值，如图1-40（a）所示。如万用表读数与标称值相差很多，则表明该电位器已损坏。

测可变值：当电位器的标称阻值正常时，再测量其变化阻值及活动触头与电阻体接触是否良好。

（a）测电位器标称值

（b）测电位器可变值

图 1-40　用万用表检测电位器

此时用万用表的一表笔接在动片引脚（通常为中间引脚），另一表笔接在一定片引脚（两边引脚）。接好表笔后，万用表应显示为零（或标称值），再将万用表的转轴从一个极端位置旋转至另一个极端位置，阻值应从零（或标称值）连续变化到标称值（或零）。图1-40（b）所示为电位器转轴旋转到某位置时的电阻值。在电位器的轴柄转动或滑动过程中，若万用表的指针平稳移动或显示的示数均匀变化，则说明被测电位器良好；旋转轴柄时，万用表阻值读数有跳动现象，则说明被测电位器活动触头有接触不良的故障。

二、电容器

1.电容器的作用

电容器（简称电容）是由两个相互靠近的金属电极板中间夹一层电介质构成的。它也是组成电子电路的主要元件，在电路中常起滤波、耦合、振荡、调谐、旁路、通交隔直（通交流电，隔断直流电）等作用。

2.电容器的符号与单位

电容在电路中常用 C 表示，图形符号如图1-41所示。

（a）普通电容　　　　（b）电解电容　　　　（c）可变电容　　　　（d）微调电容

图 1-41　电容的图形符号

电容的单位有F（法拉）、μF（微法）、nF（纳法）、pF（皮法）。它们的换算公式为 $1F=10^6\mu F=10^9 nF=10^{12} pF$。

3.电容器的分类

电容的种类很多，按结构分，有固定电容、可变电容、微调电容；按介质材料分，有铝电解电容、钽电解电容、瓷介电容、涤纶电容、云母电容、聚碳酸酯薄膜电容等；按安装方式分，有直插电容和贴片电容；按极性分，有无极性电容和有极性电容。电解电容是有极性的，其正、负极通常有明显的标记，更换该类型元件时，应注意极性，如极性错误会导致元件损坏。各种电容实物如图1-42所示。

4.电容器的标识

固定电容器的参数很多，但在实际使用时，一般只考虑工作电压、电容量和允许误差。

工作电压：也称耐压，是指电容器在连续使用中所能承受的最高电压。

电容量：电容器储存电荷的能力称为电容量，简称容量。

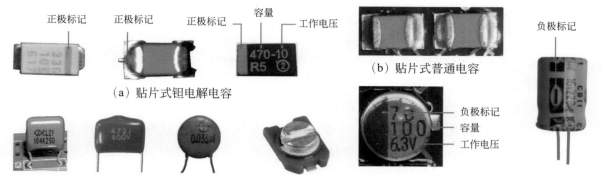

（a）贴片式钽电解电容　　（b）贴片式普通电容

（c）薄膜电容　（d）涤纶电容　（e）瓷介电容　（f）贴片式微调电容　（g）贴片式铝电解电容　　（h）铝电解电容

图 1-42　各种电容实物

允许误差：实际电容量对于标称电容量的最大允许偏差范围。

电容的标识方法与电阻的标识方法基本相同，有直标法、文字符号法、数码表示法、色标法。

（1）直标法　直标法是将电容的标称容量、耐压及允许误差直接标在电容体上，如图1-43所示。

图 1-43　电容的直标法

（2）文字符号法　该标记方法由数字和字母两部分组成，其中字母可当成小数点，而数字和字母共同决定该电容的容量。例如，标注为6n8的电容，容量为6.8nF（图1-44）；标注为p33的电容，容量为0.33pF；标注为2μ2的电容，容量为2.2μF。

（3）数码表示法　数码表示法一般用三位数字来表示容量的大小，前两个是有效数字，第三个是倍数（第三个数中0～8分别表示10^0～10^8，9表示10^{-1}），单位为pF。例如，103表示10×10^3=10000pF，224表示22×10^4=220000pF=0.22μF，如图1-45所示。

图 1-44　电容的文字符号法　　　　　图 1-45　电容的数码表示法

 提示

229表示22×10^{-1}=2.2pF。

（4）色标法　电容的色标法与电阻的色标法规定相同，其基本单位为pF，一般有三条色环，前两环为有效数字，第三环为倍率。

5.电容器的检测

电容的质量好坏主要表现在电容量和漏电电阻。电容量可用带有电容测量功能的数字万用表、电容表进行测量，下面介绍使用万用表对电容进行简易检测的方法。

（1）指针式万用表检测电容

① 0.1μF以上固定电容的检测　将万用表的电阻挡调到$R×1k$或$R×10k$挡，用表笔接触电容器的两端，表针先向$0Ω$方向摆动，当达到一个很小的电阻读数后便开始反向摆动，最后慢慢停留在接近无穷大的位置；调换表笔后再次测量，指针也先向$0Ω$方向摆动后返回到接近无穷大的位置，说明该电容正常。电容容量越大，表针偏转的角度应当越大，指针返回的速度也应当越慢。

a.如果指针不摆动，则说明电容内部已开路。

b.如果指针摆向$0Ω$或靠近$0Ω$的数值，并且不向无穷大的方向回摆，则表明电容内部已击穿。

c.如果指针摆向$0Ω$后能慢慢返回，但不能回摆到接近无穷大的位置，则表明电容存在较大的漏电，且回摆指示的电阻越小，漏电就越大。

② 0.01μF以下固定电容的检测　对于0.01μF以下的电容，用万用表只能判断是否发生短路。测量时选用万用表$R×10k$挡，将两表笔分别任意接电容的两个引脚，如果测出阻值为零，可以判定该电容发生短路。

由于0.01μF以下的电容容量太小，所以表针还没有来得及反应，充放电过程就已经结束了，由于表针不摆动，无法判断电容是否断路，所以在维修时，如果怀疑某电容有问题，最好的办法是用一个新电容进行替换，若故障现象消失，则可确定原电容有故障。

③ 电解电容器的检测　因为电解电容的容量较一般固定电容大得多，所以，测量时，应针对不同容量选用合适的量程。根据经验，一般1 ~ 47μF间的电容，可用$R×1k$挡测量，大于47μF的电容可用$R×100$挡测量。由于电解电容本身就存在漏电，所以表针不能完全指向无穷大，而是接近无穷大的读数，这是正常的。而电解电容都是有极性的电容，所以用万用表测量耐压低的电解电容时，应当将黑表笔连接到电容的正极，红表笔连接到电容的负极，以防止电容被反向击穿（黑表笔连接万用表内部电池的正极，红表笔连接内部电池的负极），如图1-46所示。再次测量之前，应先将电容充分放电，即将电解电容的两根引脚短路，如图1-47所示，否则将看不到电容的充放电现象，从而导致测量结果不正确。正常的电容应当有充放电现象，最终表针指示的电阻值大多在数百千欧以上（图1-46）。如果没有充放电现象，或终值电阻很小，或表针的偏转角度很小，则都表明电容已不能正常工作。用此法检查电解电容时，表针的偏转角度随着电容容量的不同有差异，电容的容量越大，表针偏转的角度越大；容量越小，表针偏转的角度也越小。

图1-46　指针式万用表检测电解电容

图1-47　电解电容放电

电解电容器的正、负极性不允许接错，当极性接反时，可能因电解液的反向极化引起电解电容器的爆裂。当极性标记无法辨认时，可根据正向连接时漏电阻大、反向连接时漏电阻相对小的特点判断极性。交换表笔前后两次测量漏电阻，阻值大的一次，黑表笔接触的是正极，因为黑表笔与万用表内电池正极相接，红表笔接的是负极。

（2）数字式万用表检测电容　将数字式万用表拨至合适的电阻挡，红表笔和黑表笔分别接触被测电容的两极，这时显示值将从"000"开始逐渐增加，直至显示溢出符号"1"。若始终显示"000"，说明电容器内部短路；若始终显示溢出，则可能是电容内部极间开路，也可能是所选择的电阻挡不合适。检查电解电容器时需要注意，红表笔（带正电）接电容器正极，黑表笔接电容器负极。

有的数字式万用表具有测量电容容量的功能，可将数字式万用表置于电容挡，根据电容量的大小选择适当挡位，待测电容充分放电后，将待测电容直接插到测试孔内（或两表笔分别直接接触进行测量），数字式万用表的显示屏上将直接显示出待测电容的容量，如图1-48所示。

图1-48　数字式万用表检测电容

三、电感元件

电感元件（简称电感）是一种能够存储磁场能的电子元件，又称电感线圈。将绝缘导线一圈一圈地绕在绝缘管上就得到了一个电感线圈。电感也是电子电路重要的元件之一，它具有通直流、阻交流、通低频、阻高频的特性，主要用于调谐、振荡、耦合、扼流、滤波、陷波、偏转等电路。

电感在电路中用L来表示，符号为 ⎓⁓⁓⁓⎓ 。

电感的单位有H（亨）、mH（毫亨）、μH（微亨）和纳亨（nH）。它们的换算公式为 $1H=10^3mH=10^6\mu H=10^9nH$。

1.电感的分类

电感的种类很多，按电感值是否可调分，有固定电感线圈和可变电感线圈；按安装方式分，有贴片式电感、插件式电感；按结构分，有空心线圈、磁芯线圈和铁芯线圈等；按功能分，有振荡线圈、扼流线圈、耦合线圈、校正线圈和偏转线圈等。各种电感实物如图1-49所示。

（a）色环电感　　（b）空心线圈　　（c）绕线电感　　（d）扼流线圈　　　　（e）贴片式电感

图1-49　各种电感实物

2.电感的标识

 提示

　　贴片式电感外观上与贴片式电容比较相似，区分的方法是贴片式电容有多种颜色，如褐色、灰色、紫色等，而贴片式电感只有黑色一种。

电感的标识方法也有四种，即直标法、文字符号法、数码表示法、色标法。

（1）直标法　是将电感的标称电感量用数字和文字符号直接标在电感体上，如图1-50所示。

（2）文字符号法　是将电感的标称值和偏差值用数字和文字符号按一定的规律组合标示在电感体上，如图1-51所示。采用文字符号法表示的电感通常是一些小功率电感，单位通常为nH或μH。用μH作单位时，R表示小数点；用nH作单位时，N表示小数点。

图 1-50　电感的直标法　　　　　　图 1-51　电感的文字符号法

（3）数码表示法　是用三位数字来表示电感量的方法，常用于贴片式电感上。三位数字中，前两位为有效数字，第三位数字表示有效数字后面所加"0"的个数。

　　用这种方法读出的电感量，默认单位为微亨（μH）。例如，标识为"151"的电感为 $15 \times 10^1 = 150\mu H$，如图1-52所示。

（4）色标法　是在电感表面涂上不同的色环来代表电感量（与电阻类似），通常用三个或四个色环表示。识别色环时，紧靠电感体一端的色环为第一环，露出电感体本色较多的另一端为末环。其第一色环是十位数，第二色环为个位数，第三色环为应乘的倍率数。

　　例如，色环颜色分别为绿、蓝、金的电感的电感量为5.6μH，如图1-53所示。

图 1-52　电感的数码表示法　　　　图 1-53　电感的色标法

●用这种方法读出的色环电感量，默认单位为微亨（μH）。

●色环电感与色环电阻的外形相近，使用时要注意区分，通常色环电感外形短粗，而色环电阻外形细长。

3.电感的检测

检测电感时应先从外观进行检查，看是否有破裂、烧焦等现象，线圈是否有松动，引脚有无折断，若有上述现象，则表明电感已损坏。

然后用万用表定性判断电感的好坏，万用表拨到欧姆挡，测线圈的直流电阻，电感的直流电阻值一般很小，大多数不会超过1Ω（图1-54）。用万用表$R \times 1\Omega$挡测线圈的直流电阻，若阻值无穷大说明线圈已经开路损坏；阻值为零，说明线圈完全短路。大多数电感发生故障均是开路，而电感线圈内部发生短路的情况极少见，所以在实际检修中主要测量它们是否开路就可以了，或者用一个新电感进行替换来判断。

图 1-54　电感的检测

有的数字式万用表具有电感挡，采用这种万用表来检测电感就很方便。电感是否开路或局部短路，以及电感量的相对大小可以用万用表进行粗略检测和判断。

四、变压器与点火线圈

1.变压器

变压器是利用电磁感应的原理来改变交流电压、电流和阻抗的器件，变压器由铁芯（或磁芯）和线圈组成，如图1-55所示。

变压器的工作原理如图1-56所示，与电源相连的绕组，称为原绕组或初级绕组，匝数为N_1，与负载相连的绕组，称为副绕组或次级绕组，匝数为N_2。当初级线圈上加一交流电压时，初级线圈便有电流通过，在次级线圈两端就会产生感应电动势。初级线圈上的电压为U_1，次级线圈上的电压为U_2，初级和次级电压与线圈圈数间具有下列关系：

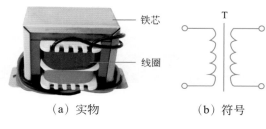

图 1-55　变压器

（a）实物　　　　　（b）符号

$$\frac{U_1}{U_2} = \frac{N_1}{N_2}$$

当$N_2 < N_1$时，其感应电动势低于初级电压，即$U_2 < U_1$，这种变压器称为降压变压器。当$N_2 > N_1$时，其感应电动势要比初级所加的电压还要高，这种变压器称为升压变压器，即$U_2 > U_1$。

变压器在汽车上的运用比较广泛，如汽车发动机点火系统中的点火线圈、氙气大灯内部的升压变压器（图1-57）及基于变压器原理的传感器等。

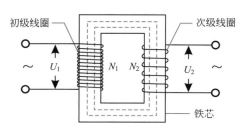

图 1-56　变压器的工作原理图

图 1-57　一汽奔腾 B50 氙气大灯内部的升压变压器

图 1-58 常用的点火线圈

2.点火线圈

点火线圈是产生点火所需高压电的一种变压器，它将12V低压电转变成15 ～ 20kV的高压电。点火线圈有开磁路式点火线圈和闭磁路式点火线圈两种，常用的点火线圈如图1-58所示。

图1-59所示为捷达轿车点火线圈实物与电路图，插头共有4个引脚，其中1脚与3脚都为控制脚，分别接发动机控制单元；2脚为供电脚，接12V电源；4脚为接地脚。当1脚和3脚输入控制信号时，高压端头输出高压电，供4个气缸的火花塞点火。

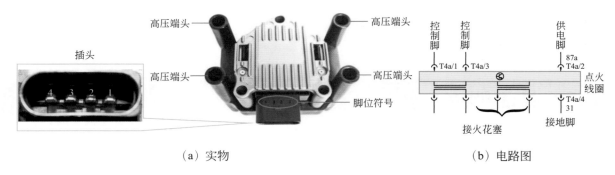

（a）实物 （b）电路图

图 1-59 捷达轿车点火线圈

五、晶体二极管

1.晶体二极管的结构和特性

晶体二极管简称二极管，它和晶体三极管一样都是由半导体材料制成的。半导体是指导电性能介于导体和绝缘体之间的一类物质，常用的半导体材料有硅和锗。

半导体材料按导电类型不同，分成P型半导体和N型半导体两类。当把P型半导体和N型半导体结合在一起时，两种半导体之间就会形成一个交界层，称为PN结。简单地说，把一个带有引线的PN结封装在玻璃管、塑料体或金属的外壳里，就构成了二极管。两个半导体层向外导电，由P区引出的电极称为阳极或正极，由N区引出的电极称为阴极或负极。二极管结构及电路图符号如图1-60所示。

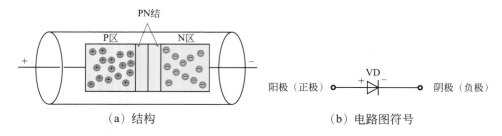

（a）结构 （b）电路图符号

图 1-60 二极管结构及电路图符号

二极管的基本特性是单向导电性。把电池、小灯泡、二极管串联起来，连成图1-61所示的电路。在图1-61（a）中，电池正极接在二极管正极上，电池负极通过小灯泡接在二极管的负极上。闭合开关，这时二极管加的是正向电压，小灯泡发光。在图1-61（b）中，二极管正、负极引线倒换过来，闭合开关，二极管加的是反向电压，小灯泡就不能发光。二极管加上正向电压时电阻很小，能良好导通，加上反向电压时电阻很大，接近开路截止，这就是它的单向导电性。这个特性也可以理解为在电路中，二极管只允许电流从其正极流向负极，不允许反向流通。

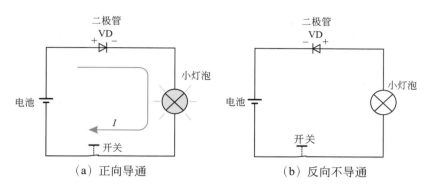

（a）正向导通　　　　　　　　　　（b）反向不导通

图 1-61　二极管的单向导电性

2.二极管的种类及运用

二极管按制造材料分，有硅二极管（Si管）、锗二极管（Ge管）；按用途的不同分，有整流二极管、稳压二极管、开关二极管、发光二极管、检波二极管、光电二极管、隔离二极管、肖特基二极管等；按结构的不同分，有点接触型二极管、面接触型二极管和平面型二极管。

部分类型的二极管如图1-62所示。

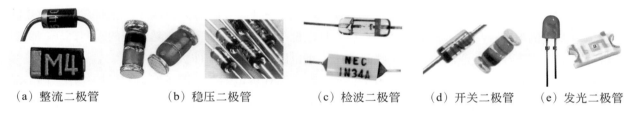

（a）整流二极管　　　（b）稳压二极管　　　（c）检波二极管　　　（d）开关二极管　　（e）发光二极管

图 1-62　各种类型的二极管

（1）整流二极管　是利用二极管的单向导通特性，将交流电转变为直流电的半导体器件。整流电路有半波整流、全波整流、桥式整流。

汽车发电机上的整流器就是使用整流二极管组成的桥式整流电路，将发电机产生的交流电转换成可供汽车电器使用的直流电，如图1-63所示。

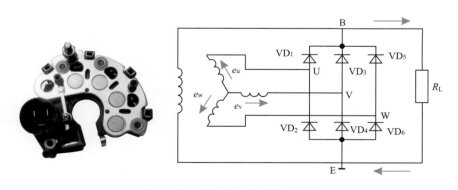

图 1-63　整流器与桥式整流电路

（2）稳压二极管　是一种特殊的面接触型半导体硅二极管，它在电路中与适当电阻配合后能起到稳定电压的作用，故称为稳压二极管（也称齐纳二极管）。稳压二极管反向电压在一定范围内变化时，反向电流很小，当反向电压增高到击穿电压时，反向电流突然猛增，稳压二极管从而反向击穿，此后，电流虽然在很大范围内变化；但稳压二极管两端电压的变化却相当小，利用这一特性，稳压二极管就在电路中起到稳压的作用了。需注意的是，稳压二极管是加反向偏压的。稳压二极管的电路图符号如图1-64所示。

在汽车电路中由于各个电器总成或元件工作电流比较大，使汽车电源系统的电压会出现波动，因此，在一些需要精确电压值的地方经常利用稳压二极管来获取所需电压。图1-65所示是利用稳压二极管为汽车仪表提供稳定电源的电路，图中的稳压二极管与电阻串联而与仪表并联。当电源电压发生变化，也只是引起不同大小的电流流过电阻和稳压二极管，改变降落在电阻上的电压，而稳压二极管始终维持一定的电压，从而起到稳压的作用。

图1-64　稳压二极管电路图符号

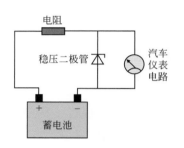

图1-65　汽车仪表简化电路

（3）瞬态抑制二极管　又称瞬态二极管（TVS），是一种高效能的保护器件。它通常是反向并联在直流电路中的电源（信号）和地之间，这样一旦电源（或信号）线上有突然出现的瞬间高压，瞬态二极管导通，将高压直接泄放掉，以免瞬时高压串进电路损坏其他元件。

瞬态二极管在汽车电子电路中随处可见，它一般并联在继电器、线圈等旁边起保护作用。图1-66所示为瞬态二极管实物及其运用电路。当继电器线圈正在通电时，二极管是反向偏置的，阻止了电流通过二极管，电流以正常方向通过线圈，继电器正常工作，如图1-67（a）所示。当继电器线圈断电时，就会在线圈中产生一个反向电动势，这个反向电动势正向偏置瞬态二极管，二极管导通，将高压直接泄放掉，如图1-67（b）所示。在这种电路中，二极管起到了对其他电子元件的保护作用，所以也称为保护二极管。

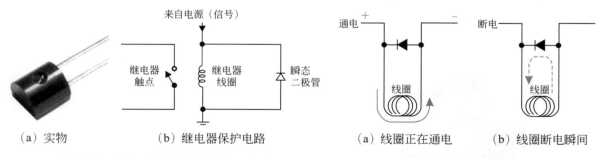

（a）实物　　　　（b）继电器保护电路　　　　（a）线圈正在通电　　（b）线圈断电瞬间

图1-66　瞬态二极管实物及其应用电路　　　　图1-67　瞬态二极管工作电路

（4）发光二极管　发光二极管（LED）与普通二极管一样，由一个PN结组成，也具有单向导电性。另外，发光二极管还可以将电能转化为光能。给发光二极管外加正向电压时，它处于导通状态，当正向电流流过管芯时，发光二极管就会发光，将电能转化成光能。常见的发光二极管发光颜色有红色、黄色、绿色、蓝色等。发光二极管电路图符号、内部结构及实物如图1-68所示。

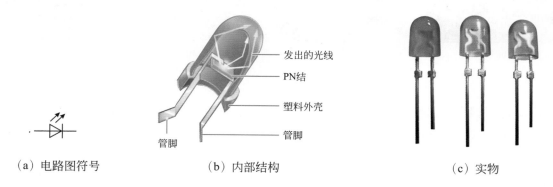

（a）电路图符号　　　　　　　　（b）内部结构　　　　　　　　（c）实物

图1-68　发光二极管电路图符号、内部结构及实物

在汽车电路中发光二极管随处可见，主要应用在仪表板上作为指示信号灯或报警信号灯。例如，燃油量过少、防抱死制动系统失效、制动蹄片过薄、制动灯烧坏、轮胎压力过低等，这时相应的发光二极管就会被接通发光，发出报警指示，如图1-69所示。

LED还用于一些开关的指示信号灯，如自动变速器挡位指示灯（图1-70）、前照灯光束高度调整开关指示灯（图1-71）。

图1-69　仪表上的部分报警信号灯

图1-70　宝马汽车自动变速器挡位指示灯

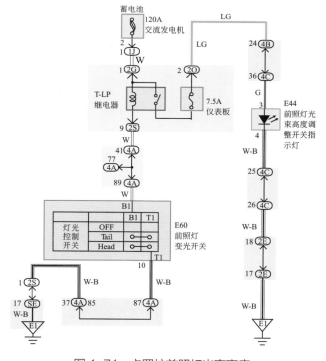

图1-71　卡罗拉前照灯光束高度
调整开关指示灯电路

目前LED已经广泛地应用在汽车灯光系统上，如车外的日间行车灯、尾灯、转向灯、高位制动灯及车内的照明灯等，如图1-72所示。

LED日间行车灯

LED转向灯

LED尾灯

LED高位制动灯

图1-72　汽车 LED 车外灯

（5）光电二极管　又称为光敏二极管，它是一种将光信号变成电信号的半导体器件。它的核心部分也是一个 PN 结，和普通二极管相比，在结构上不同的是，光电二极管的外壳上有一个透明的窗口以接收光线照射，实现光电转换。光电二极管的电路图符号、结构及实物如图1-73所示。

光电二极管是在反向电压作用下工作的。工作时加反向电压，没有光照时，其反向电阻很大，只有很微弱的反向饱和电流（暗电流）。当有光照时，就会产生很大的反向电流（亮电流），光照越强，该亮电流就越大。

利用光电二极管制成光电传感器，可以把非电信号转变为电信号，以便控制其他电子元器件。汽车上的许多传感器就是利用光电二极管制成的，如汽车自动空调系统的日照强度传感器，汽车点火系统中的光电式曲轴位置传感器，以及灯光自动控制器中用来检测车辆周围亮暗程度的光传感器等。

图1-74是上海大众朗逸自动空调系统阳光照射光电传感器电路图。日照强度传感器可以把太阳的照射情况转换成电流的变化，车内自动空调计算机对这种变化进行检测，来调节排风量和排风口温度。

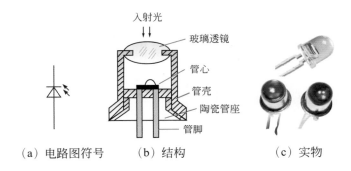

（a）电路图符号　　（b）结构　　（c）实物

图1-73　光电二极管的电路图符号、结构和实物图

图1-74　上海大众朗逸自动空调系统
阳光照射光电传感器电路图

 提示

光电二极管的电路连接方式大部分与稳压二极管类似，是反向工作，即负极接高电位，正极接低电位。

3.二极管的识别

（1）二极管在电路图中的识读方法　在二极管电路图符号中，三角一端为正极，短杠一端为负极。因为二极管具有单向导电性，在电路中，电流只能从正极流进二极管，从负极流出二极管。二极管符号旁边的"+""-"极性是为了便于说明问题加上去的，实际画电路图时一般都不加注。在看电路图时，初学者往往对二极管的符号哪边是正极、哪边是负极分不清楚，这时可把二极管的符号看成是一个漏斗（口大下边小），水只能从漏斗大口入、从小口出，水流即电流，电流是由二极管的正极入、负极出的，这样就能很自然地记住符号的三角形一边是二极管的正极了。

（2）二极管的标注方法 二极管的外壳上只标注型号和极性，不会像电阻、电容、电感那样标注出它的主要参数，根据二极管的外壳标志，可以区分出两管脚的正、负极性来。国产的二极管通常将电路图符号印在管壳上，直接标示出管脚极性，如图1-75（a）所示。有的二极通常在负极一端印上一道色环作为负极标志，如图1-75（b）所示。发光二极管（未剪管脚的新发光二极管）的正、负极可从管脚长短来识别，长脚为正，短脚为负，如图1-75（c）所示；另外发光二极管多采用透明树脂封装，管心下部有一个浅盘，观察里面金属片的大小，通常金属片大一端管脚为负极，金属片小的一端为正极。

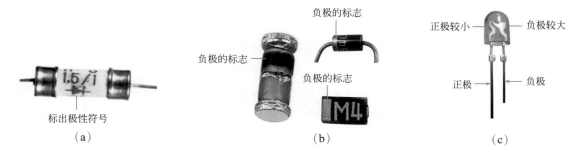

图 1-75 二极管管脚的识别

4.二极管的检测

（1）普通二极管的检测 普通二极管（包括检波二极管、整流二极管、开关二极管、瞬态抑制二极管）利用它的单向导电特性，可使用万用表进行检测。

① 用指针式万用表检测 把万用表置于$R \times 100\Omega$或$R \times 1k\Omega$挡，将红、黑两表笔接触二极管两端，测出阻值；将红、黑表笔对换再测出一个阻值。若两次测得的阻值相差很大，说明该二极管单向导电性好，并且阻值大（几百千欧以上）的那次红笔所接的为二极管正极；若两次测得的阻值相差很小，说明该二极管已失去单向导电性；若两次测得的阻值均很大，说明该二极管已经开路。

② 用数字式万用表检测 通常数字式万用表设有专门测量二极管的挡位，可检测二极管的好坏，其具体方法如图1-76所示。

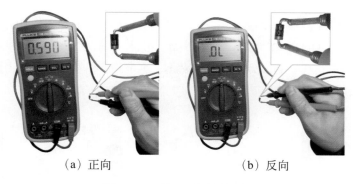

（a）正向 　　　　（b）反向

图 1-76 普通二极管的测量

首先，将万用表的挡位选择开关旋至测量二极管的"•)) ▶—"挡位置，把红表笔插头插入"V/Ω"插孔，黑表笔插头插入"COM"插孔。将两支表笔分别接触二极管的两个电极，如果显示溢出符号"OL"或"1"，说明二极管处于反向截止状态，此时黑表笔接的是二极管正极，红表笔接的是二极管负极。反之，如果显示一定的电压值（正常硅管为0.500～0.700V，锗管为0.150～0.300V），则二极管处于正向导通状态，此时与红表笔接的是二极管正极，与黑表笔接的是二极管负极。

如果两次测量值都显示"OL"或"1"，说明二极管开路损坏。如果两次测量值都很小或接近0，说明二极管击穿短路或漏电损坏。

（2）稳压二极管的检测　稳压二极管极性与性能好坏的测量与普通二极管的测量方法相似，不同之处在于，当使用指针式万用表的 $R \times 1k\Omega$ 挡测量二极管时，测得其反向电阻是很大的，此时，将万用表转换到 $R \times 10k\Omega$ 挡，如果出现万用表指针向右偏转较大角度，即反向电阻值减小很多，则该二极管为稳压二极管，如果反向电阻基本不变，说明该二极管是普通二极管，而不是稳压二极管。

稳压二极管的测量原理是，万用表 $R \times 1k\Omega$ 挡的内电池电压较小，通常不会使普通二极管和稳压二极管击穿，所以测出的反向电阻都很大，当万用表转换到 $R \times 10k\Omega$ 挡时，万用表内电池电压变得很大，使稳压二极管出现反向击穿现象，所以其反向电阻下降很多。由于普通二极管的反向击穿电压比稳压二极管高得多，因而普通二极管不击穿，其反向电阻仍然很大。

（3）发光二极管好坏的判断　用指针式万用表 $R \times 10k\Omega$ 挡，测量发光二极管的正、反向电阻值。正常时，正向电阻值（黑表笔接正极时）应小于30kΩ，反向电阻应大于1MΩ。较高灵敏度的发光二极管，在测量正向电阻值时，管内会发微光。若正、反向电阻值均为零，说明内部击穿短路；若正、反向电阻值均为无穷大，说明内部开路。

也可以使用万用表的hFE挡位来检测。将转换开关拨至hFE处，然后将发光二极管的正极端插入"NPN"的c孔中，负极端插入e孔中，二极管发光为正常。若不发光，则说明管脚插反或二极管已坏。

（4）光电二极管的检测　光电二极管的检测方法与普通二极管基本相同，不同之处是，有光照和无光照两种情况下，反向电阻相差很大。

具体测量方法：用万用表 $R \times 100\Omega$ 或 $R \times 1k\Omega$ 挡。在无光照情况下，正向电阻应为10kΩ左右，反向电阻应为∞，然后让光照着光电二极管，反向电阻随光照强度增加而减小，光线特强时反向电阻可降到1kΩ以下，这样的光电二极管就是好的；若正、反向电阻都是∞或零，说明该光电二极管是坏的。

六、晶体三极管

晶体三极管简称三极管，是半导体基本元器件之一，具有电流放大作用，是电子电路的核心元件。三极管由两个相距很近的PN结组成。一块半导体晶片上制造三个掺杂区，形成两个PN结，将三个区分别引出三个电极（三个电极分别称为基极b、集电极c和发射极e），用管壳封装，就得到了一个三极管。各种三极管实物如图1-77所示。

（a）小功率塑料封装三极管　（b）小功率金属圆壳封装三极管　（c）大功率金属壳封装三极管　（d）大功率塑料封装三极管　（e）贴片三极管

图1-77　各种三极管实物图

1.三极管的结构

根据两个PN结的组合方式不同，三极管可分为NPN型和PNP型两种。取一小块半导体，如果将半导体的中间制成很薄的P型区，两边制成N型区，即构成NPN型三极管；同理，如果将半导体的中间制成很薄的N型区，两边制成P型区，即构成PNP型三极管。三极管在电路中常用字母"Q""V"或"VT"加数字表示，三极管的结构及电路图符号如图1-78所示。

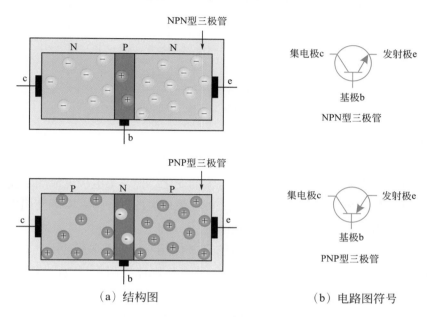

（a）结构图　　　　　　　（b）电路图符号

图1-78　三极管的结构和电路图符号

2.三极管的工作原理

三极管主要是起电流放大作用和开关作用。下面以一个NPN型三极管为例介绍三极管的工作原理。

（1）三极管的放大作用　就是利用基极电流控制集电极电流。三极管的电流很像一个水龙头，水龙头拧开（基极路径）越大，水龙头（集电极/发射极路径）流出的水就越多，如图1-79所示。三极管可以被看作一个电流的控制阀，集电极和发射极是电流的通路，而基极就是控制这个电流的阀门，只不过这个阀门不是靠旋转来改变通路的大小，而是靠本身流过的电流来控制的。图1-80所示为一个NPN型三极工作原理。PNP型三极管的工作原理相同，但电流流动方向相反。

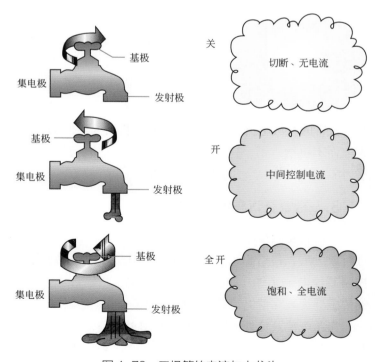

图1-79　三极管的电流与水龙头

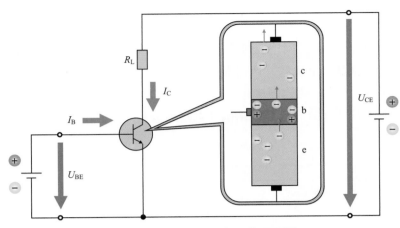

图 1-80　NPN 型三极工作原理图

当基极电压 U_{BE} 有一个微小的变化时，基极电流 I_B 也会随之有一个小的变化，受基极电流 I_B 控制的集电极电流 I_C 会有一个很大的变化，基极电流 I_B 越大，集电极电流 I_C 也越大，反之，基极电流越小，集电极电流也越小，即基极电流控制集电极电流的变化。但是集电极电流的变化比基极电流的变化大得多，这就是三极管的放大作用。三极管是一种电流放大器件，但在实际使用中常常利用三极管的电流放大作用，通过电阻转变为电压放大作用。

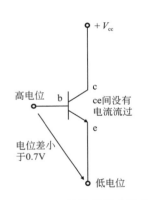

图 1-81　三极管的截止状态

（2）三极管的开关作用　三极管有三种工作状态，即截止、放大、饱和。当三极管在基极电流控制下，截止与饱和两种状态交替变换，就如同一个开关的断开与闭合，这就是三极管的开关作用。

三极管的截止状态：根据三极管连接的外部电路条件，当 NPN 型三极管连接成如图 1-81 所示电路时，基极 b 与发射极 e 电位差小于 0.7V，这种情况称为基极加了反向偏压。在这种状态下，三极管不导通，没有电流流动，称为三极管的截止状态。如果把 ce 间看作一个开关的两端，截止状态相当于开关断开。

三极管的饱和状态：当 NPN 管的基极 b 与发射极 e 电位差大于 0.7V，基极加了正向偏压，三极管导通，进入放大状态，在放大状态，三极管 ce 之间的电流是随着基极 b 的电流增大而增大的。但是，当三极管的基极电流增加到一定值时，再增大正向偏压，加大基极电流，ce 之间的电流维持在一个最大值而不再增大了，这种状态称为三极管的饱和状态。在饱和状态，三极管 ce 之间电位差很小，几乎为零，相当于一个开关的两端闭合。

3.三极管在汽车电路中的运用

三极管在汽车电子电路中通常有两种运用：一种是利用三极管的放大功能，对微弱的传感器信号进行放大后，传给 ECU；另一种是利用三极管的截止与饱和两个状态互相变换，作为一个电子开关，控制其他电子元件，如喷油器、继电器、指示灯等。图 1-82 所示为蓄电池液位报警电路，报警电路的传感器为装在蓄电池盖子上的铅棒。

当蓄电池液位处于正常液位时，如图 1-82（a）所示，铅棒浸在蓄电池液中，铅棒（相当于正极）与蓄电池的负极之间存在电位差，三极管 VT₁ 的基极流过电流，VT₁ 处于饱和导通状态，VT₁ 的 ce 之间电位几乎相等，A 点电位几乎为零，三极管 VT₂ 截止，报警灯（发光二极管）不亮。

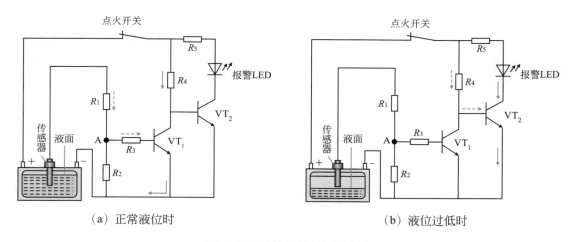

（a）正常液位时   （b）液位过低时

图 1-82 蓄电池液位报警电路

当蓄电池液位低于规定要求时，如图1-82（b）所示，铅棒未能浸入蓄电池液中，铅棒与蓄电池的负极之间没有电位差，三极管VT_1的基极没有电流，VT_1处于截止状态，A点电位上升，三极管VT_2的基极b有电流流入，三极管VT_2饱和导通，报警灯亮，提醒驾驶员蓄电池液量不足。

4.三极管的检测

判定的方法主要有目测和万用表检测两种方法，实际工作中经常采用目测法，在目测法不能做出准确判断时，再利用万用表进行检测。

（1）目测法

① 管型的判别 一般情况下，管型是NPN还是PNP应该从管壳上标注的型号来判别。三极管型号的第二位（字母）A、C表示PNP管，B、D表示NPN管。例如，3AX、3CG、3AD、3CA等均表示PNP型三极管，3BX、3DG、3DD、3DA等均表示NPN型三极管。

此外国际流行的9011 ～ 9018系列三极管，除9012、9015为PNP管外，其余标号均为NPN管。

② 管脚极性的判别 常用的小功率三极管有金属圆壳封装和塑料封装（半圆柱形）等，管脚排列如图1-83（a）所示。大功率三极管的外形有金属壳封装［扁柱形，管脚排列如图1-83（b）所示］以及塑料封装（扁平、管脚直列）等形式。

对于小功率三极管，图1-83（a）中列出了管脚排列方式，为便于记忆，总结如下。

总结

金属圆壳封装："头向下，腿向上，大开口朝自己，左发右集电"。

塑料半圆柱封装："头向下，平面向自己，左起cbe"。

对于大功率三极管，金属壳扁柱形封装按照图1-83（b）中列出的管脚排列方式判别即可。塑料扁平封装、管脚直列封装，没有统一形式，要通过万用表检测判别。

贴片三极管有三个电极的，也有四个电极的。一般三个电极的贴片三极管从顶端往下看有两边，上边只有一脚的为集电极，下边的两脚分别是基极和发射极，如图1-83（c）所示。在四个电极的贴片三极管中，如图1-83（d）所示，比较大的一个管脚是三极管的集电极，另有两个管脚相通是发射极，余下的一个是基极。

（a）小功率三极管　　　　（b）大功率三极管　　（c）三个电极的　　（d）四个电极的
　　　　　　　　　　　　　　　　　　　　　　　　贴片三极管　　　　贴片三极管

图1-83　常用三极管的封装形式和管脚排列

（2）用万用表进行检测　利用数字式万用表二极管挡或hFE挡可以判别三极管类型和e、b、c三个极，还可以测量三极管的共发射极电流放大系数h_{FE}。

找出基极：将数字式万用表置于二极管挡位，红表笔固定任接某个管脚，用黑表笔依次接触另外两个管脚，如果两次显示值均小于1V或都显示溢出符号"OL"或"1"，则红表笔所接的管脚就是基极（图1-84）；如果在两次测试中，一次显示值小于1V，另一次显示溢出符号"OL"或"1"（视不同的数字式万用表而定），则表明红表笔接的管脚不是基极，应更换其他管脚重新测量，直到找出基极为止。

找出集电极和发射极：基极确定后，用红表笔接基极，黑表笔依次接触另外两个管脚，如果显示屏上的数值都显示为0.6～0.8V，则所测三极管属于硅NPN型中、小功率三极管，其中，显示数值较大的一次，黑表笔所接管脚为发射极；如果显示屏上的数值都显示为0.4～0.6V，则所测三极管属于硅NPN型大功率三极管，其中，显示数值大的一次，黑表笔所接的管脚为发射极。

用红表笔接基极，黑表笔先后接触另外两个管脚，若两次都显示溢出符号"OL"或"1"，调换表笔测量，即黑表笔接基极，红表笔接触另外两个管脚，显示数值都大于0.4V，则表明所测三极管属于硅PNP型，此时数值大的那次，红表笔所接的管脚为发射极。

数字式万用表在测量过程中，若显示屏上的显示数值都小于0.4V，则所测三极管属于锗管。

测三极管的放大倍数：h_{FE}是三极管的直流电流放大系数，有的数字式万用表具有hFE挡，用数字式万用表的hFE挡，可进行测量，如图1-85所示，将三极管的三个管脚插入测试插孔内，当能测试出放大倍数时，插孔边标注的e、b、c即是插孔内三极管管脚的名称。

图1-84　找基极　　　　　　　　　　　图1-85　测三极管的放大倍数

七、保险装置

为了防止过载和短路时烧坏用电设备和导线，在电源与用电设备之间串联有保险装置。汽车常见的保险装置有易熔线和保险丝，电路图符号如图1-86所示。

（a）易熔线符号　　（b）保险丝符号

图1-86　易熔线和保险丝电路图符号

1.易熔线

易熔线是一种截面积小于被保护电线截面积，可长时间通过额定电流的铜芯低压导线或合金线。易熔线用于保护工作电流较大的电路，通常安装在电路的起始端（如蓄电池正极接线柱上），易熔线的外面包有一层特殊的不易燃绝缘体。当线路中有超过额定电流数倍的电流时，易熔线首先熔断。易熔线由电线线段及端子等组成，如图1-87所示。

图1-87　易熔线

 注意

当易熔线熔断时，一定是主电路和大电流电路发生故障，必须先找出短路的原因，待排除故障后，才能更换相同规格的易熔线。不能随意更换比规定容量大的易熔线或者用粗导线代替，并且易熔线的四周不能用聚四氟乙烯塑料带包扎。

2.保险丝

保险丝又称熔断器、熔丝，是一种连接在电路上用以保护电路的一次性元件，当电路上电流过大时，使其中的金属线或片产生高温而熔断，导致开路而中断电流，以保护电气元件免于受到伤害。保险丝按结构分有玻璃管式、连接式、插片式等，如图1-88所示。

（a）玻璃管式保险丝　　　　（b）连接式保险丝　　　　（c）插片式保险丝

图1-88　各种保险丝

玻璃管式保险丝一般用于不大于20A的电路中，它需要塑料管固定。

连接式保险丝一般用于较大功率的用电设备，有40A、50A、60A、70A、80A、90A、100A、120A等几种。

在汽车电路中，采用较多的是插片式保险丝。插片式保险丝又分为大保险丝、中保险丝、小保险丝三种。插片式保险丝拥有工程塑料外壳，包裹着锌或铜制成的熔体结构，金属熔体和插脚连接。汽车插片式保险丝的规格一般为2A至40A，其容量数值会在保险丝的顶端标注。如果保险丝烧坏了无法辨认容量，还可以通过它的颜色来判断。国际标准上：2A—灰色、3A—紫色、4A—粉色、5A—橘黄、7.5A—棕色、10A—红色、15A—蓝色、20A—黄色、25A—无色透明、30A—绿色、35A—浅紫色、40A—深橘色。保险丝通常都是组合在一起安装在保险丝盒内，并在保险丝盒盖上注明保险丝的名称、容量和位置。各种颜色的插片式保险丝如图1-89所示。

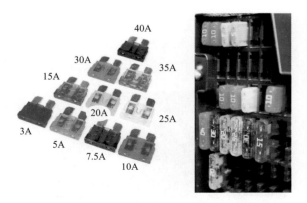

图1-89　各种颜色的插片式保险丝

通常一辆车拥有两个保险丝盒，一个位于发动机舱内，另一个位于驾驶室内。发动机舱内的保险丝盒一般在车辆的发动机舱边缘，负责汽车外部的用电器，如喇叭、玻璃清洗器、ABS、大灯等；驾驶室内的保险丝盒一般位于中控台靠近车门的一侧或在转向盘的下面，管理着车内的用电器，如车窗升降器、安全气囊、电动座椅、点烟器等。

汽车出现因保险丝导致的故障，可按下面的方法查找并更换保险丝。

① 查找保险丝盒位置。发动机舱内的保险丝盒一般在车辆的发动机舱边缘（图1-90）；驾驶室内的保险丝盒一般位于中控台靠近车门的一侧或在转向盘的下面（图1-91）。

图1-90　发动机舱内的保险丝盒

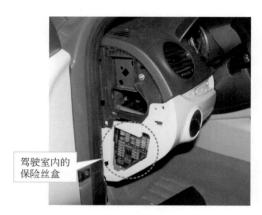

图1-91　驾驶室内的保险丝盒

② 查阅保险丝对照表找到保险丝位置。按保险丝盒盖子内的保险丝对照表，可以查找相应的保险丝位置。有了所要找保险丝具体位置图，便可以找到保险丝在车内的实际位置，保险丝对照表与保险丝盒如图1-92所示。

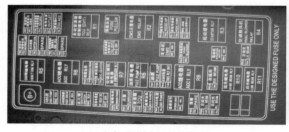

（a）保险丝对照表

（b）保险丝盒

图1-92　保险丝对照表与保险丝盒

③ 利用汽车配备的拆卸器（图1-93）拔出损坏的保险丝，换上备用的新保险丝即可。目前车辆使用的插片式保险丝没有正负极之分，因此在更换保险丝时只要注意保险丝大小和容量即可。

图1-93　保险丝拆卸器

保险丝更换注意事项如下。

① 保险丝容量要正确。在更换保险丝前必须切断所连电气部件及点火开关的电源，并选择与原保险丝相同容量的保险丝，不能随意加大保险丝的电流规格，更不能用铁丝代替。

② 没有备用保险丝时的更换。在没有备用保险丝的情况下，紧急时，可以用对驾驶及

安全没有影响的其他设备上的保险丝代替。如果不能找到具有相同电流负荷的保险丝，则可采用比原保险丝额定电流低的代替。

③ 在拆下、插入保险丝时，必须使用拆卸器。在拆装保险丝时，进出要保持平直，不能扭动，否则会使端子卡口张开过大，导致接触不良。

④ 如果保险丝连续烧断，说明电路存在短路，必须检查整个电气系统。

八、继电器

继电器是汽车控制电路中常用的一种元件，它是利用电磁感应原理，控制某一回路的接通或断开，实现用小电流控制大电流，从而减小控制开关触点的电流负荷，保护开关触点不被烧蚀。汽车上广泛使用电磁式继电器，常见的继电器有供电继电器、启动继电器、喇叭继电器、雾灯继电器、雨刮继电器等。

1.继电器的分类

继电器按接通及断开方式分，有常开继电器、常闭继电器和常开、常闭混合型继电器，其外形、脚位分布及内部原理如图1-94所示。

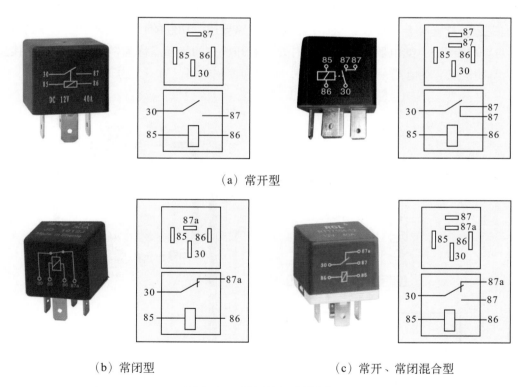

（a）常开型

（b）常闭型　　　　　（c）常开、常闭混合型

图 1-94　常见的几种继电器

2.继电器的结构

电磁式继电器一般由铁芯、线圈、衔铁、回位弹簧、触点等组成，图1-95所示为常开、常闭混合型继电器内部结构。

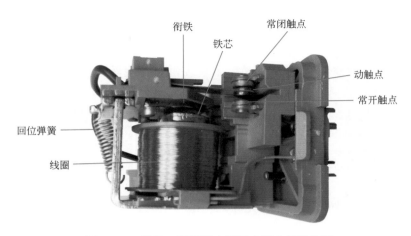

图 1-95　常开、常闭混合型继电器内部结构图

3.继电器的工作原理

　　继电器的工作原理如图1-96所示，当开关闭合时，线圈两端加上一定的电压，线圈中就会流过一定的电流，从而产生电磁效应，衔铁就会在电磁力吸引的作用下克服回位弹簧的拉力吸向铁芯，从而带动衔铁的动触点与静触点（常开触点）吸合，此时红色灯泡亮起。当线圈断电后，电磁的吸力也随之消失，衔铁就会受到弹簧的反作用力返回原来的位置，使动触点与静触点（常闭触点）吸合，此时绿色灯泡亮起。这样吸合、释放，从而达到了使电路导通、切断的目的。对于继电器的常开、常闭触点，可以这样来区分：继电器线圈未通电时处于断开状态的静触点称为常开触点；处于接通状态的静触点称为常闭触点。继电器一般有两个电路，一个为控制电路，另一个为工作电路。

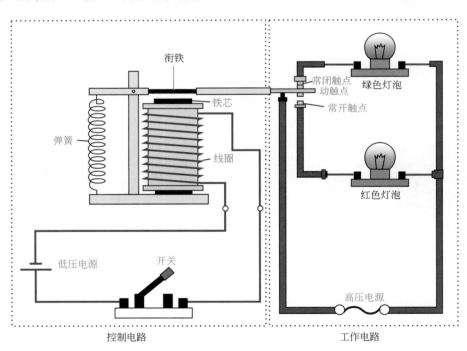

图 1-96　继电器的工作原理

　　图1-97所示为大众汽车上的X触点卸荷继电器，30端为继电器触点供电输入端，87端为继电器触点供电输出端，86端为线圈供电端，85端为线圈接地端。

当继电器线圈通电工作时，电流经过端子86及85，使线圈励磁，由于线圈的磁力吸引，使30端与87端间的触点闭合。

当线圈断电时，线圈的磁力也随之消失，活动触点就会受到弹簧的反作用力返回原来的位置，使30端与87端间的触点断开。

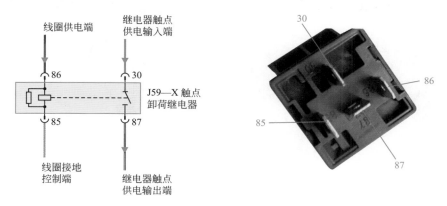

图1-97　大众汽车上的X触点卸荷继电器

4. 继电器的安装位置

继电器一般安装在中央配电盒内，如图1-98所示。

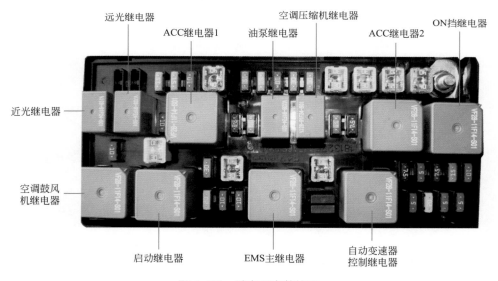

图1-98　继电器安装位置

九、灯泡

汽车上的各种灯泡主要起照明或传递信号的作用，电路图符号如图1-99所示。汽车上的灯具按照灯泡的安装位置来分，又可分为外部灯具和内部灯具两类。外部灯具主要有前照灯、雾灯、牌照灯、转向灯、倒车灯、制动灯、尾灯等；内部灯具主要有顶灯、仪表照明灯、车厢灯、

图1-99　灯泡电路图符号

车门灯等。各种照明与信号灯的安装位置如图1-100所示。

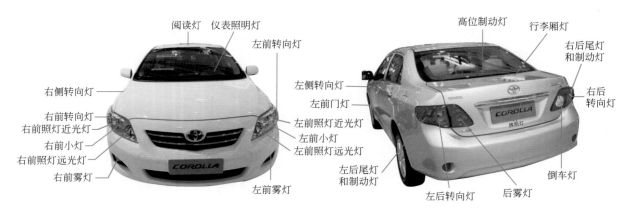

图1-100　各种照明与信号灯安装位置图

1.外部灯具

（1）前照灯　俗称大灯，安装在汽车头部的两侧，夜间用来照亮前方的道路，有些车型也兼作超车灯信号灯。前照灯有远光和近光功能。前照灯类型有卤素大灯、氙气大灯、LED大灯、激光大灯等，图1-101所示为卤素灯泡和氙气灯泡。

（2）雾灯　安装在汽车头部或尾部。在雾天、雨雪天或尘埃弥漫的情况下使用，用来改善车前道路的照明。前雾灯一般安装在汽车前保险杠上，光色为黄色或白色。后雾灯用来警示尾随车辆保持一定的安全距离，光色为红色，一般安装在汽车后保险杠上。雾灯灯泡如图1-102所示。

（a）卤素灯泡　　（b）氙气灯泡

图1-101　前照灯灯泡

图1-102　雾灯灯泡

（3）牌照灯　安装在汽车尾部的牌照上方或左右两侧，其作用是夜间照亮汽车牌照，牌照灯光色为白色。牌照灯灯泡如图1-103所示。

（4）转向灯　装于汽车头部、尾部及左右两侧，在车辆距转弯路口30~100m左右时打开，断续闪亮，以提示前后左右的车辆和行人注意。在紧急危险状态时，全部转向灯可通过危险警报灯开关接通同时闪烁。转向灯光色为黄色，转向灯灯泡如图1-104所示。

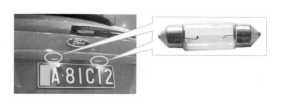

图1-103　牌照灯灯泡

图1-104　转向灯灯泡

（5）倒车灯　安装在汽车尾部的左右两侧。倒车时，变速器上的倒车灯开关将电路接通，倒车灯点亮，照亮车后路面，并警示车后的车辆和行人，表示该车正在倒车。倒车灯光色为白色。倒车灯灯泡如图1-105所示。

（6）制动灯　俗称刹车灯，安装在汽车尾部两侧，高位制动灯一般安装在车尾上部。当踩下制动踏板时，制动灯开关将电路接通，制动灯点亮，警示后方车辆及行人保持一定安全距离。制动灯光色为红色。制动灯灯泡与高位制动灯如图1-106所示。

图 1-105　倒车灯灯泡

制动灯灯泡　　　　高位制动灯

图 1-106　制动灯灯泡与高位制动灯

（7）示位灯　又称示宽灯、位置灯，安装在汽车前面、后面和侧面，夜间行车或停车时以标志车辆的形位。前示位灯俗称小灯，光色为白色或蓝色；后示位灯俗称尾灯，光色为红色；侧示位灯光色为琥珀色。

（8）驻车灯　装于车头和车尾两侧。夜间驻车时，将驻车灯接通以标志车辆的形状、位置，警示车辆及行人注意避让，以防碰撞。车前驻车灯为白色，车尾处为红色。

2.内部灯具

（1）顶灯　安装在驾驶室的顶部（图1-107），除用作车内照明外，还有监视车门是否可靠关闭的作用，灯光为白色，公共汽车或客车顶灯一般采用荧光灯。

（2）阅读灯　装于乘员席顶部或侧面（图1-108），照明范围较小，有的还有光轴方向调节功能，阅读灯点亮时不会使驾驶员产生眩目。顶灯及阅读灯灯泡如图1-109所示。

顶灯

图 1-107　顶灯

图 1-108　阅读灯

图 1-109　顶灯及阅读灯灯泡

（3）仪表照明灯　装在仪表板背面，用来照明仪表指针及刻度板（图1-110）。仪表照明灯一般与示位灯、牌照灯并联。某些汽车的仪表照明灯亮度，可以通过亮度调节开关进行调节。

仪表照明效果图　　　　　灯泡

图 1-110　仪表照明灯

（4）行李厢灯　装于轿车或客车行李厢内（图1-111），当开启行李厢盖时，开关接通，行李厢灯点亮，照亮行李厢空间。

（5）门灯　装于轿车车门内侧（图1-112），开启车门时，门灯发亮，以告示后来行人、车辆注意避让。门灯光色为红色。

图1-111　行李厢灯

图1-112　门灯

（6）报警及指示灯　指示灯用于指示某一系统是否处于工作状态，灯光一般为绿色或蓝色，如远光指示灯、转向指示灯、雾灯工作指示灯等。报警灯一般为红色、黄色，常见的报警灯有充电报警灯、制动系统报警灯、机油压力过低报警灯、发动机故障报警灯、冷却液温度报警灯等。报警及指示灯如图1-113所示。

（7）踏步灯　安装在中大型客车门梯处（图1-114），以方便乘客夜间上下车。

图1-113　报警及指示灯

图1-114　踏步灯

十、开关装置

汽车上电器控制开关种类较多，如点火开关、灯光组合开关、刮水器及洗涤器开关、转向灯开关、空调开关、车窗玻璃升降开关、后视镜调节开关等，不同的开关控制不同的用电设备。下面分别介绍汽车电器中几个重要的开关。

1. 点火开关

点火开关是汽车电路中最重要的开关，主要用来控制点火电路，另外还控制发电机磁场电路、仪表及照明电路、启动继电器电路以及辅助电器电路。常用的点火开关有三挡位式与四挡位式。

（1）三挡位式点火开关　三挡位式点火开关具有0、Ⅰ、Ⅱ（或LOCK、ON、START）挡位。0挡时钥匙可自由插入或拔出，顺时针旋转40°至Ⅰ挡，继续再旋转40°为Ⅱ挡，外力消除后能自动复位到Ⅰ挡。图1-115所示为捷达轿车点火开关。

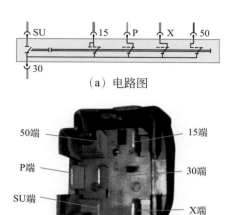

（a）电路图

（b）端子图

50端　15端
P端　30端
SU端　X端

接线端子 位置	30	P	X	15	50	SU
0	○	○				○
Ⅰ	○		○	○		
Ⅱ	○			○	○	○

说明：位置0—关闭点火开关、锁止转向盘；
位置Ⅰ—接通点火开关；　　位置Ⅱ—启动发动机；
30—接蓄电池；　　P—接停车灯电源；　X—接卸荷工作电源；
15—接点火电源；　　50—接启动电源；　　SU—接蜂鸣器电源

（c）工作原理图

图1-115　捷达轿车点火开关

点火开关位于0位置：点火开关处于关闭状态，汽车转向盘被锁死，具有防盗功能，此时电源总线30端与P端接通，操作停车灯开关，可使停车灯点亮，与点火开关是否拔下无关，如将点火开关钥匙插入，将使30端与SU端接通，蜂鸣器可工作。

点火开关位于Ⅰ位置：启动后，松开点火开关钥匙，点火开关将自动逆时针旋转回到位置Ⅰ，这是工作挡，这时P端无电，而15、X、SU三端通电，15端通电使点火系统继续工作，X端通电使前照灯、雾灯等工作，以满足夜间行驶的需要。

点火开关位于Ⅱ位置：电源总线30与50、15、SU端接通，使起动机运转，30与15端接通使点火系统工作。因P端断电，停车灯不能工作；因X端断电，前照灯、雾灯等不能工作，这样就将前照灯、雾灯等耗电量大的用电设备关闭，达到卸荷目的，以满足启动时需要瞬间大电流输入起动机的需要。发动机启动后，应立即松开点火开关，使其回到位置Ⅰ，切断起动机的电流，起动机驱动齿轮退回。

（2）四挡位式点火开关　现代汽车大量采用四挡位式点火开关。四挡位式点火开关有LOCK、ACC、ON、START（或0、Ⅰ、Ⅱ、Ⅲ）四个挡位（图1-116），在三挡位的基础上增加了一个ACC电气附件元件工作挡，其他不变。

锁车后钥匙会处于LOCK状态，此时钥匙不仅锁住转向盘转轴，同时切断全车电源。

ACC状态是接通汽车部分电器的电源，如音响、车灯等。

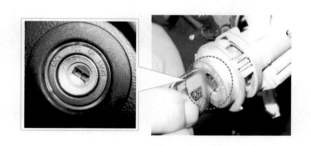

图1-116　四挡位式点火开关实物

正常行车时钥匙处于ON状态，这时全车所有电路都处于工作状态。

START或ST挡是发动机启动挡位，启动松开点火开关，点火开关会自动恢复到ON挡。

图1-117所示为长城哈弗四挡位式点火开关及电路图，点火开关的BT1、BT2端子为供电输入，ACC端子输出至ACC卸荷继电器，IG2端子输出至IG卸荷继电器、空调，IG1端子输出至发电机、发动机ECU和油泵继电器，ST端子为启动控制，K1端子输出至中央门锁控制器，K2为接地端。

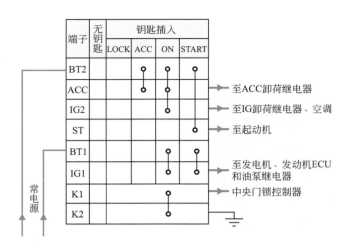

端子	无钥匙	钥匙插入			
		LOCK	ACC	ON	START
BT2			●	●	●
ACC			●	●	●
IG2				●	
ST					●
BT1				●	●
IG1				●	●
K1				●	
K2				●	

至ACC卸荷继电器
至IG卸荷继电器、空调
至起动机
至发电机、发动机ECU和油泵继电器
中央门锁控制器

常电源

（a）示意图　　　　　　　　　　　　　（b）电路图

图 1-117　长城哈弗四挡位式点火开关及电路图

（3）带智能进入和启动系统的点火开关　随着汽车电子技术的发展，越来越多的车辆使用智能进入和启动系统，其点火开关使用的是带智能进入和启动系统的点火开关。图 1-118 所示为长城哈弗 H6 一键启动开关。

当智能钥匙在车内时，按下"ENGINE START STOP"开关（一键启动开关），能切换开关模式、启动发动机或关闭发动机。

停车状态下，不踩离合踏板（手动挡车辆）或者制动踏板（自动挡车辆），直接按压一键启动开关，可切换开关模式。每按压一次一键启动开关，开关按照表 1-1 所示的顺序进行模式切换。可依据开关上的工作指示灯颜色，确认开关的状态。一键启动开关上的指示灯如图 1-119 所示。

琥珀色指示灯　　　　　绿色指示灯

（a）　　　　　　　（b）

图 1-118　长城哈弗 H6 一键启动开关　　　　图 1-119　一键启动开关上的指示灯

表 1-1　哈弗 H6 一键启动开关上工作指示灯颜色及开关状态说明表

顺序	状态	指示灯	各工作状态的作用
1	LOCK	关闭	电气部件处于非工作状态
2	ACC	琥珀色	可以使用某些电气部件，例如音响系统
3	ON	琥珀色	可以使用所有电气部件

提示

① 启动发动机时，如果一键启动开关的绿色指示灯闪烁，则表明电子转向锁解锁失败，此时左右轻轻转动转向盘，即可解除锁定。

② 如果一键启动开关上的琥珀色指示灯闪烁，则表明一键启动系统存在故障，应立即关闭发动机。

2.灯光组合开关

在一部分汽车上照明灯光和信号灯光采用组合开关控制，即小灯、大灯、变光、转向、会车闪光等都用一个开关控制。常见的是旋转式组合开关，大多数安装在转向盘左下方转向柱上，用左手操纵，如图1-120所示。

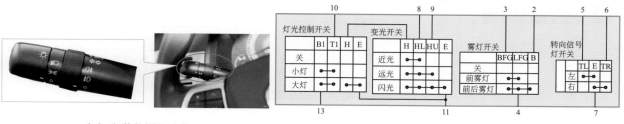

（a）安装位置及实物　　　　　　　　　　（b）电路图

图 1-120　灯光组合开关

（1）灯光控制开关　其末端可绕手柄的轴线扭动（图1-121），控制其小灯、大灯，分三挡：

○——灯光关闭，全部灯光熄灭；

ЭDC——前小灯、尾灯、牌照灯、仪表板灯点亮；

ЭD——近光灯打开，前小宽灯、尾灯、牌照灯、仪表板灯

图 1-121　前照灯开关的操作

仍然点亮，在此档时，向前推手柄即可变远光。

（2）雾灯开关　在前照灯开关位于ЭDC或ЭD时可使用雾灯。如图1-122所示，向前旋转旋钮，打开雾灯，向后旋转旋钮，关闭雾灯。可以从组合仪表上看到雾灯的开关状态。旋钮向前转动1次，打开前雾灯，旋钮再向前转动1次，后雾灯与前雾灯同时点亮。

（3）转向信号灯开关　下拨灯光组合开关，左转向信号灯就会闪烁，表示向左转；上拨灯光组合开关，右转向信号灯就会闪烁，表示向右转（图1-123）。

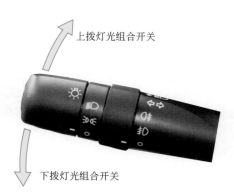

上拨灯光组合开关

下拨灯光组合开关

图 1-122　雾灯开关的操作　　　　　　图 1-123　转向信号灯开关的操作

3.刮水器及洗涤器开关

洗涤器是向挡风玻璃上喷水，而刮水器是将挡风玻璃刮拭干净，确保驾驶员有良好的视线。刮水器及洗涤器开关一般安装在转向盘右下方，如图1-124所示。

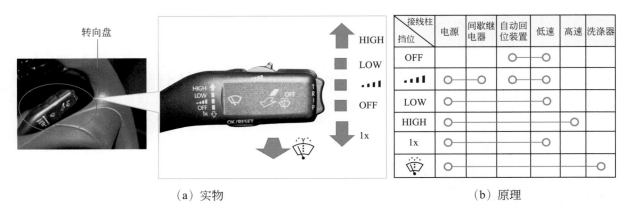

接线柱 挡位	电源	间歇继 电器	自动回 位装置	低速	高速	洗涤器
OFF			○——○			
▁▃▅▇	○——○		○——○			
LOW	○——○					
HIGH	○				——○	
1x	○					
🚿	○					——○

（a）实物　　　　　　　　　　　　　　　（b）原理

图 1-124　刮水器及洗涤器开关

刮水器及洗涤器开关一般分以下几个挡：

OFF——关闭位置：当刮水器开关置于OFF挡时，自动回位装置与电动机低速接通，转到一定角度后停转。

▁▃▅▇——间歇工作：当向上拨动操作杆到1挡时，自动回位装置与电动机低速仍然接通，同时电源与间歇继电器一端接通，间歇继电器进入间歇工作状态。

LOW——低速工作：当向上拨动操作杆到2挡时，电源与电动机低速接通，电动机低速运转。

HIGH——高速工作：当向上拨动操作杆到3挡时，电源与电动机高速接通，电动机高速运转。

1x——点动刮水：当在OFF位置向下拨动操作杆时，电动机低速短暂接通，电动机短促运转。

🚿——向后拨动操作杆可使风窗洗涤液喷出，可对车窗玻璃进行洗涤。

十一、导线与线束

汽车用导线按承受电压的高低，可分为高压导线和低压导线两种。其中低压导线按其用途来分，又有普通低压导线、带状导线、低压电缆线三种（图1-125）。汽车充电系统、仪表、照明、信号及辅助电器等，均使用普通低压导线，而起动机与蓄电池的连接线、蓄电池与车架的搭铁线等则采用电缆线；点火线圈或点火模块至发动机各缸火花塞上的（高压）分线，则使用特制的高压点火线。

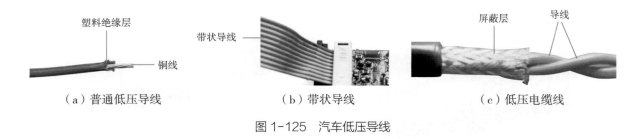

（a）普通低压导线　　　　　（b）带状导线　　　　　（c）低压电缆线

图 1-125　汽车低压导线

1.低压导线

（1）导线的截面积　是指经过换算而统一规定的线芯截面积。选择导线时，主要根据绝缘、流过导线的电流大小和机械强度选择。对于一些工作电流较小的电器，为保证具有一定的机械强度，汽车电器中导线截面积不得小于0.5mm²。高压导线的截面积约为1.5mm²。各种低压导线标称截面积所允许的负载电流如表1-2所示。

表1-2　低压导线标称截面积允许的负载电流

导线标称截面积 /mm²	1.0	1.5	2.5	3.0	4.0	6.0	10	13
允许电流值 /A	11	14	20	22	25	35	50	60

　　汽车12V电系主要电路导线截面积选择的推荐值如表1-3所示，国产汽车12V电系主要电路所用导线的截面积如表1-4。

表1-3　汽车12V电系主要电路导线截面积的推荐值

标称截面积 /mm²	用　途
0.5	后灯、顶灯、指示灯、仪表灯、牌照灯、燃油表、水温表、刮水电动机、电钟等电路
0.8	转向灯、制动灯、驻车灯等电路
1.0	前照灯近光、电喇叭（3A以下）电路
1.5	前照灯远光、电喇叭（3A以上）电路
1.5 ~ 4	5A以上线路（除本表所列电器的线路外）
4 ~ 6	柴油汽车电热塞
4 ~ 25	电源线
16 ~ 95	起动机电缆

表1-4　国产汽车12V电系主要电路所用导线的截面积

电路系统名称	电线起止名称	电线截面积 /mm²
充电系统	发电机→调压器磁场→搭铁线	0.75 ~ 1
	发电机"电枢"→调压器"电枢"	2.5 ~ 3.0
	调压器"电池"→电流表→起动机	3.0 ~ 6.0
开关连接线	电流表→电源开关→各用电设备开关	2.0 ~ 3.0
启动系统	预热启动开关、预热指示器→电热塞、起动机电磁开关（柴油汽车） 起动机转换开关→起动机各控制开关导线（汽油汽车）	2.5 ~ 3.0
照明系统	前照灯远光	1.5 ~ 2.5
	前照灯近光、前小灯、后灯、转向信号灯	1.0 ~ 1.5
电喇叭	电源→喇叭→开关	1.0 ~ 1.5
仪表系统	点火开关→仪表→传感器	0.75 ~ 1.0
起动机系统	起动机电源线、蓄电池搭铁线	36、43、50、70

　　（2）导线颜色　为便于识别和检修汽车电器，通常将线束中的低压线采用不同的颜色，选配线时习惯采用两种导线，即单色导线和双色导线（图1-126）。

 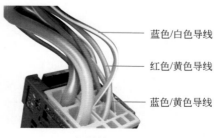

- 蓝色/白色导线
- 红色/黄色导线
- 蓝色/黄色导线

单色导线　　　　　　　双色导线

图1-126　单色导线和双色导线

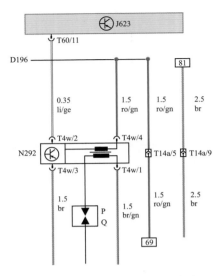

图1-127　大众新朗逸局部电路

单色导线：绝缘表面为一种颜色的导线。

双色导线：绝缘表面为两种颜色（主色和辅助色）的导线。双色导线中面积比例大的颜色是主色；面积比例小的颜色是辅助色。辅助色为环绕布置在导线上的条色带或螺旋色带，且标注时主色在前，辅助色在后。如图1-126所示的双色导线，"蓝色/白色导线"的主色为蓝色，放在前面；白色为辅助色，放在后面。

各国汽车厂商在电路图上大多以英文字母来表示导线的颜色。国产汽车一般用单个字母表示一种颜色。日本车系常用单个字母表示，个别用双字母，其中后一位是小写字母。美国车系常用2～3个字母表示一种颜色，如果导线上有条纹，则要书写较多字母。德国（如大众、奥迪、奔驰、宝马）汽车通常用2个字母表示一种颜色（图1-127），但颜色代号各不相同，在读图时要注意区别。各国车系的导线颜色代号如表1-5所示。

表1-5　汽车用导线颜色代号

颜色	色标	英文	中国	美国	日本	本田、现代	大众、奥迪	奔驰	宝马
黑		Black	B	BLK	B	BLK	sw	BK	SW
白		White	W	WHT	W	WHT	ws	WH	WS
红		Red	R	RED	R	RED	ro 或 rt	RD	RT
绿		Green	G	GRN	G	GRN	gn	GN	GN
深绿		Dark Green	DK GRN						
淡绿		Light Green	LT GRN	Lg	LT GRN				
黄		Yellow	Y	YEL	Y	YEL	ge	YL	GE
蓝		Blue	BL	BLU	L	BLU	bl	BU	BL
淡蓝		Light Blue	LT BLU	Sb	LT BLU				
深蓝		Dark Blue	DK BLU						
粉红		Pink	P	PNK	P	PNK		PK	RS
紫		Violet	V	PPL	PU	PUB	li 或 vi	VT	VI
橙		Orange	O	ORN	Or	ORN			OR
灰		Grey	Gr	GRY	Gr	GRY	gr	GY	GR
棕		Brown	Br	BRN	Br	BRN	br	BN	BR
棕褐		Tan		TAN					
无色		Clear		CLR					

2.高压导线

高压导线用来传送高压，在汽车点火线圈或点火模块至火花塞之间的电路使用高压点火线，简称高压线。由于工作电压很高（一般都在10kV以上）、电流强度较小，因此高压线的绝缘包层很厚、线芯截面积很小，但耐压性能很好。高压线分为普通铜芯高压线及高压阻尼点火线。带阻尼的高压线可抑制和衰减点火系统产生的高频电磁波，降低对无线电设备及电控装置的干扰。图1-128所示为四缸发动机上的高压线。

3.汽车线束

汽车线束是汽车电路的网络主体，连接汽车的电气电子部件并使之发挥功能，没有线束也就不存在汽车电路。目前，不管是高级豪华汽车还是经济型普通汽车，线束组成的形式基本上是一样的，都是由导线、插接器和包裹胶带（棉纱或薄聚氯乙烯塑料）组成，它既要确保传送电信号，也要保证连接电路的可靠性，向电气电子部件供应规定的电流，防止对周围电路的电磁干扰，并要排除电器短路。

同一种车型的线束在制造厂里按车型设计好后，用卡簧或绊钉固定在车上的既定位置，这样抽头就刚好在各电器的接线柱附近，安装时按线号装在电器对应的接线柱上。全车线束一般包括发动机线束、仪表线束、车身线束、照明线束、空调线束等，图1-129所示分别为汽车发动机线束和仪表线束。

图 1-128 四缸发动机上的高压线

（a）发动机线束　　　　（b）仪表线束

图 1-129 汽车发动机线束和仪表线束

十二、插接器

插接器（又称连接器、插接件）由插座和插头两部分组成，用于线束与线束或导线与电气元件之间（如传感器、执行器、控制单元）的相互连接（图1-130），是连接汽车电气线路的重要元件。连接器有不同的规格型号、外形和颜色，为了防止插接器在汽车行驶中脱开，所有的插接器均采用了闭锁装置，如图1-131所示。

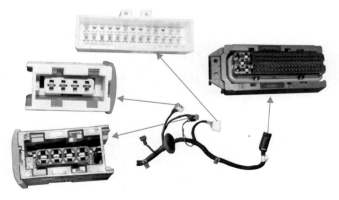

图 1-130 线束与插接器

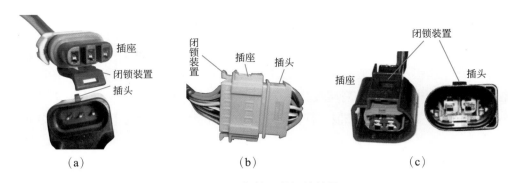

图 1-131　插接器的闭锁装置

断开插接器时，首先要解除闭锁，使锁扣脱开，才能将其分开，不允许在未解除闭锁的情况下用力拉导线，这样会损坏闭锁装置或连接导线。

十三、蓄电池

1. 蓄电池概述

蓄电池是汽车上的初始电源，是一种将化学能转换为电能的装置，在汽车上与发电机并联，向全车用电设备供电。它的作用如下。

① 发动机不工作时，为照明或者其他附属系统提供电源。

② 发动机启动时，使起动机运转并为点火系统提供电流。

③ 发动机工作时，当车上电气负载超过充电系统供给能力时可能需从蓄电池获得电能。

④ 蓄电池还可以吸收汽车电气系统中不正常的瞬间电压，而作为电压稳定器或者大滤波器。如果没有蓄电池的保护，一些电气电子元件极有可能因为这些高电压而损坏。

蓄电池在汽车上的安装位置根据汽车制造厂车型结构设计而定，一般轿车装在发动机舱。汽车广泛应用的是铅酸蓄电池，常用的铅酸蓄电池主要有普通铅酸蓄电池、免维护蓄电池、干荷电蓄电池等。

2. 蓄电池的结构

普通铅酸蓄电池由极板、隔板和电解液、外壳及联条等组成，蓄电池的结构如图1-132所示。

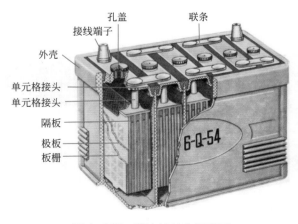

图 1-132　蓄电池结构示意图

汽车蓄电池（12V电池）由6个单格组合而成。每个单格由若干片正极板与若干片负极板（负极板比正极板多一片）间隔重叠而成，中间用超细玻璃纤维隔板隔离。数片正极板用铅合金焊接在一起组成正极群，同样数片负极板用铅合金焊接在一起组成负极群，正、负极群装于电池槽内组成单体蓄电池。单体电池之间用铅零件或连接条从单格之间的电池槽隔板顶端（或穿孔穿壁焊）以串联形式连在一起。电池槽盖用密封胶粘接。首尾单格加装接线端子，引出正、负极。

3.蓄电池的工作原理

蓄电池的工作过程就是化学能与电能相互转化的过程。当蓄电池将化学能转化为电能时，蓄电池向外供电，称为放电过程；而当蓄电池与外部直流电源相连，将电能转化为化学能时，称为充电过程。蓄电池的基本工作原理如图1-133所示。

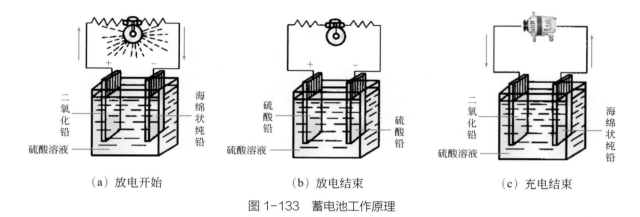

图1-133　蓄电池工作原理

（1）放电过程　蓄电池与外电路接通后，在极板电位差的作用下，电流从蓄电池的正极流出，经过灯泡流向蓄电池的负极，使灯泡发光，这一过程称为放电。蓄电池的放电过程是化学能转变为电能的过程。

放电时，正极板上的二氧化铅（PbO_2）和负极板上的海绵状纯铅（Pb），都与电解液中的硫酸（H_2SO_4）反应生成硫酸铅（$PbSO_4$），沉附在正、负极板上。电解液中H_2SO_4不断减少，密度下降。

（2）充电过程　如果把放电后的蓄电池接一直流电源，使蓄电池正极接上直流电源的正极，蓄电池的负极接直流电源的负极。当外加电源电压高于蓄电池电动势时，电流将以与放电电流相反的方向流过蓄电池，使蓄电池正、负极发生与放电相反的化学反应，这一过程称为充电。

在充电过程中，正极板活性物质由硫酸铅转变为二氧化铅，负极板上的活性物质由硫酸铅转变为纯铅，电解液中消耗了水，生成了硫酸，电解液密度逐渐上升。只要充电过程进行，上述电化学反应就不断进行。当极板上的物质全部转变完成后，蓄电池就充足了电。

　　放电时，正极板上的PbO_2和负极板上的Pb都变成$PbSO_4$，电解液中的H_2SO_4减少，密度减小。充电时按相反的方向变化，正、负极板上的$PbSO_4$分别变成原来的PbO_2和Pb，电解液中的H_2SO_4增加，密度增大。总的反应式如下：

$$PbO_2+2H_2SO_4+Pb\xrightarrow[\text{充电}]{\text{放电}}2PbSO_4+2H_2O$$

第三节　汽车电气系统的组成与特点

一、汽车电气系统的组成

汽车全车线路（或全车电路）是根据汽车电气系统（包括电源系统、启动系统、点火系统、照明与信号系统、仪表与警报系统、电子控制装置和辅助电器等）的工作特性和各系统之间的相互联系，利用保险丝、开关和导线等器材连接构成的一个整体线路。图1-134所示为大众高尔夫全车电气元件分布。

图1-134　大众高尔夫全车电气元件分布

1.电源系统

电源系统由蓄电池和发电机两部分组成（图1-135）。其作用是向全车用电设备提供低压直流电能。在发动机不工作或启动时由蓄电池供电；在发动机启动后，发电机产生电能向各用电设备供电，同时向蓄电池充电。

发电机

蓄电池

图1-135　蓄电池与发电机

2.启动系统

启动系统由起动机和控制电路组成（图1-136），其作用是启动发动机。

3.点火系统

现代电控汽油机点火系统由点火线圈、火花塞、点火开关等组成（图1-137）。点火系统的作用是产生电火花，适时可靠地点燃气缸中的可燃混合气。

（a）起动机

（b）启动继电器

（a）点火线圈

（b）火花塞

（c）点火开关

图1-136　启动系统主要部件　　　　图1-137　点火系统主要部件

4.照明与信号系统

照明系统分为车内照明和车外照明（图1-138）。车内照明用来满足驾乘人员车内照明的需要，车外照明用来保障车辆在夜间、雨雾天气中行驶的安全。信号系统的作用是告示行人、车辆引起注意，指示车辆的位置、运行状态等，以提高汽车的安全性。

（a）车外照明　　　　　（b）车内照明

图1-138　车内照明和车外照明示意图

5.仪表与警报系统

仪表与警报系统主要由组合仪表（包括燃油表、水温表、车速表、发动机转速表等，如图1-139所示）、传感器、各种报警指示灯及控制器等组成。其作用是向驾驶员提供汽车运行的各种参数及异常情况，以确保汽车的正常行驶。

图1-139　组合仪表

6.电子控制装置

电子控制装置由电控燃油喷射系统、电控点火系统、自动变速器、防抱死制动系统（ABS）、电动转向系统、电控悬架系统、空调系统、防盗系统等组成。电子控制装置控制各个系统在最佳状态下运行，提高汽车的动力性、经济性、安全性和舒适性。

7.辅助电器

为了提高车辆的安全性和舒适性，目前汽车上普遍使用了许多辅助电器，如风窗刮水器、电动后视镜、电动车窗、电动天窗、电动座椅等装置。常见的辅助电器如图1-140所示。

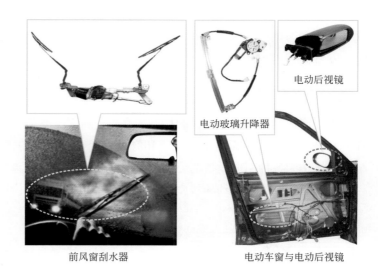

前风窗刮水器　　　　电动车窗与电动后视镜

图1-140　辅助电器

二、汽车电气系统的特点

汽车电路和一般电路一样，各电器间采用串联、并联和混联方式；具有通路、断路和短路三种基本工作状态；电路图中的电器采用专门的符号或图框加文字的标注方法。但汽车电路又有自身的一些特点。

1.低压供电

汽车电气系统的额定电压主要有12V和24V两种。汽油车普遍采用12V电源，柴油车多采用24V电源（由两个12V蓄电池串联而成），未来的汽车可能采用42V供电系统。

2.直流电源

这主要是从蓄电池充电角度来考虑的，现代汽车发动机是靠电力起动机启动的，起动机由蓄电池供电，而向蓄电池充电又必须用直流电源，所以汽车电气系统为直流系统。汽车的直流电是由交流发电机产生的交流电经发电机内部的整流器整流、电压调节器对电压进行调节然后输出的。

3.采用两个电源

汽车上采用了两个电源，即蓄电池和发电机，它们以并联的方式向用电设备供电。蓄电池是辅助电源，在发电机未发电或电压较低（低于蓄电池端电压）时，由蓄电池向用电设备供电；发电机是主电源，当发动机运转到一定转速后，发电机开始向车上的用电设备供电，同时对蓄电池进行充电以补充蓄电池损失的电能。

4.装有保险装置

为了防止电路或元件因搭铁或短路而烧坏线束和用电设备，汽车电路中均安装有保险装置防止产生过流，如保险丝、易熔线等。如果电路出现过流，则在线束和用电设备被损坏前，这些保险装置将断开。

5.用电设备并联

汽车的各用电设备均采用并联，每个用电设备都由各自串联在其支路中的专用开关控制，互不干扰。在维修汽车电路时，可以单独方便地拆装用电设备而不会影响到其他用电设备。

6.采用单线制

单线连接是汽车线路最大的特点。汽车上的用电设备都是并联的，从理论上讲需要一根公共的火线和一根公共的零线。而汽车发动机和底盘是由金属制造的，具有良好的导电性能。因此，利用汽车的金属机体作为各种用电设备的公共导线，而用电设备到电源就只需用一根导线连接，所以称为单线制。

采用单线制可以节约导线，使电路简化，便于安装和检修，因此，现代汽车基本上都采用单线制。

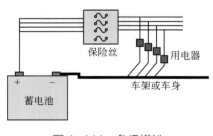

图 1-141 负极搭铁

7.负极搭铁

采用单线制时蓄电池的一个电极需接至车架或车身上，俗称"搭铁"。蓄电池的负极接车架或车身称为负极搭铁（图1-141）；蓄电池的正极接车架或车身称为正极搭铁。我国规定采用蓄电池负极搭铁。负极搭铁对无线电设备（音响、通信系统）的干扰少，对车架及车身电化学腐蚀小，并且具有连接牢固的优点。目前世界各国生产的汽车大多数采用负极搭铁。

8.汽车电路由单元电路组合而成

汽车电路虽然复杂，但都是由完成不同功能、相对独立的单元电路组成。只要认真读懂每个单元电路，也就能读懂全车电路。

9.汽车线路有颜色和标识特征

汽车导线的数目较多，为便于识别和检修汽车电器，汽车电路中的低压线通常采用不同颜色的导线，并在汽车电路图上用颜色的字母代号标注出。不同车系导线颜色代码也不同。

第四节　汽车电路图种类及识读方法

汽车电路图是一种将汽车电器和电子设备用图形符号和代表导线的线条连接在一起的关系图，是对汽车电器的组成、工作原理、工作过程及安装要求所作的图解说明。电路图中表示的是不同电路相互之间的关系及彼此之间的连接，通过对电路图的识读，可以认识并确定电路图上所画电器元件的名称、型号和规格，清楚地掌握汽车电气系统的组成、相互关系、工作原理和安装位置，便于对汽车电路进行检查、维修、安装、配线等工作。

根据汽车电路图的不同用途，可绘制成不同形式的电路图，常见的电路图有原理框图、电路原理图、接线图、线束图与电气设备定位图。

一、原理框图

原理框图是用框图的形式来表达其原理，它的作用在于能够清晰地表达比较复杂的原理。由于汽车的电气系统较为复杂，为概略地表示各个汽车电气系统或分系统的基本组成、相互关系及其主要特征，常采用原理框图。原理框图所描述的对象是系统或分系统的主要特征，不必画出元器件和它们之间的具体连接情况，它对内容的描述是概略的，但对于汽车电路的分析和维修有很大的帮助。

原理框图通常采用方框符号或者带注释的框绘制，带注释的框应用比较广泛，其框内的注释可以是文字，可以是符号，也可以同时采用文字和符号。图1-142所示为日产天籁点火系统原理框图。

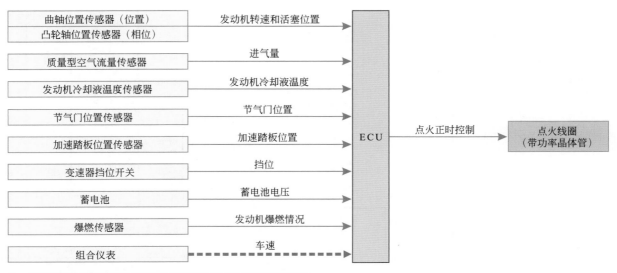

注：ECU根据发动机转速和蓄电池电压的信号来确定启动信号的状态。
▪▪▪▶：该信号通过CAN通信线路发送。

图1-142　日产天籁点火系统原理框图

原理框图识读方法：熟悉各车系常用电器的图形符号及方框符号；仔细阅读图中的注释，了解原理框图的绘制方法和特点；理解各功能单元电路的基本作用。

二、电路原理图

1.了解电路原理图

电路原理图是利用电气符号将每一个系统合理地连接起来，能简明清晰地反映汽车电路构成、连接关系和工作原理，而不考虑其实际安装位置的一种简图。其优点是图面清晰、简单明了、通俗易懂，便于分析、查找电路故障。电路原理图分为整车电路原理图和局部电路原理图。汽车的整车电路原理图是由若干个局部电路原理图组成的。

整车电路原理图是一幅完整的全车电路图，能反映全车电路各系统之间的相互关系。在此图上能建立起电位高、低的概念。其负极搭铁电位最低，可用图中的最下面一条线表示；正极电位最高，用最上面的那条线表示。电流的方向基本都是由上而下，路径是电源正极→开关→用电器→搭铁→电源负极。

局部电路原理图是从整车电路图中抽出的某个局部电路。此图能反映汽车电器的内部结构，局部电路的工作原理，并将重点部位进行了放大及说明。这种电路图的用电器少、幅面小，阅读起来简单明了；其缺点是只能了解电路的局部。图1-143所示为一汽大众捷达NF发动机控制系统部分的电路原理图。

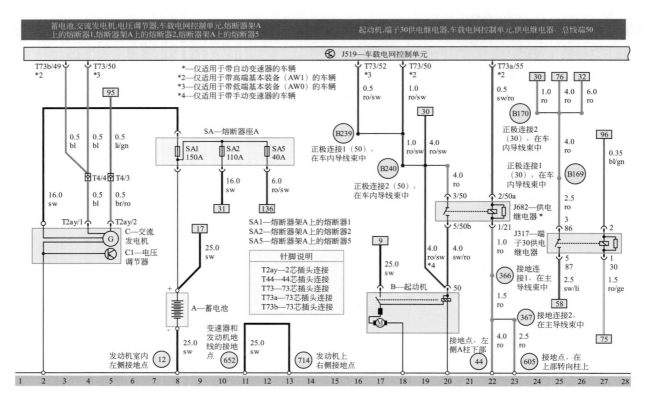

图1-143　一汽大众捷达NF发动机控制系统部分的电路原理图

2.电路原理图识读方法

由于各国汽车电路图的绘制方法、符号标注、文字标注、技术标准不同，各汽车生产厂家绘制的汽车电路图有很大差异，因此，阅读不同系列的汽车电路图前需要了解电路图的特点，掌握汽车电路图识读的基本方法。

（1）熟悉汽车电路绘制的规则　在汽车的全车电路图中，各电器采用从左到右（供电电源在左，用电设备在右，在局部电路的原理图中，信号输入端在左，信号输出端在右）、从上到下（火线在上，搭铁线在下）的顺序进行布置，且各电气系统的电路尽可能绘制在一起。

（2）熟悉汽车电路元件符号及含义　熟悉汽车电路图的名称，明确电气符号、文字标注、代码及缩略语的含义，建立元器件和图形符号间一一对应的关系。

① 电气符号　汽车上所有的电器在电路图中都是用电气符号来表示的。电气符号是简单的图形符号，只大概地表示出电器外形，在图形符号上或旁边用文字加以说明电器名称。各汽车生产厂家绘制的电气符号各有不同，有的是简单的，有的是复杂的。图1-144所示是发动机电控单元的符号，图1-144（a）是大众/奥迪/斯柯达车系的符号，它是最常见的发动机电控单元的符号；图1-144（b）、（c）分别是通用车系和宝马车系的符号，在电控单元处画出了简单的内部电路；图1-144（d）是奔驰车系的符号，在电控单元处用英文字母标明该端子的作用，并用小箭头符号标明信号是输入还是输出；图1-144（e）是北京现代车系的符号，在电控单元处标注出了信号的名称和类型，从图中可以看出是供电、搭铁、输入信号还是控制信号；图1-144（f）是丰田车系的符号，在电控单元处用英文字母标明该端子的作用；图1-144（g）是本田车系的符号，在电控单元处画出了简单的内部电路并用英文字母对端子进行了标注。

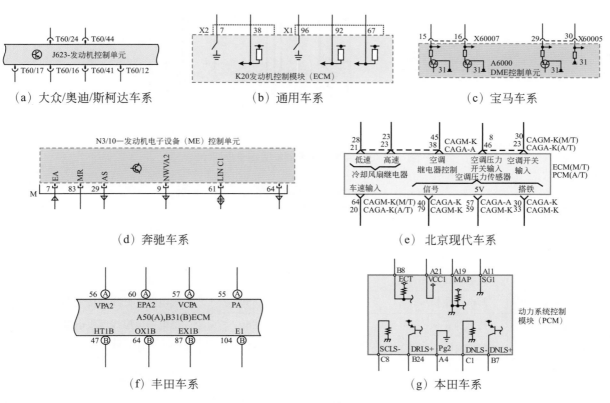

图 1-144　发动机电控单元的符号

有的电气符号也简单地表达出电器内部的工作原理和电路，如图1-145所示的起动机的符号，从图中可以看到电动机、电磁开关线圈、电磁开关触点以及它们之间线路的连接关系。

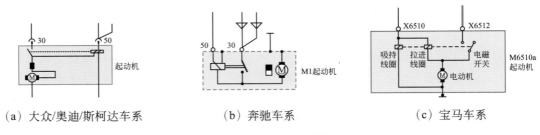

（a）大众/奥迪/斯柯达车系　　　　（b）奔驰车系　　　　（c）宝马车系

图1-145　起动机的符号

② 电器端子标注　为了方便查找和维修汽车电路，在电路图中用一定数字、字母对电器的接线端子进行了标注（图1-146），了解这些端子的标注，可准确地找到导线和相应的接线端子。各国汽车制造厂家对端子的标注方法不尽相同，表1-6所示为德国汽车电路设备端子的部分标注说明。

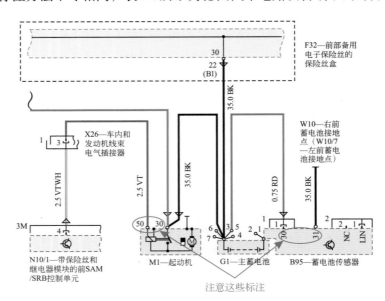

图1-146　奔驰汽车电器设备端子标注示例

表1-6　德国汽车电路设备端子的部分标注说明

端　子	说　　明	端　子	说　　明
15	点火开关在"ON""ST"时的有电的接线端	54	制动灯
30	蓄电池正极电压	56a	远光灯
31	蓄电池负极	85	继电器电磁线圈接地端
B+ 或（+）	蓄电池正极	86	继电器电磁线圈供电端
GND 或（−）	接地	87	继电器触点输入端
50	起动机控制端	87a	继电器触点输出端

③ 汽车电路中的缩略语　由于电路图幅面有限，对各元器件的注释大量采用缩略语。缩略语有的是系统英文名称的缩写，例如ABS（Anti-lock Braking System）表示防抱死制动系统，AT（Automatic

Transmission）表示自动变速器；有的用端子所连接电器的英文缩写来作为端子的缩写，例如BAT（Battery 蓄电池）表示该端子连接的是蓄电池，INJ（Injector 喷油器）表示该端子连接的是喷油器。

只有正确理解电路图中的缩略语，才能正确阅读电路图。电路图中的缩略语可以通过查阅英汉汽车缩略语词典来了解其含义，也可以通过参考电路图中的说明来了解。

（3）熟悉元器件的作用　汽车电路中有许多开关、继电器、传感器、执行器及电控单元（ECU）。

① 开关　是控制电路通、断的关键。电路中主要的开关往往汇集许多导线，如点火开关、车灯控制开关，阅读与开关相关的电路图时应注意分析以下事项。

• 在开关的许多接线柱中，找出哪些是接电源的，哪些是接用电器的，接线柱旁的接线符号代表什么意思。

• 蓄电池或发电机的电流是通过什么路径到达这个开关的，中间是否经过其他的开关和保险丝，控制开关是手动按钮还是自动控制的。

• 开关共有几个挡位，每个挡位有什么作用，在每个挡位中，哪些接线柱通电，哪些断电。

• 各个开关分别控制什么用电器，被控制用电器有什么作用和功能。

• 在被控的用电器中，哪些电器处于常通，哪些电路处于短暂接通，哪些应先接通，哪些应后接通，哪些单独工作，哪些应同时工作。

② 继电器　起开关作用，它是利用电磁或其他方法（如热电或电子）控制某一回路的接通或断开，实现用小电流控制大电流，从而减小控制开关触点的电流负荷。在分析带继电器的电路时，要分清主回路和控制回路。图1-147所示为一汽大众捷达NF供电继电器工作电路，图中红色箭头所示的回路为控制回路，绿色箭头所示的回路为主回路。

③ 传感器　汽车电路中的传感器经常共用电源线、接地线，但决不会共用信号线（图1-148）。在分析传感器电路时，可用排除法来判断电路，即排除其不可能的功能来确定其实际功能，如分析某一具有三根导线的传感器电路时，如果已经分析出其电源电路、接地电路，则剩余的电路必然为信号电路。

④ 执行器　汽车电路中最常见的执行器主要是喷油器、点火线圈、换挡电磁阀、怠速步进电动机、空调压缩机等。执行器要正

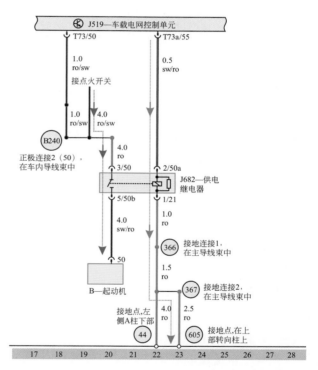

图 1-147　一汽大众捷达 NF 供电继电器工作电路

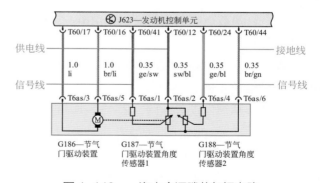

图 1-148　一汽大众迈腾节气门电路

常工作需要三个信号，即电源、接地和控制信号。控制信号主要由控制单元送出，在汽车电路中，会看到执行器共用电源线、接地线甚至控制线的情况。图1-149所示电路中，点火线圈N70、N127、N291、N292就共用了电源线和接地线。

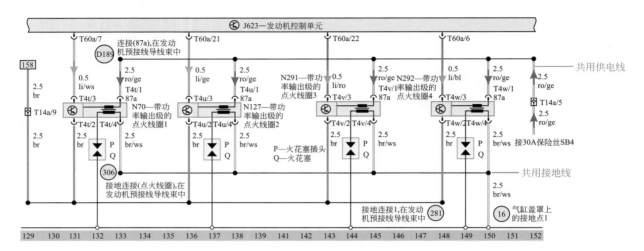

图1-149　全新帕萨特点火线圈电路

⑤ 电控单元（ECU）　汽车电子控制系统越来越多，在识读汽车电子控制系统电路图时，要以电控系统的ECU为中心，因为这是整个系统的控制中心，所有电气部件都必然与这里发生关系。

• 对ECU的各个引脚有大致印象，弄清楚分为几个区域，各区引脚排列的规律。

• 找出该系统给ECU供电的电源线有哪些，注意一般ECU都不止一根电源线，弄清楚各电源线的供电状态（如常火线或开关控制）。

• 找出该系统的搭铁线有哪些，注意分清楚哪些是在ECU内部搭铁，哪些是在车架上搭铁，哪些是在各总成机体上搭铁。

• 找出哪些是系统的信号输入传感器，各传感器是否需要电源，并找出相应的电源线，该传感器在哪里搭铁。

• 找出系统的执行器有哪些，弄清电源供给和搭铁情况，电脑控制执行器的方式（控制搭铁端或电源）。

（4）运用回路的原则　任何一个完整的电路都是由电源、保险丝、开关、控制装置、用电设备、导线等组成。电流流向必须从电源正极出发，经过保险丝、开关、控制装置、导线等到达用电设备，再经过导线（或搭铁）回到电源负极，构成回路。如图1-150所示为本田雅阁电动后视镜电路。读电路图时，有三种思路。

思路一：沿着电路电流的流向，由电源正极出发，到保险丝、开关、控制装置、用电设备等，回到电源负极。

思路二：逆着电路电流的方向，由电源负极（搭铁）开始，经过用电设备、控制装置、开关、保险丝等回到电源正极。

思路三：从用电设备开始，依次查找其控制开关、连线、控制单元，到达电源正极和搭铁（或电源负极）。

以图1-150为例说明三种思路。把电路图简化，得到图1-151（a）所示的电路，思路一如图1-151（b）所示，思路二如图1-151（c）所示，思路三如图1-151（d）所示。

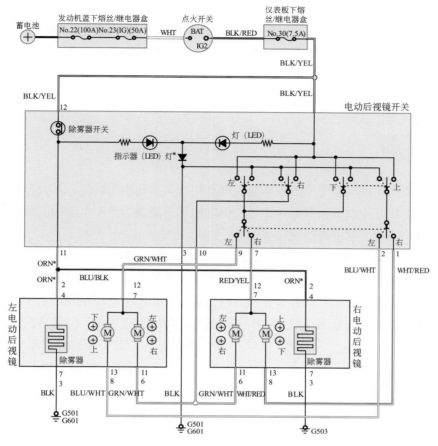

图 1-150　本田雅阁电动后视镜电路图

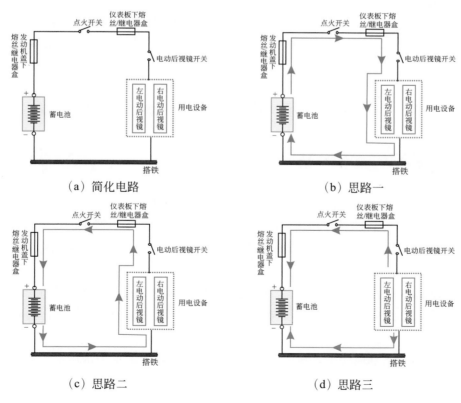

（a）简化电路　　　　　　　　　　　　（b）思路一

（c）思路二　　　　　　　　　　　　（d）思路三

图 1-151　电路识读思路

（5）利用汽车电路图的一般规律　把全车电路化整为零，按功能及工作原理划分成若干独立的电路系统，这样容易分析问题，理出头绪。汽车整车电路一般都按各个电路系统来绘制，如发动机控制系统、变速器控制系统、ABS、SRS、空调等，这些单元电路都有它们自身的特点。掌握各个电路系统的工作原理，理解整车电路也就容易了。

三、接线图

从原理框图可概括了解汽车电器的基本组成及其相互关系和主要特征，从汽车电路图可以比较详细地了解各电器间的相互控制关系和工作原理，但它们都不能表达汽车电器的实际情况。为了便于汽车电器的线路布置、连接，常需要绘制接线图。

接线图是指专门用来标记电气设备的安装位置、外形、线路走向等的指示图。它按照全车电气设备安装的实际位置绘制，部件与部件之间的连线按实际关系绘出。为了尽可能接近实际情况，图中的电器不用图形符号，而是用该电器的外形轮廓或特征表示，在图上还尽量将线束中同路的导线画在一起。这样，汽车接线图就较明确地反映了汽车实际的线路情况，查线时，导线中间的分支、接点很容易找到，为安装和检测汽车电路提供方便。但因其线条密集，纵横交错，给读图、查找、分析故障带来不便。

图1-152所示为启动系统的接线图，图中的蓄电池、点火开关、启动继电器和起动机都以部件外形示意图画出，非常直观。

接线图的识读方法：识读接线图前应对该车所使用的电气设备的结构、原理有一定的了解。通过识读接线图，弄清该车所有电气设备的数量以及它们在汽车上的实际安装位置。了解该车每一种电气设备的接线柱的数量、名称，弄清每一接线柱的实际意义。

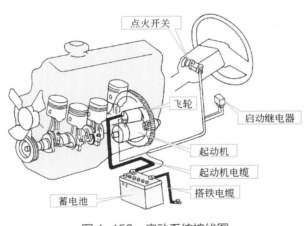

图1-152　启动系统接线图

四、线束图

线束图表明了电路线束与各用电器的连接部位、接线柱的标记、线头、插接器的形状及位置等，是人们在汽车上能够实际接触到的汽车电路图。从线束图中可以了解到线束的走向，并可以通过露在线束外面的线头与插接器详细编号或字母标记得知线束各插接器的位置。线束图常用于汽车制造厂总装线和修理厂的线束连接、检修、配线和更换。

目前，汽车制造商为便于用户在使用、维修过程中进行检查、测试，还往往在维修手册中给出有关电器的安装位置图、线束图解。线束图与电路原理图、接线图结合起来使用，具有很大的参考价值。不同的生产厂商，线束图略有不同，图1-153所示为丰田车系的线束图，图1-154所示为东风悦达起亚车系的线束图（北京现代车系线束图与此相似），图1-155所示为奇瑞车系的线束图（上汽通用五菱车系线束图与此相似）。

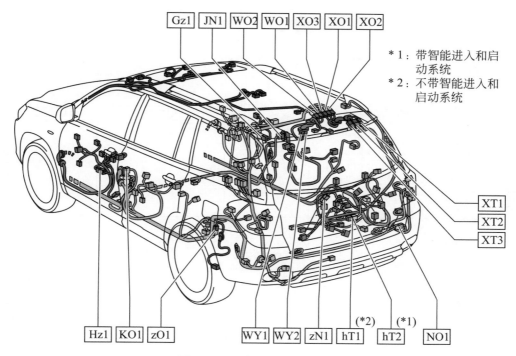

图 1-153 丰田车系的线束图

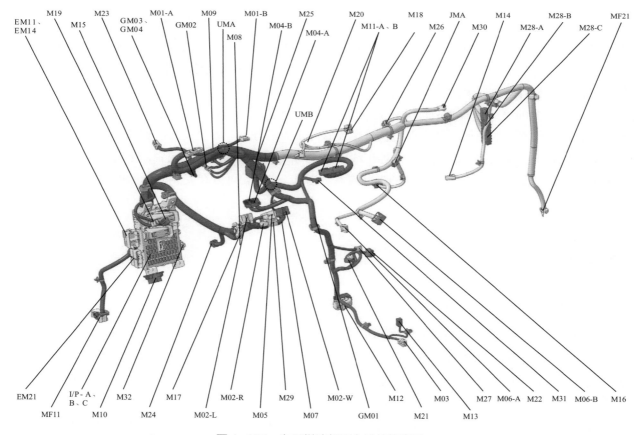

图 1-154 东风悦达起亚车系的线束图

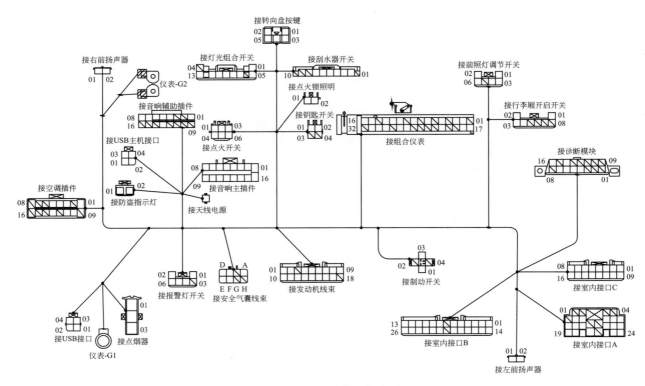

图 1-155　奇瑞车系线束图

　　线束图识读方法：拿到线束图，应先认真读一遍图注，然后对照线束图，了解整车共有几组线束、各线束名称以及各线束在汽车上的实际安装位置；弄清每一线束上的枝杈通向车上哪个电器、每一枝杈有几根导线、它们的颜色与标号以及它们各连接到电器的哪个接线柱上；弄清有哪些插接器件，它们应该与哪个电器上的插接器相连接。

　　识读线束图的目的是查找故障并进行维修。当发现汽车电路线束出现部分损坏，需要拆卸修理时，应记下一些必要的数据，如线束总长、主要有几个大的分支、各分支之间的间隔长度、各分支的长度等，以利于线束的修复。此外，可标记线束以及与其相对应的位置，或者记下对应各线束及接线柱的有关标记（如线头颜色、接线柱的形状或符号等）。这样就可以在安装、拆卸的过程中，更方便操作。

五、电气设备定位图

1. 了解电气设备定位图

　　电气设备定位图以平面图或实物图的形式显示用电器、控制器件、插接器、接线盒、保险丝盒、继电器盒等在车上的具体位置。通过电气设备定位图可以帮助我们准确地找到各电器在车上的安装位置。电气设备定位图按照汽车上电气设备的不同可以分为电控单元位置图、电器位置图、过载保护装置定位图、接地点（搭铁）位置图、插接器的引脚排列图等。

　　参考电气设备定位图能把电路图与实物快速地联系起来，使读者更容易读懂电路图，并能方便地查找故障元件，有利于故障的排除。

2.电气设备定位图识读方法

电气设备定位图通常用箭头或带点的黑实线来指明电气设备的位置，用文字来说明电气设备的名称，如图1-156所示的电控单元位置图和图1-157所示的电器位置图，这种图简单、直观、容易查找，识读时注意文字的说明及箭头的指向，即可找到实物。

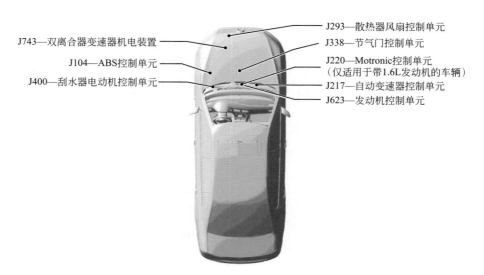

J743—双离合器变速器机电装置
J104—ABS控制单元
J400—刮水器电动机控制单元

J293—散热器风扇控制单元
J338—节气门控制单元
J220—Motronic控制单元
（仅适用于带1.6L发动机的车辆）
J217—自动变速器控制单元
J623—发动机控制单元

图 1-156　新朗逸轿车发动机舱中的控制单元位置分布图

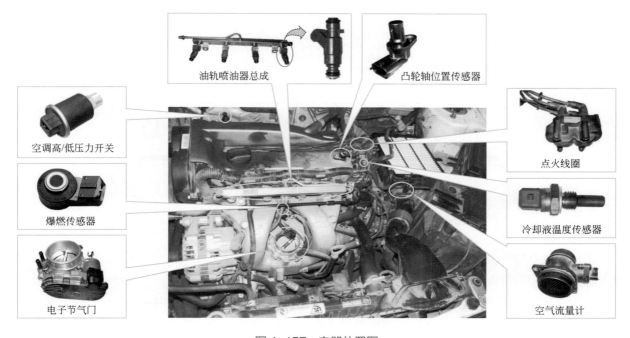

油轨喷油器总成　　凸轮轴位置传感器

空调高/低压力开关

爆燃传感器

电子节气门

点火线圈

冷却液温度传感器

空气流量计

图 1-157　电器位置图

识读过载保护装置定位图方法：保险丝、继电器及导线的铰接点往往集中安装在保险丝盒、继电器盒及接线盒中，读图时先从电器位置图了解各盒在车上的安装位置，再通过各盒的内部线路图了解盒内的连接关系，在电路图中，保险丝往往采用保险丝所在系统或作用的缩略语加保险丝规格来表示，如图1-158中的"ABS 10A"表示保险丝位于防抱死制动系统，熔断电流为10A，也有的车型采用保险丝编号加保险丝规格来表示，例如别克凯越汽车上的Ef1 30A、Ef2 60A、Ef3 30A等；继电器在电路图中常常采用继电器所控制电器的名称来表示，如图1-158中的发动机控制继电器、启动继电器、鼓风机继电器等。

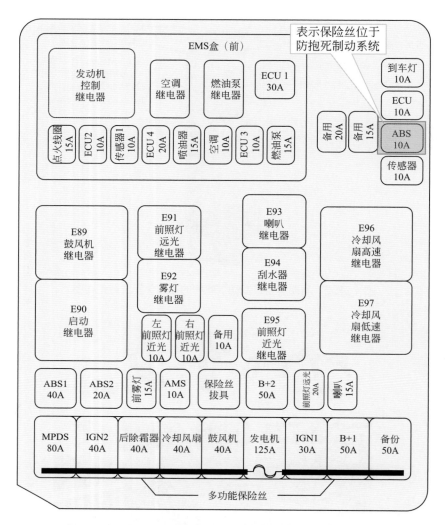

图1-158　悦动轿车发动机舱保险丝与继电器盒元件位置图

　　识读接地点位置图的方法：在电路图中，电路的接地点往往采用字母加数字的编号方法，在接地点位置图中，按编号即可找到相应的接地点，例如图1-159中的G1、G3等。

　　识读插接器的引脚排列图方法：插接器是一个连有线束的插座，是电路中线束的中继站，插接器上往往有多个引脚，所以必须通过引脚排列图来明确各引脚的连接，从而追踪各条进入该插接器的导线，对于插接器上引脚的编号常采用左边为1号引脚，由左至右依次增大的编号方法，若插接器上有两排或两排以上引脚，则采用由左至右依次增大的"S"形引脚编号方法，如图1-160所示；汽车电路图中常采用插接器代码加插接器引脚编号的方法来表示插接器上的引脚，如图1-161所示一汽大众速腾09G型6挡自动变速器电控单元电路图中的"T52/17"表示插接器代码为T52上编号为17的引脚，代码相同的插接器为同一插接器，也有采用把相同的插接器用虚线框起来或用虚线连起来的表示方法，如图 1-162 所示。

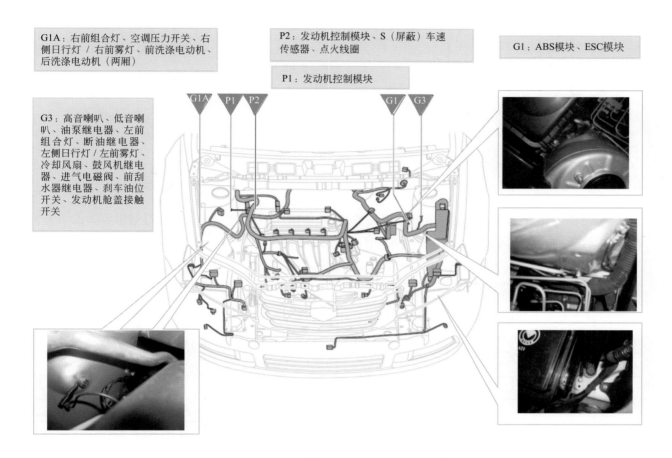

图 1-159　吉利帝豪发动机仓接地点位置图

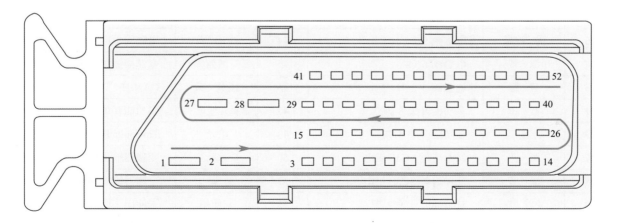

图 1-160　一汽大众速腾 09G 型 6 挡自动变速器电控单元插接器的引脚排列图

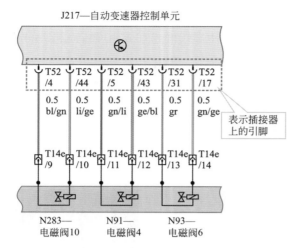

图 1-161 一汽大众速腾 09G 型 6 挡
自动变速器电控单元电路图（部分）

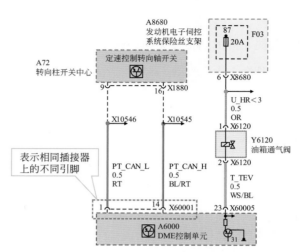

图 1-162 宝马 N52 发动机
控制系统电路图（部分）

对电子控制系统，在检修时需要知道电控单元各引脚的相关数据，这可以通过对引脚的说明来了解，如表1-7所示为一汽大众速腾09G型6挡自动变速器电控单元插接器的引脚排列说明。

表1-7 一汽大众速腾09G型6挡自动变速器电控单元插接器的引脚排列说明

引脚	导线颜色	说明	引脚	导线颜色	说明
1	褐	搭铁	31	灰	电磁阀 6（+）
2	褐	搭铁	32	蓝	电磁阀 9（−）
3	红 / 黄	5A 熔丝 SC14 供电	34	橘黄 / 褐	CAN-L
4	蓝 / 绿	电磁阀 10（+）	36	蓝 / 白	多功能开关 9 脚
5	绿 / 淡紫	电磁阀 4（+）	38	黑	变速器输出轴传感器（+）
6	淡紫 / 绿	电磁阀 5（−）	39	褐	变速器输入轴传感器（−）
8	淡紫 / 白	变速器油温传感器（−）	40	淡紫 / 蓝	Tiptronic 开关 3 脚
9	灰 / 白	诊断 K 线	41	黑 / 淡紫	电磁阀 1（+）
10	蓝 / 红	多功能开关 7 脚	42	白 / 淡紫	电磁阀 5（+）
15	淡紫 / 灰	电磁阀 2（+）	43	黄 / 蓝	电磁阀 4（−）
16	褐 / 淡紫	电磁阀 9（+）	44	淡紫 / 黄	电磁阀 10（−）
17	绿 / 黄	电磁阀 6（−）	45	淡紫	变速器油温传感器（+）
18	黄 / 绿	电磁阀 3（−）	46	橘黄 / 黑	CAN-H
21	蓝 / 黄	多功能开关 8 脚	47	蓝 / 淡紫	多功能开关 1 脚
22	蓝	多功能开关 5 脚	48	淡紫	Tiptronic 开关 6 脚
27	黑 / 蓝	20A 熔丝 SC30 供电	50	绿	变速器输出轴传感器（−）
28	黑 / 蓝	20A 熔丝 SC30 供电	51	黑	变速器输入轴传感器（+）
29	淡紫 / 白	Tiptronic 开关 7 脚	52	未使用	未使用
30	黄 / 淡紫	电磁阀 3（+）			

注：没有列出的引脚为未使用。

第二章

汽车电气系统各单元电路识读

第一节　充电系统

一、充电系统的组成及工作原理

1.充电系统概述

当发动机停机时，蓄电池向电气设备供电或向起动机提供能量。当发动机慢速运转或一些电气负载开启时（如照明灯和车窗除雾器）仍然需要蓄电池电流。发动机高速运转时，充电系统会提供汽车所需的所有电流，满足汽车上的这些系统所需后，充电系统会把电流输入蓄电池进行充电。

汽车充电系统由蓄电池、交流发电机及调节器、点火开关、充电指示灯（在仪表盘内）及线路组成，如图2-1所示。

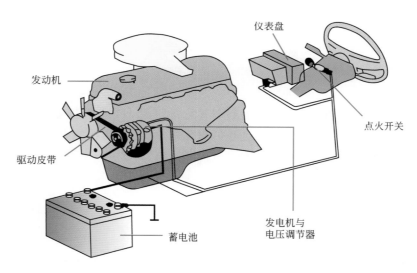

图 2-1　充电系统的组成

2.发电机的组成及工作原理

发电机是汽车充电系统的核心部件，也是汽车的主要电源，它的作用是在发动机正常运转时（怠速以上），向所有用电设备（起动机除外）供电，同时向蓄电池充电。汽车上的发电机大多为三相交流发电机，图2-2所示为2014年款一汽大众宝来发电机实物及安装位置。

图2-2 2014年款一汽大众宝来发电机实物及安装位置

现代汽车发电机均采用硅整流交流发电机，它主要由转子、定子、整流器、电压调节器、端盖、风扇、带轮等组成，如图2-3所示。

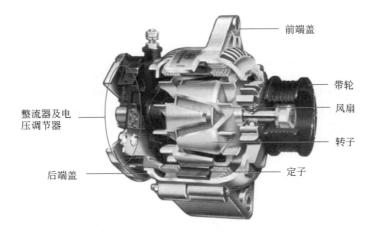

图2-3 发电机的内部结构

发动机通过传动带驱动发电机，当转子旋转时，它将使定子线圈产生交流电（AC）。然后，交流电通过整流器整流，转换成供车辆电气系统使用的直流电（DC），以维持电气负载和蓄电池充电。电压调节器与发电机控制装置集成一体，控制着发电机的输出。

（1）转子 作用是产生磁场，主要由两块爪极、励磁绕组、铁芯、转子轴和集电环（也称滑环）等组成，如图2-4所示。

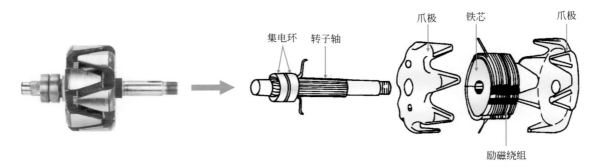

图2-4 转子的构造

转子轴上压装有两块爪极，两块爪极上各有六个鸟嘴形磁极，在两块爪极的空腔内装有导磁用的铁芯，铁芯上绕有励磁绕组（又称磁场绕组或转子线圈）。励磁绕组的两引出线分别焊在与转子轴绝缘的两个集电环上，集电环与装在后端盖上的两个电刷接触。当两电刷与直流电源接通时，励磁绕组中便有磁场电流通过，产生轴向磁通，使一块爪极被磁化为N极，另一块爪极被磁化为S极，从而形成了相互交错的磁极。

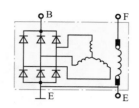

（a）内搭铁控制形式

硅整流交流发电机按励磁电流的控制形式分为内搭铁型发电机和外搭铁型发电机两种（图2-5）。内搭铁型发电机是磁场绕组（两只电刷）中的负电刷直接搭铁（和壳体直接相连）的发电机。外搭铁型发电机是磁场绕组的两只电刷都和壳体绝缘的发电机。外搭铁型发电机磁场绕组的负极接入调节器，通过调节器后再搭铁。

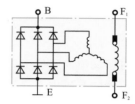

（b）外搭铁控制形式

图2-5　励磁电流的控制形式

（2）定子　作用是产生交流电，由定子铁芯和定子绕组组成。定子绕组按连接方式分为星形连接和三角形连接两种，如图2-6所示。

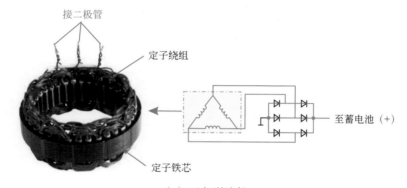

（a）三角形连接

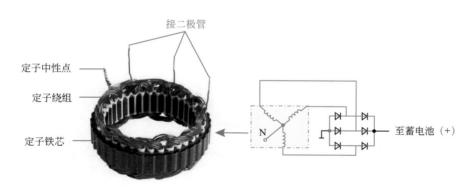

（b）星形连接

图2-6　发电机定子绕组连接方式

（3）整流器　作用是将发电机定子绕组产生的三相交流电变换为直流电。整流器由不同数目的二极管组成，这样整流器的功能也不同，整流器一般由6只硅整流二极管接成三相桥式全波整流电路，这样的整流器称为6管整流器（如一汽大众宝来、捷达及丰田凯美瑞汽车上都有采用）。6管整流器如图2-7所示。

（a）实物　　　　　　（b）6管整流原理

图2-7　6管整流器

　　有些交流发电机上，为了利用发电机定子线圈中性点的电压，提高发电机的输出功率，在原来6管整流器的基础上又增加了两个专门对中性点进行整流的二极管，组成8管整流器（如金杯海狮、帕萨特B5、天津夏利等汽车上使用），8管整流器如图2-8所示。

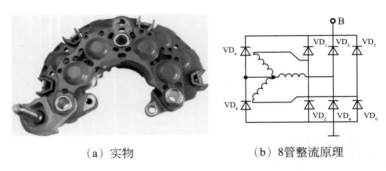

（a）实物　　　　　　　（b）8管整流原理

图2-8　8管整流器

　　8管整流器特点：电路中采用了8只硅整流二极管，其中6只组成三相全波桥式整流电路，还有2只是中性点二极管，1只正极管接在中性点和正极之间，1只负极管接在中性点和负极之间，对中性点电压进行全波整流。

　　为了提高发电机电压调节的精度，有些交流发电机在6管整流器的基础上又增加了三个专门用来调节励磁线圈电流的二极管，组成了9管整流器（如在捷达、赛拉图、三菱欧蓝德、富康等汽车上使用）。9管整流器如图2-9所示。

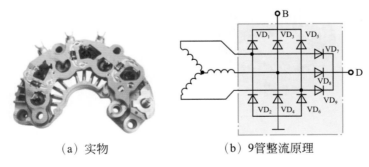

（a）实物　　　　　　（b）9管整流原理

图2-9　9管整流器

　　9管整流器特点：6只大功率整流二极管组成三相全波桥式整流电路，对外负载供电，3只小功率管二极管与三只大功率负极管也组成三相全波桥式整流电路专门为发电机磁场供电，所以称3只小功率二极管为励磁二极管。

为了使发电机同时具有8管整流器和9管整流器的优点，有些交流发电机使用了11管整流器（如奥迪、桑塔纳、捷达时代超人等汽车上使用）。11管整流器如图2-10所示。

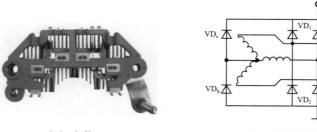

（a）实物　　　　　　　　　　（b）11管整流原理

图2-10　11管整流器

11管整流器特点：由8只大功率整流二极管（其中2只中性点二极管）和3只励磁二极管组成。

（4）调节器　发电机调节器的作用是在发动机转速变化时，自动控制发电机电压，使其保持稳定，防止发电机电压过高而烧坏用电设备和导致蓄电池过量充电，同时也防止发电机电压过低而导致用电设备工作失常和蓄电池充电不足。

调节器按元件性质可分为触点式和电子式两种，现在常用的主要是电子式。电子式电压调节器又分为晶体管调节器、集成电路调节器和电脑控制调节器。电子式电压调节器按其搭铁形式又可分为内搭铁式和外搭铁式两种。

① 晶体管调节器　是将三极管作为一只开关串联在发电机的磁场电路中，根据发电机输出电压的高低，控制三极管的导通和截止，以调节发电机的励磁电流，使发电机输出电压稳定在规定的范围内。晶体管调节器广泛应用于东风、解放及多种中低档汽车中，且一般采用整体封装形式。晶体管调节器有内搭铁式和外搭铁式两种。

内搭铁式晶体管调节器：调节器内的功率三极管串联在发电机励磁绕组与点火开关之间，发电机励磁绕组有一端搭铁。

采用内搭铁时，调节器的"F"（磁场）接线柱与发电机的"F"（磁场）接线柱相接，调节器的"－"接线柱与发电机的"－"接线柱相接，调节器的"＋"接线柱接至点火开关。内搭铁式晶体管调节器如图2-11所示。

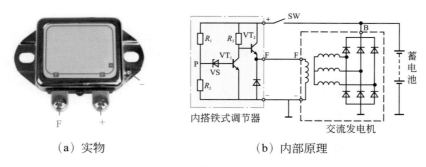

（a）实物　　　　　　　　　　（b）内部原理

图2-11　内搭铁式晶体管调节器

外搭铁式晶体管调节器：调节器内的功率三极管串联在发电机励磁绕组与搭铁之间，发电机励磁绕组无搭铁端，调节器控制励磁绕组搭铁。

采用外搭铁时，调节器的"F"（磁场）接线柱与发电机的"F_2"（磁场）接线柱相接，调节器的

"—"接线柱搭铁，调节器的"+"接线柱除与点火开关相接外，另加一根导线与发电机磁场绕组的另一端（"F_1"）相接。外搭铁式晶体管调节器如图2-12所示。

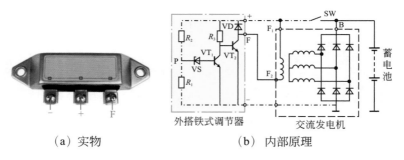

（a）实物　　　　　　　　（b）内部原理

图2-12　外搭铁式晶体管调节器

② 集成电路调节器　也称IC调节器，装于发电机内部，构成整体式交流发电机，发电机外部有2个或3个接线柱。集成电路调节器工作原理与晶体管调节器相同，都是通过稳压管感应发电机的输

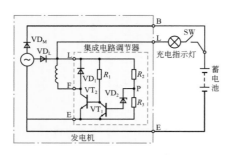

图2-13　发电机电压检测型集成电路调节器

出电压信号，利用三极管的开关特性控制发电机的励磁电流，使发电机的输出电压保持恒定。

集成电路调节器装在发电机上，根据电压检测点的不同，可分为发电机电压检测型和蓄电池电压检测型两种。

发电机电压检测型：直接在发电机上检测发电机的输出电压。图2-13中加在分压器R_2、R_3上的电压是磁场二极管输出端L的电压U_L，U_L和发电机B端的电压U_B相等，检测点P的电压为U_P，由于检测点P加在稳压管VD_2两端的反向电压与发电机的端电压U_B成正比，所以称为发电机电压检测型。

图2-14所示为夏利发电机电压调节器，该调节器为内装式外搭铁发电机电压检测型。该调节器有6个接线端子，F、P、E三个端子用螺钉直接和发电机连接，B端子用螺母固定在发电机的输出端子B上，IG、L两个端子用金属线引到调节器的外部接线插座上。调节器内有一单片集成电路，它的IG端经点火开关SW接到蓄电池正极，用于检测蓄电池和发电机电压，从而控制晶体管VT_2的导通和截止。它的P端接至发电机定子绕组某一相上。单片集成电路调节器从P端检测到硅整流发电机的电压，从而控制晶体管VT_1的导通和截止。

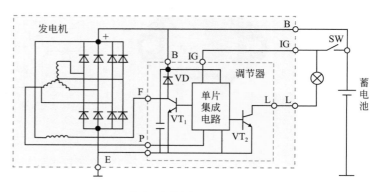

（a）调节器实物　　　　　　　　（b）电路原理

图2-14　夏利发电机电压调节器

蓄电池电压检测型：通过连接导线检测蓄电池端电压的变化来调节发电机的输出。图2-15中加到分压器 R_2 和 R_3 上的电压为蓄电池端电压，由于检测点P加在稳压管 VD_2 上的反向电压与蓄电池端电压成正比，所以称为蓄电池电压检测电路（检测点在蓄电池上）。

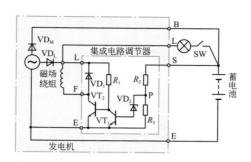

图2-15　蓄电池电压检测型集成电路调节器

图2-16所示为丰田发电机电压调节器，该调节器为内装式外搭铁蓄电池电压检测型。交流发电机有以下几个端子：B、IG、S、L和P。当点火开关为开时，通过连接在点火开关和端子IG之间的导线为调节器提供蓄电池电流。当交流发电机充电时，端子B和蓄电池之间的导线有电流流过。同时，单片集成电路调节器通过端子S监视蓄电池电压。调节器根据需要增大或减少转子磁场能量。指示灯电路通过端子L连接起来。如果无输出，转子磁场线圈连接到端子P，通过交流发电机输出信号可以达到测试目的。

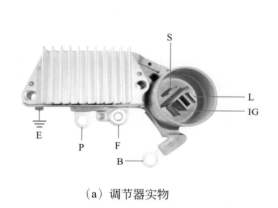

（a）调节器实物

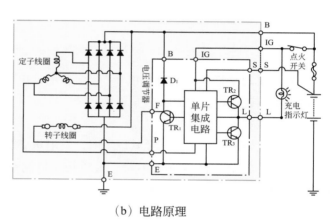

（b）电路原理

图2-16　丰田发电机电压调节器

③ 电脑控制调节器　这是目前轿车采用的一种新型调节器，由电气负载检测仪测量系统总负载后，向发动机电脑发送信号，然后由发动机电脑控制发电机电压调节器，适时地接通和断开磁场电路，既能可靠地保证电气系统正常工作，使蓄电池充电充足，又能减轻发动机负荷，提高燃料经济性。如上海别克、广州本田等轿车发电机上使用了这种调节器。

图2-17所示为本田雅阁汽车发电机电子调节器，该调节器与发动机电脑（ECM）相连接并受发动机电脑（ECM）的控制，除具有电压调节功能外，还具有充电指示灯控制、过电压保护、发电机故障检测和信号传输等功能。该调节器具有8个接线端，其中，B、P、F、E端子用螺钉直接与发电机相连，接线插座内的IG、L、C、FR端子用插接器导线引出，IG端子接点火开关端，L端子接充电指示灯端，C端子接发动机电脑（ECM）控制端，FR端子接发动机电脑（ECM）信号端。

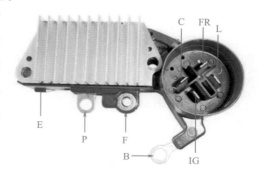

图2-17　本田雅阁汽车发电机电子调节器

3.充电系统工作状态指示电路

目前国内外大多数汽车上，均装有充电指示灯（属于报警装置），用来监测充电系统的工作情况。一般情况下，当接通点火开关时，充电指示灯亮，而当发动机启动后，交流发电机正常工作时，充电指示灯熄灭（只有极个别的车型例外）。因此，当发动机正常工作时，充电指示灯突然点亮，则表示充电系统有故障，提醒驾驶员注意及时维修。

交流发电机充电指示灯工作原理如图2-18所示，其工作情况如下。

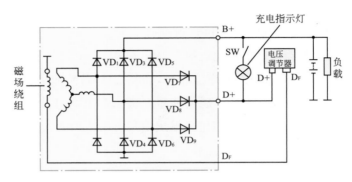

图2-18　交流发电机充电指示灯工作原理

在发动机启动期间，发电机电压U_{D+}＜蓄电池电压时，整流二极管截止，发电机不能对外输出，由蓄电池供给磁场电流。路径为蓄电池正极→点火开关SW→充电指示灯→电压调节器→磁场绕组→搭铁→蓄电池负极。充电指示灯亮。

当发动机转速升高到怠速及其以上时，发电机应能正常发电并对外输出，此时，发电机电压高于蓄电池电压，发电机自励。$U_{B+}=U_{D+}$，充电指示灯两端压降为零，充电指示灯熄灭，若充电指示灯没有熄灭，说明发电机有故障或充电指示灯电路有搭铁。

二、充电系统电路图的识读

1.大众汽车充电系统电路识读

（1）大众汽车充电系统电路特点　一汽大众/上海大众常见车型发电机电路图如图2-19所示，从图中可以看出，一汽大众/上海大众汽车充电系统电路比较相似，发电机有三个接线端子，分别是B+

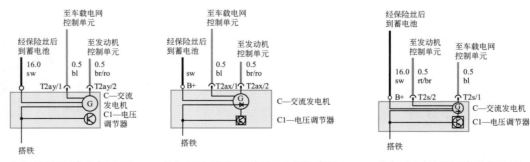

（a）捷达NF发电机电路　（b）朗逸/新朗逸/朗行/全新帕萨特/　（c）全新桑塔纳发电机电路
　　　　　　　　　　　　上海大众斯柯达新明锐发电机电路

图2-19　一汽大众/上海大众常见车型发电机电路图

端、L端和DFM端，其中L端和DFM端通过一个2脚插接件与控制系统连接。发电机及端子如图2-20所示。

B+接线端：发电机正电源输出，通过一个保险丝与蓄电池正极相连，发电机的负极通过搭铁的方式与蓄电池负极连接。

DFM接线端：为发电机负载报告接口，以脉宽调制的方式，向发动机控制单元（ECU）报告自己当前转速下的负荷。ECU会通过负荷数据来调整发动机转矩和转速。如发电机报告负荷接近100%，则ECU会提高发动机转速，以提升发电量，降低发电机相对负荷值。

L接线端：早期的发电机，L接线端（即D+/61端）提供发电预励磁电流，同时也提供仪表报警功能，发电机内部电路图如图2-21所示，当点火开关位于ACC后，仪表盘充电指示灯点亮，蓄电池电流通过L线进入发电机励磁线圈进行预励磁，发动机启动后，在曲轴带轮的带动下，发电机转子旋转，发电机开始发电，发出的电流通过二极管进入励磁线圈，开始自励磁，当发电机L线侧电位不低于蓄电池电压，蓄电池灯熄灭，如果发电机工作异常，输出电压低于蓄电池电压，则充电指示灯点亮进行报警；新一代的发电机采用了带电脑控制的调节器（图2-22），稳压模块使用了MCU控制，励磁电流通过MCU直接进行调节，L线主要作用是用于控制组合仪表内的充电指示灯的亮、灭。

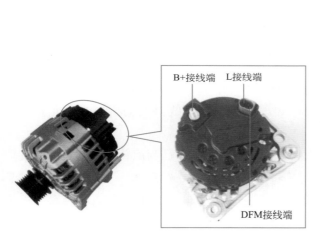

图2-20 发电机及端子

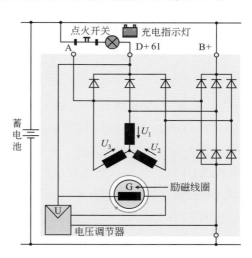

图2-21 旧款发电机内部电路图

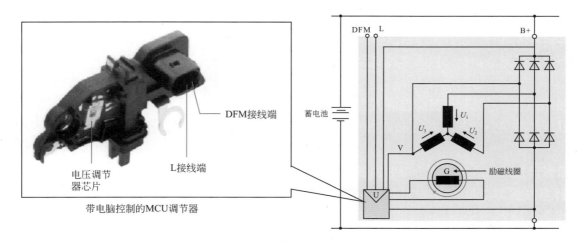

图2-22 新型发电机内部电路图

（2）大众汽车充电系统电路识读示例　由于一汽大众/上海大众汽车充电系统电路比较相似，读懂了任意一款典型车型的电路，就能读懂其他车型的电路。下面以新朗逸充电系统电路为例进行讲解，电路如图2-23所示，其中交流发电机的B+为电压输出端；T2ax/1端为充电指示灯控制端；T2ax/2端为交流发电机反馈信号输出端。

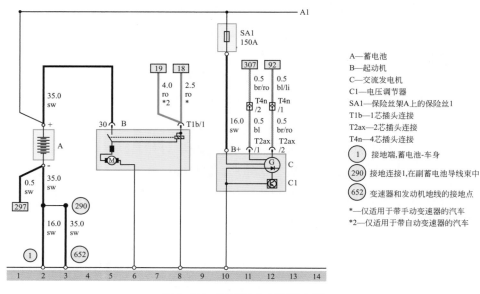

图2-23　新朗逸充电系统电路

① 发电机的工作电路　发电机的T2ax/2端为DFM接线端，经插接器T4n/1后与电路代号92的导线相连，查阅与充电系统相关的电路［图2-24（a）］可知，该导线接发动机控制单元J220的T80/11端。

发电机的DFM接线端以脉宽调制的方式，向发动机控制单元反馈自己当前转速下的负荷。发动机控制单元通过负荷数据来调整发动机转矩和转速，从而调节发电机的输出电压。

发电机的T2ax/1端为L接线端，经插接器T4n/2后与电路代号307的导线相连，查阅与充电系统相关的电路［图2-24（b）］可知，该导线接车载网络控制单元J519的T73b/49端。

L接线端为发电机充电指示灯控制端，该信号输入车载网络控制单元，然后以总线的方式经J519的T73b/19、T73b/18端输入组合仪表控制单元，控制组合仪表内充电指示灯的亮、灭。

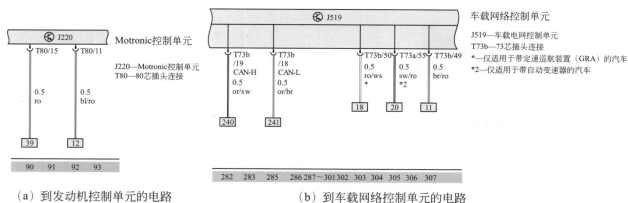

（a）到发动机控制单元的电路　　　　（b）到车载网络控制单元的电路

图2-24　充电系统相关的电路

② 发电机充电电路　该发电机为整体式外搭铁型，当启动发动机或发动机正常运转时，充电系统工作。其充电回路为：交流发电机B+端子→保险丝SA1→蓄电池A正极→蓄电池→蓄电池负极→电路2搭铁→电路10→发电机负极。

2.上汽通用汽车充电系统电路识读

（1）上汽通用汽车充电系统特点　上汽通用汽车充电系统电路框图如图2-25所示，发电机端子如图2-26所示。上汽通用汽车充电系统电路采用的是内装集成电路调节器整体式交流发电机，有的发电机只使用了两个接头，如别克凯越、雪佛兰赛欧；有的发电机使用了三个接头，如别克君威、君越、英朗，雪佛兰科鲁兹、爱唯欧、迈锐宝等，下面分别举例进行讲解。

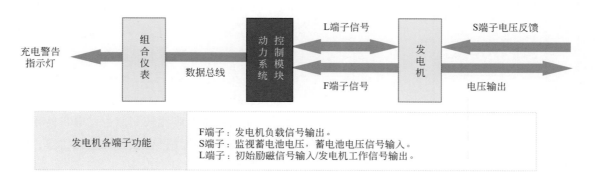

图2-25　上汽通用汽车充电系统电路框图

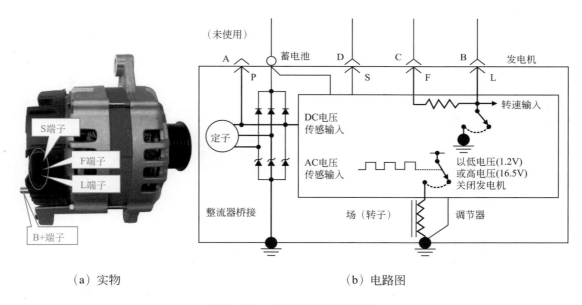

（a）实物　　　　　　　　　　　　　　（b）电路图

图2-26　上汽通用别克发电机

（2）雪佛兰赛欧充电系统电路　图2-27所示为雪佛兰赛欧充电系统电路，该发电机同样只用了两个接头：蓄电池正极和一个与充电指示灯连接的B端子。

① 发电机的工作电路　发电机的B端（即L接线端）为发电机充电指示灯控制端，该信号经插接器X101/1端、X204/3端后，输入仪表的23端，控制仪表内充电指示灯的亮、灭。将点火开关拧到ON（接通）位置时，蓄电池电压通过保险丝和充电指示灯后，施加到发电机中的调压器。当发电

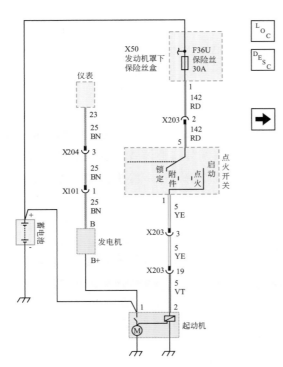

图2-27 雪佛兰赛欧充电系统电路

机不转动时，调压器提供良好接地，使充电指示灯点亮；当发动机启动且发电机开始运转时，交流发电机产生交流电，经整流、调压后，直流输出电压施加到车辆蓄电池上和发电机蓄电池端子的供电电路上，提供给充电指示灯的是单独的输出电压。由于此时充电指示灯两侧的电压相同，因此使充电指示灯失去接地连接而熄灭。如果在发动机运转时充电指示灯亮，表明充电系统有故障。

② 发电机充电电路 当启动发动机或发动机正常运转时，充电系统工作。其充电回路为：交流发电机B+端→起动机1端→蓄电池正极→蓄电池→蓄电池负极→搭铁→发电机搭铁端。

（3）英朗/君威/君越/科鲁兹/爱唯欧/迈锐宝充电系统电路 英朗/君威/君越/科鲁兹/爱唯欧/迈锐宝充电系统电路比较相似，发电机使用了三个接头，下面以雪佛兰科鲁兹为例进行讲解，电路如图2-28所示。

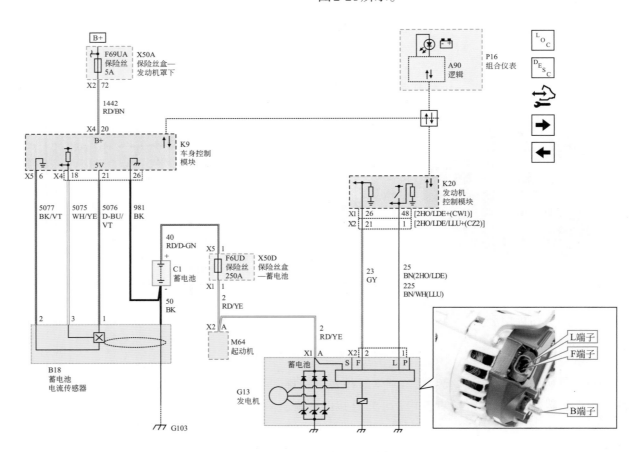

图2-28 雪佛兰科鲁兹充电系统电路

发电机有三个端子，即B端子、F端子、L端子。B端子是发电机电压输出端，F端子是发电机负载信号输出端，L端子是初始励磁信号输入/发电机工作信号输出端。

① 发电机的工作电路　发电机的X2/2端为F接线端，接发动机控制模块X1/26端（或X2/21端），该端子是发电机负载信号输出端，它将发电机的负载情况实时地报告给发动机控制模块。

发电机的X2/1端为L接线端，接发动机控制模块X1/48端（或X2/1端）。发动机运行时，发动机控制模块将发电机接通信号发送至发电机以打开调节器，利用该信号，发电机电压调节器通过控制转子的电流从而控制输出电压。发动机启动后，调节器通过内部导线检测定子上的交流电压从而感应发电机的转动。一旦发电机运行，调节器通过控制脉冲宽度来改变励磁电流。这样就能调节发电机输出电压，使蓄电池正常充电以及电气系统正常运行。

发动机控制模块通过数据总线与组合仪表进行通信，控制组合仪表内的充电指示灯的亮、灭。发动机控制模块通过数据总线还与车身控制模块进行通信。车身控制模块确定发电机输出，并发送信息到发动机控制模块，以控制发电机接通信号电路。它监测来自发动机控制模块的发电机磁场占空比信号电路信息，以控制发电机。车身控制模块还监测蓄电池电流传感器、蓄电池正极电压电路，并估计蓄电池温度以确定蓄电池充电状态。

② 发电机充电电路　当启动发动机或发动机正常运转时，充电系统工作。其充电回路为：交流发电机X1/A端子→起动机X2/A端子→保险丝盒-蓄电池内部的F6UB保险丝→蓄电池正极→蓄电池→蓄电池负极→G103搭铁→发电机搭铁端。

3.北京现代汽车充电系统电路识读

北京现代汽车充电系统电路有两种配置：一种是装备有AMS（交流发电机控制系统），如朗动、悦动、瑞纳、新索纳塔、全新胜达等；另一种是未装备AMS，如朗动、悦动、瑞纳、ix35等。下面以朗动轿车充电系统电路为例进行讲解。

图2-29所示为朗动1.6L充电系统电路，该电路未装备AMS（交流发电机控制系统）。

CGG41/3端是FR端子，接发动机控制单元ECM的CGG-K/15端，通过输出励磁线圈工作状态的PWM信号，监测发电机电负荷状态。

蓄电池传感器安装在蓄电池负极端子内，它检测蓄电池温度、电压和电流值，并通过LIN通信线将检测到的信号发送到发动机控制单元。发动机控制单元通过检测车辆工作状态（加速或减速）、车辆电负荷和蓄电池再充电状态，改善经济性并保持蓄电池在最佳再充电状态，发动机控制单元通过交流发电机可以控制产生的电压。CGG41/1端是COM端子，接发动机控制单元ECM的CGG-K/32端，发动机控制单元输出控制信号，以控制发电机整流电压。

CGG41/2端是L（警告灯）端子，经插接器EC11/72→插接器EM11/37→仪表盘M08/8端，控制仪表盘内充电警告灯的亮、灭。当点火开关位于ON位置时，充电警告灯点亮，发动机启动后熄灭。如果充电警告灯在发动机运转时亮起，表明充电系统有故障。

E81/1端为发电机电压输出端，当启动发动机或发动机正常运转时，充电系统工作。其充电回路为：交流发电机E81/1（蓄电池）端子→蓄电池和蓄电池保险丝/继电器盒内的150A ALT保险丝→蓄电池正极→蓄电池→蓄电池负极→车身搭铁→发电机搭铁端。

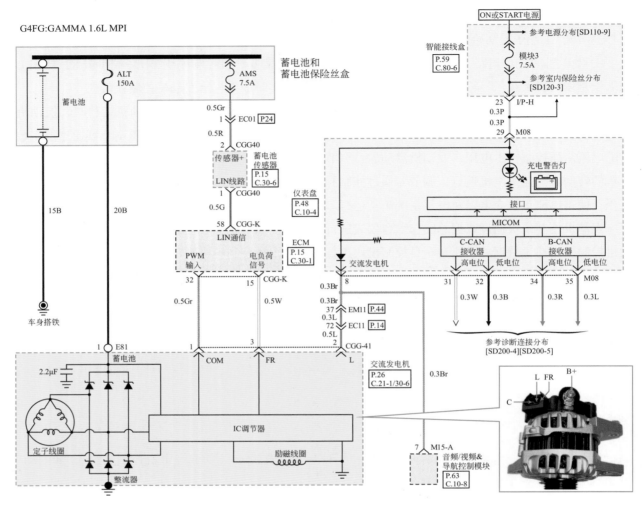

图 2-29　朗动 1.6L 充电系统电路

4.东风日产汽车充电系统电路识读

（1）东风日产汽车充电系统电路特点　东风日产轩逸、骐达、阳光、逍客、天籁、骊威等充电系统电路比较相似，电路如图 2-30 所示。其中 B 端子是交流发电机输出电压端，给蓄电池充电，并供电给车辆电气系统。L 端子控制充电警告灯，当点火开关处于 ON 或 START 位置时，充电警告灯点亮。当交流发电机在发动机运转的情况下能够提供足够的电压时，充电警告灯熄灭。如果在发动机运转时充电警告灯点亮，则表示充电系统出现故障。S 端子（仅适用于 MR 发动机）用于检测蓄电池电压，集成电路（IC）调压器根据 S 端子的检测值来调节交流发电机输出电压。IC 调压器根据接收到的发电指令信号（PWM 信号）通过目标发电电压控制实际发电电压。

对于部分车型，如轩逸、骐达、阳光、天籁、骊威等，配备有发电电压可变控制系统，框图如图 2-31 所示。发动机控制单元（ECM）根据蓄电池状态判断是否执行发电电压可变控制。当执行发电电压可变控制时，ECM 根据蓄电池状态计算目标发电电压，并将计算值作为发电指令值信号发送至 IPDM E/R（发动机舱智能配电模块）。IPDM E/R 将收到的发电指令值转换为发电指令信号（PWM 信号），然后将该信号发送至 IC 调压器。

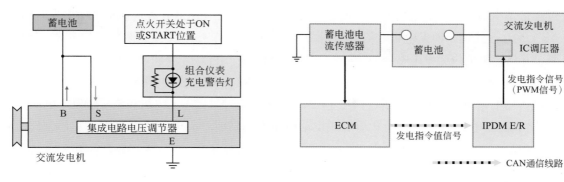

图 2-30 东风日产汽车充电系统电路图解　　　　　　图 2-31 发电电压可变控制系统框图

蓄电池电流传感器安装在蓄电池负极端子的电缆上，它检测蓄电池的充电/放电电流并根据电流值将电压信号发送给 ECM。

（2）东风日产汽车充电系统电路识读示例　下面以东风日产骊威充电系统电路为例进行讲解，电路如图 2-32 所示。

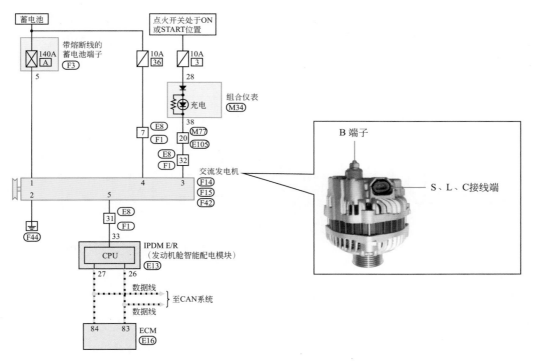

图 2-32 东风日产骊威充电系统电路

① 发电机的工作电路　发电机的 F14/3 端（或 F15/3 端、F42/3 端）为 L 接线端，经插接器 E8/32 端（或 F1/32 端）、插接器 M77/20 端（或 E105/20 端）后接组合仪表的 38 端。

L 接线端为发电机充电指示灯控制端，当点火开关处于 ON 或 START 位置时，蓄电池电压经点火开关→3 号保险丝→组合仪表的 28 端，此时充电警告灯点亮。当交流发电机在发动机运转的情况下能够提供足够的电压时，充电警告灯熄灭。

发电机的 F14/4 端（或 F15/4 端、F42/4 端）为 S 端子，用于检测蓄电池电压，蓄电池电压经 36 号保险丝→插接器 E8/7 端（或 F1/7 端）→发电机的 S 端子，发电机内部的 IC 调压器根据 S 端子的检测值来调节交流发电机输出电压。

对于带蓄电池电流传感器的车辆，配备有发电电压可变控制系统。发电机的F14/5端（或F15/5端、F42/5端）为C接线端，即发电指令信号控制端，发动机控制单元（ECM）根据蓄电池状态计算目标发电电压，并将计算值作为发电指令值信号发送至IPDM E/R。IPDM E/R将收到的发电指令值转换为发电指令信号（PWM信号），并从E13/33端输出，经插接器E8/31端（或F1/31端）输入发电机内的IC调压器。IC调压器根据接收到的发电指令信号（PWM信号）通过目标发电电压控制实际发电电压。

② 发电机充电电路　当启动发动机或发动机正常运转时，充电系统工作。其充电回路为：发电机的F14/1端（或F15/1端、F42/1端）→带熔断线的蓄电池端子上的A号熔断丝（140A）→蓄电池正极→蓄电池→蓄电池负极→搭铁→发电机F14/2端（或F15/2端、F42/2端）。

5.丰田汽车充电系统电路识读

（1）丰田汽车充电系统电路特点　丰田汽车充电系统中，发电机一般采用内装集成电路调节器（检测蓄电池电压）整体式交流发电机，电路如图2-33所示，采用这种发电机的车型有卡罗拉、RAV4、新威驰、凯美瑞、雅力士。另外锐志、皇冠、汉兰达等车型的发电机采用了两组三相绕组（电路如图2-34所示），这种发电机由于中和了相互的电磁声（定子内产生），发电机的噪声有所降低。丰田汽车发电机端子说明：L端子为充电指示灯控制端；B端子为交流发电机电压输出端；IG端子为电压调节器供电端；S端子为蓄电池端电压检测端；M端子为电气负载信号输出端。

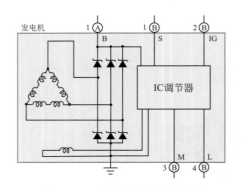

图2-33　丰田汽车发电机电路　　　　　图2-34　两组三相绕组发电机电路

（2）丰田汽车充电系统电路识读示例　下面以一汽丰田卡罗拉充电系统电路为例进行讲解，电路如图2-35所示。

卡罗拉发电机采用的是内装集成电路调节器（检测蓄电池电压）整体式交流发电机，由于电路图分别对不同生产年份和不同配备的车型电路进行了标示，下面就以2010年9月后生产的带光感应仪表的车型为例进行分析。

① 发电机的工作电路　发电机B1（S）端子为蓄电池端电压检测端。蓄电池检测电路为：蓄电池电压→FL MAIN 3.0W熔丝→7.5A ALT-S熔丝→发电机B1（S）端子。

发电机B2（IG）端子为电压调节器供电端。当接通点火开关但未启动发动机时，蓄电池通过IG端子给IC调节器提供电源。电路为：蓄电池电压经点火开关→10A ECU-IG NO.2熔丝→发电机B2（IG）端子。

发电机B3（M）端子为电气负载信号输出端。发电机电气负载信号输出端接发动机控制单元（ECM）的B52端，发电机通过输出励磁线圈工作状态的信号，监测发电机负荷状态。

发电机B4（L）端子为充电指示灯控制端。电路为：蓄电池电压→7.5A METER保险丝→组合仪表的33接线柱→仪表内部充电指示灯→组合仪表39接线柱→发电机B4（L）端子。

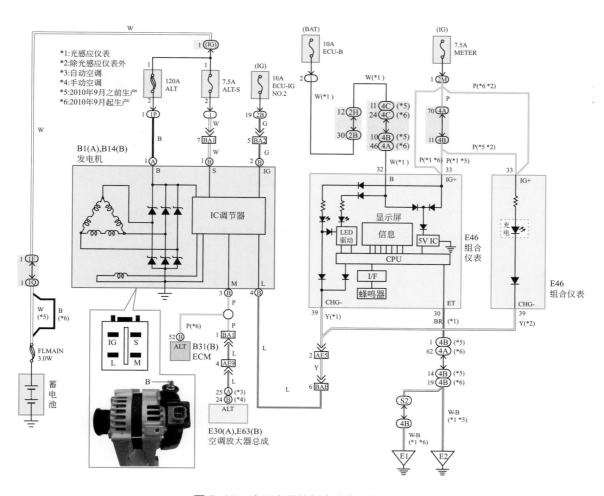

图2-35　丰田卡罗拉轿车充电系统电路

当发电机不发电或输出电压低于蓄电池电压时，发电机B4（L）端子为低电压，在充电指示灯的两端有电压差，此时充电指示灯亮；当发电机发电后，发电机B4端子的电压上升，此时充电指示灯两端的电压相等（都为发电机的端电压），充电指示灯熄灭。

② 发电机充电电路　发电机A1（B）端子是交流发电机的输出端。充电电路为：发电机A1（B）端子→120A ALT熔丝→FL MAIN 3.0W熔丝→蓄电池→蓄电池接地点→发电机接地点，给蓄电池充电。

6.本田汽车充电系统电路识读

（1）本田汽车充电系统电路特点　本田CR-V、雅阁、锋范、飞度等汽车充电系统电路比较相似，发电机采用内装式外搭铁型调节器，调节器由发动机控制单元（ECM）控制，发电机电路如图2-36所示。在汽车电路中有一个电气负载检测仪，检测电路中总电流负载大小，并将信号发送到发动机控制单元（ECM），发电机FR接线端子也发送发电机电压信号到控制单元（ECM），控制单元（ECM）根据这两个信号判断磁场电路应该接通还是断开，输出控制信号到发电机C端子，驱动调节器的控制电路，适时地接通和断开磁场绕组电路，以此控制发电机的输出电压。

本田汽车发电机有五个端子：B端子为交流发电机电压输出端；IG端子为电压调节器供电端，接点火开关端；C端子为发电指令信号控制端，接发动机控制单元（ECM）控制端；FR端子为电气负载信号输出端，接发动机控制单元（ECM）信号端；L端子为充电指示灯控制端。

（2）本田汽车充电系统电路识读示例　下面以锋范充电系统电路为例进行讲解，电路如图2-37所示。

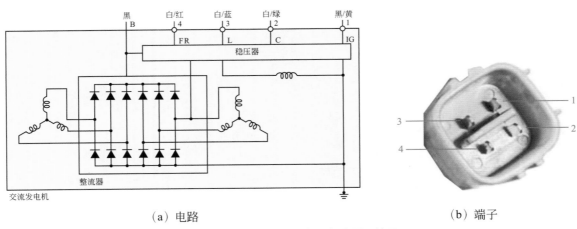

（a）电路　　　　　　　　　　　　（b）端子

图 2-36　本田汽车发电机电路图及端子

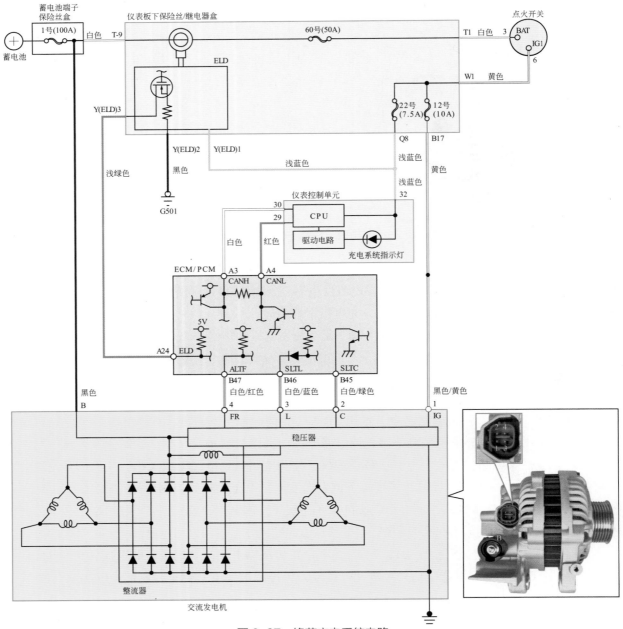

图 2-37　锋范充电系统电路

① 发电机的工作电路 发电机的1端（IG接线端）是发电机电压调节器供电端。当点火开关处于ON或START位置时，电路为蓄电池正极→蓄电池端子保险盒内的1号保险丝→仪表板下保险丝/继电器盒内的60号保险丝→点火开关→仪表板下保险丝/继电器盒内的12号保险丝→发电机的1端。

发电机的2端（C接线端）是发电指令信号控制端，接发动机控制单元（ECM/PCM）的B45端，ECM/PCM根据电气负载检测仪测得的电气负载信号和发电机FR接线端子发送的电气负载信号，输出控制信号到发电机C端子，驱动调节器的控制电路，适时地接通和断开磁场绕组电路，以此控制发电机的输出电压。

发电机的3端（L接线端）是发电机充电指示灯控制端，接发动机控制单元（ECM/PCM）的B46端，充电指示灯控制信号经CAN总线输入仪表控制单元。当点火开关处于ON或START位置时，电路为蓄电池正极→蓄电池端子保险盒内的1号保险丝→仪表板下保险丝/继电器盒内的60号保险丝→点火开关→仪表板下保险丝/继电器盒内的22号保险丝→仪表控制单元的32端，此时充电警告灯点亮。当交流发电机在发动机运转的情况下能够提供足够的电压时，充电警告灯熄灭。

发电机的4端（FR接线端）是电气负载信号输出端，接ECM/PCM的B47端，发动机控制单元根据FR信号和电气负载检测仪测得电气负载信号来控制发电机调节器，以控制发电机的输出电压。

② 发电机充电电路 发电机的B端是交流发电机电压输出端，当启动发动机或发动机正常运转时，充电系统工作。其充电回路为：发电机的B端→蓄电池端子保险丝盒内的1号保险丝→蓄电池正极→蓄电池→蓄电池负极→搭铁→发电机搭铁。

7. 长安福特汽车充电系统电路识读

（1）长安福特汽车充电系统电路特点 福特新福克斯、新蒙迪欧致胜装备有智能充电系统（图2-38）。智能充电系统从蓄电池检测传感器获得蓄电池的信息，计算和调整发电机电压，使蓄电池始终保持在充电80%的状态，以保证蓄电池在任何时候都有接受额外充电的能力。

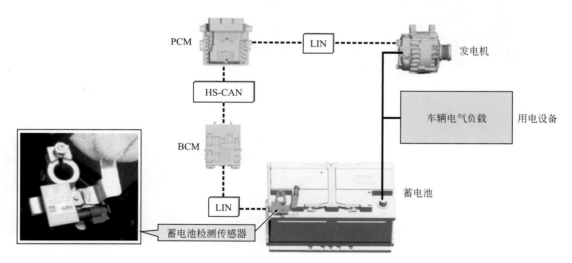

图2-38 智能充电系统的组成

在传统发电机内，固定电压值（设定值）是由发电机内的电压调节器预先设定的，因此系统电压是经过调节的电压。在智能充电系统，电压调节功能虽仍在发电机内进行，但电压设定值是由动力系统控制模块PCM提前计算好的，通过LIN线（占空比信号）控制发电机的输出电压。

发电机充电警告指示灯控制信号经LIN线输入PCM→经高速网络HS-CAN总线输入车身模块

BCM→经中速网络MS-CAN总线输入车载网络IC模块→经多媒体网络MM-CAN总线输入组合仪表，控制多功能显示屏中的充电报警指示灯，充电指示灯控制框图如图2-39所示。如果发生了与智能充电系统有关的故障，电压设定值会被调到发电机的预设值，充电报警指示灯将会点亮。

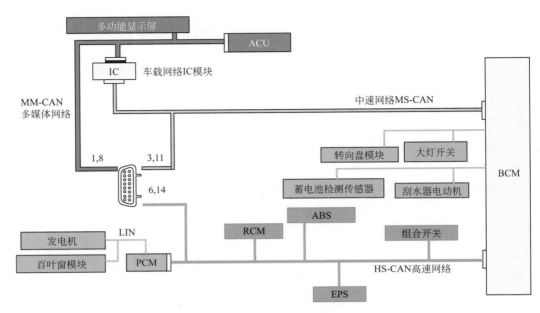

图2-39 充电指示灯控制框图

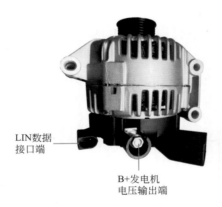

图2-40 蒙迪欧致胜发电机

图2-40所示为蒙迪欧致胜发电机。

（2）长安福特汽车充电系统电路识读示例 下面以长安福特新福克斯为例进行讲解，电路如图2-41所示。

长安福特新福克斯的充电系统采用的是智能充电系统。发电机的C1DC14-1端为LIN数据接口端，接动力系统控制模块（PCM）的C1E104-C-39端。通过LIN线，动力系统控制模块PCM控制发电机的输出电压。发电机充电报警指示灯控制信号也经LIN线输入PCM，并通过高速网络总线、中速网络总线、多媒体网络总线输入组合仪表，控制多功能显示屏中的充电报警指示灯。

发电机的C1DC14-A-1端为B+电压输出端，当启动发动机或发动机正常运转时，充电系统工作。其充电回路为：发电机的B+端→起动机的C1DC35-A-1端→蓄电池接线盒的C1BF01-A-1端→蓄电池接线盒内的PF2保险丝→蓄电池接线盒的C1BF01-1端→蓄电池正极（C1DC02-1端）→蓄电池→蓄电池负极→电池监控传感器→G1D108-A电池盒接地→发电机搭铁。

8.宝马汽车充电系统电路识读

（1）宝马汽车充电系统电路特点 宝马汽车充电系统电路接线端子只有两个，一个是发电机电压输出端，另一个是BSD数据端，发电机通过BSD接口与发动机控制单元进行通信，通过CAN总线控制组合仪表上的充电指示灯的亮、灭。

（2）宝马汽车充电系统电路识读示例 下面以宝马5系列（E60/E61）充电系统电路为例进行讲解，电路如图2-42所示。

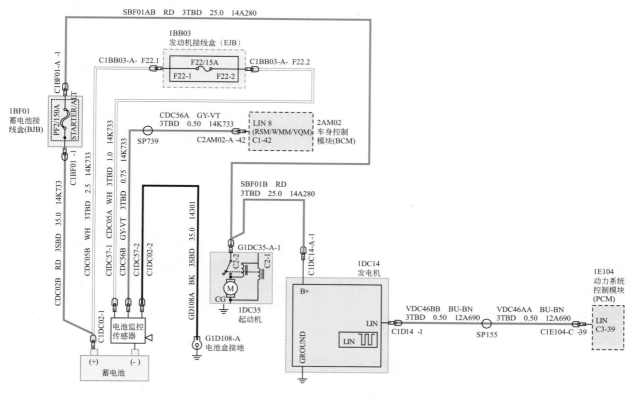

图2-41　长安福特新福克斯充电系统电路

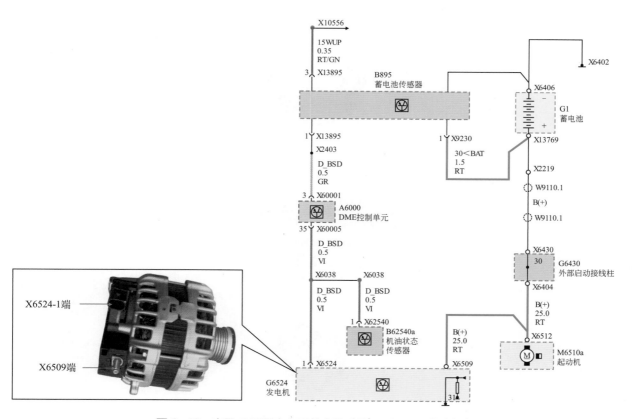

图2-42　宝马5系列充电系统电路（配N52/N53发动机）

① 发电机的工作电路　发电机X6524-1端经接点X6038后接DME控制单元的X60005-35端，发电机通过BSD接口与发动机控制单元建立通信，通过CAN总线控制组合仪表上的充电指示灯。当发电机出现故障时，充电指示灯会点亮。通过BSD接口，发动机控制单元还可实现多种功能，如根据参数打开或关闭发电机，诊断发电机和发动机间的数据导线连接情况，将发电机故障存储在故障代码存储器中等。

② 发电机充电电路　发电机X6509端是交流发电机电压输出端，当启动发动机或发动机正常运转时，充电系统工作。其充电回路为：发电机X6509端→起动机X6512端→外部启动接线柱G6430端→蓄电池G1→搭铁X6402端→发电机搭铁端子。

9. 奔驰汽车充电系统电路识读

（1）奔驰汽车充电系统电路特点　奔驰汽车充电系统采用了传动系统局域互联网（LIN）进行数据传输，发动机控制单元和发电机通过LIN交换信息，发动机启动后，发动机控制单元根据其内部存储的性能图开启并且控制发电机，此时发电机调节器电压由发动机控制单元指定。曲轴霍尔传感器向发动机控制单元提供发动机转速信号，发动机控制单元还检测空调是否已开启。当发电机负荷出现较大变化时，将会延迟发电机调节器的电压，起到稳定运转的作用。奔驰汽车充电系统控制框图如图2-43所示。

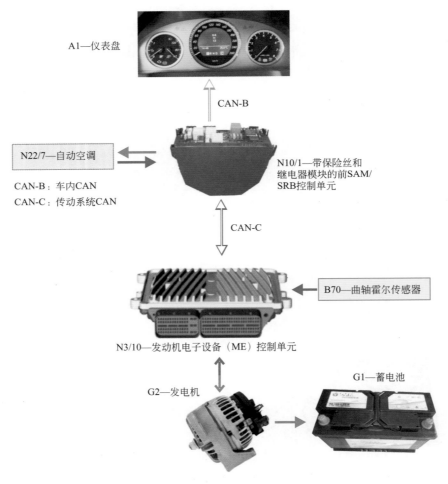

图2-43　奔驰汽车充电系统控制框图

（2）奔驰汽车充电系统电路识读示例　下面以奔驰C级轿车（W204/S204/C204底盘）为例进行讲解，电路如图2-44所示。发电机给用电设备供电和主蓄电池充电，发电机的2号端子为B+电压输出端，充电电路为：发电机G2输出的B+电压→起动机M1的30端→主蓄电池G1的正极。

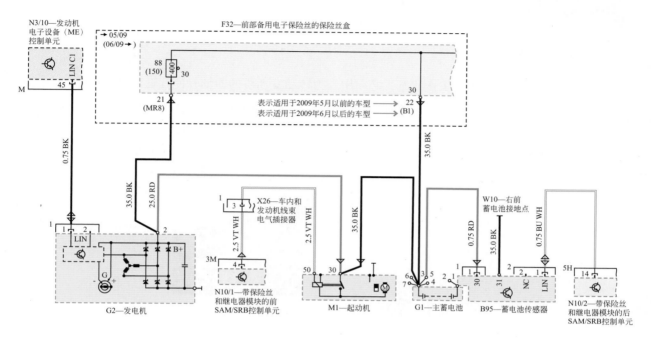

图2-44　奔驰C级轿车起动机/发电机/蓄电池电路（适用于M272发动机）

发电机的1-1端子接发动机控制单元N3/10的M-45端。发动机控制单元和发电机通过传动系统局域互联网（LIN）交换信息。发动机启动后，发动机控制单元根据其内部存储的性能图开启并控制发电机。此时发电机调节器电压由发动机控制单元指定。发电机负荷频繁变化时，将延迟发电机调整调节器的电压，起到稳定运转的作用。发动机控制单元通过LIN总线接收发电机的信息，该信息通过CAN-C发送至带保险丝和继电器模块的前SAM/SRB控制单元N10/1，N10/1通过CAN-B将其发送至仪表盘，控制仪表盘上充电指示灯的亮、灭。

三、充电系统电路检测

以丰田卡罗拉电路为例，讲解充电系统电路检测。

（1）发电机B端子和调节器S端子的检测　用万用表电压挡测量在静态下B和S两点电压，应为蓄电池电压，否则说明蓄电池到发电机间电路断路。

（2）发电机调节器IG端子和L端子的检测　断开外部接线端子与调节器的连接。打开点火开关，用万用表电压挡测量IG端子和L端子间的电压，正常情况下应有电压，否则为断路；关闭点火开关，用万用表导通挡测量IG端子和L端子与搭铁间的导通情况，应为截止状态，否则为短路搭铁。

第二节　启动系统

一、启动系统的组成及工作原理

1.启动系统概述

发动机由静止状态过渡到工作状态，必须用外力转动发动机的曲轴，使气缸内吸入可燃混合气并燃烧膨胀，工作循环才能自动进行。曲轴在外力作用下开始转动到发动机开始自动地怠速运转的全过程，称为发动机的启动。启动系统的作用是驱动发动机飞轮旋转，使发动机曲轴达到必需的启动转速，以使发动机进入自行运转状态。当发动机进入正常运转状态后，启动系统结束任务，停止工作。

启动系统由蓄电池、起动机、启动继电器、点火开关等组成，如图2-45所示。

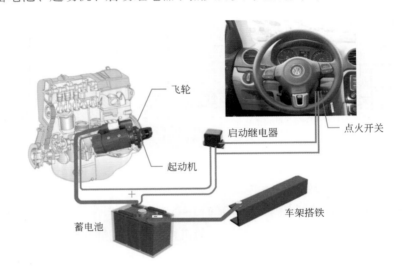

图 2-45　启动系统的组成

2.起动机的组成及工作原理

起动机是启动系统的核心部件，它的作用是将蓄电池的电能转化为机械能，再通过传动机构将发动机启动。起动机由直流电动机、传动机构、电磁开关三部分组成，如图2-46所示。

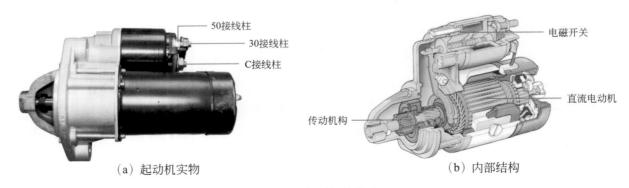

（a）起动机实物　　　　　　　　　　　（b）内部结构

图 2-46　起动机的组成

起动机在电路图中没有统一的规定，常见的符号如图2-47所示。

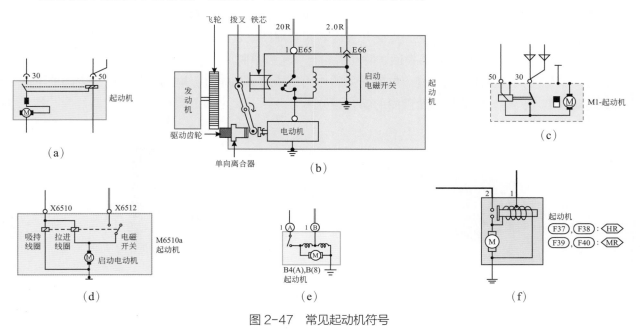

图2-47　常见起动机符号

（1）直流电动机　作用是将蓄电池输入的电能转换为机械能，产生电磁转矩。

直流串励式电动机由电枢（转子）、磁极（定子）、电刷和电刷架、机壳等组成，如图2-48所示。

图2-48　直流电动机分解图

（2）传动机构　作用是当启动发动机时，使起动机驱动齿轮与发动机飞轮齿圈啮合，将电动机的转矩传递给发动机曲轴；在发动机启动后又能及时切断曲轴与电动机之间的动力传递。传动机构由驱动齿轮、单向离合器、拨叉等组成。传动机构的工作示意图如图2-49所示。

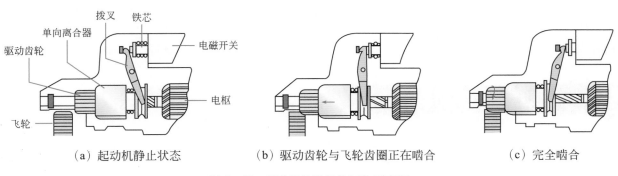

图2-49　起动机传动机构工作示意图

发动机启动时，点火开关置于启动挡，电磁开关内的线圈通电产生电磁力将铁芯吸入，于是带动拨叉转动，由拨叉头推出单向离合器，使驱动齿轮啮入飞轮齿圈，电枢轴开始带动发动机曲轴旋转。发动机启动后，只要松开点火开关，电磁开关内的线圈即断电，电磁力消失，铁芯退出，拨叉返回，拨叉头将打滑工况下的单向离合器拨回，驱动齿轮与飞轮齿圈脱离啮合。

（3）电磁开关　也称控制机构。电磁开关的作用是接通或切断直流电动机与蓄电池之间的电路，控制起动机驱动齿轮与发动机飞轮齿圈的啮合与分离。电磁开关主要由吸拉线圈、保持线圈、铁芯、接触盘等组成，如图2-50所示。

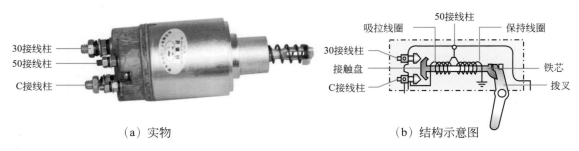

（a）实物　　　　　　　　　　　（b）结构示意图

图2-50　电磁开关

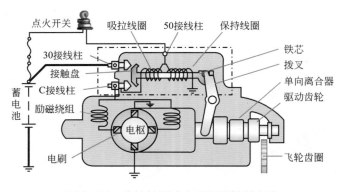

图2-51　直接控制式电磁开关控制电路

直接控制式电磁开关控制电路如图2-51所示。启动时，将点火开关打到ST挡，电磁开关通电，其电路为：蓄电池正极→点火开关→50接线柱→吸拉线圈→C接线柱→起动机励磁绕组→电枢→搭铁→蓄电池负极。同时，保持线圈中也通过电流，电路为：蓄电池正极→点火开关→50接线柱→保持线圈→搭铁→蓄电池负极。

此时，磁场铁芯向左移动，带动拨叉推动起动机驱动齿轮向右移动，与飞轮齿圈啮合。当驱动齿轮与飞轮啮合后，接触盘将电磁开关上的30接线柱与C接线柱接通，于是起动机的主电路接通，电路为：蓄电池正极→30接线柱→接触盘→C接线柱→起动机励磁绕组→电枢→搭铁→蓄电池负极。直流电动机产生强大转矩通过单向离合器带动飞轮旋转，启动发动机。

起动机启动后，松开点火开关，点火开关从ST挡回到ON挡，50接线柱断电，但电磁开关内吸拉线圈和保持线圈通过仍然闭合的主开关得到电流，其电流回路为：蓄电池正极→30接线柱→接触盘→吸拉线圈→保持线圈→搭铁→蓄电池负极。此时，吸拉线圈与保持线圈通过的电流方向相反，产生的磁场方向也相反，电磁吸力相互抵消，磁场铁芯因失去磁场力而在回位弹簧的作用下迅速回位，接触盘与C接线柱、30接线柱分开，同时驱动齿轮与飞轮脱离啮合，起动机停止工作，启动完成。

二、启动系统电路图的识读

汽车启动控制电路有三种形式：点火开关在启动挡直接控制起动机的电路；带启动继电器的启动控制电路；带启动保护的启动控制电路。

点火开关在启动挡直接控制起动机的电路多用于1.2kW以下的起动机的轿车电路。对于1.5kW以上起动机，磁力开关线圈的电流较大（可达40～80A），容易烧蚀点火开关的触点，必须另设启动继电器。对于一些装有自动变速器的轿车，为了保证空挡启动，常在50号线上串有空挡开关；而在一些手动变速器的轿车上，如果离合器没有完全受压，离合器开关会阻止启动。在识读汽车启动系统电路时都可将电路分为两个部分：一部分为控制电路；另一部分是主电路（即起动机的工作电路）。下面分别对各品牌汽车的启动系统电路进行讲解。

1. 大众汽车启动系统电路识读

（1）大众汽车启动系统电路的特点　大众汽车启动系统起动机的主电路基本相同，都是直接接蓄电池，不同点在控制电路。对于新宝来、捷达NF、全新桑塔纳、新波罗等车型来说，控制电路有两种情况：一种是装备手动变速器的车辆，起动机50号线直接受点火开关的控制；另一种是装备自动变速器的车辆，起动机50号线受总线端50供电继电器J682的控制，而J682又受车载网络控制单元（或BCM车身控制单元）J519的控制。

 提示

> 新波罗J519为BCM车身控制单元。

对于装备自动变速器的全新帕萨特、途观、高尔夫A6等车型，起动机50号线也是受供电继电器J682的控制，而J682同样受车载网络控制单元J519的控制。

部分新朗逸、朗行、新速腾轿车，装备有转换器盒J935，起动机50号线也是受供电继电器J682的控制，而J682受转换器盒J935的控制。

（2）大众汽车启动系统电路图识读示例　图2-52所示为全新桑塔纳启动系统电路。

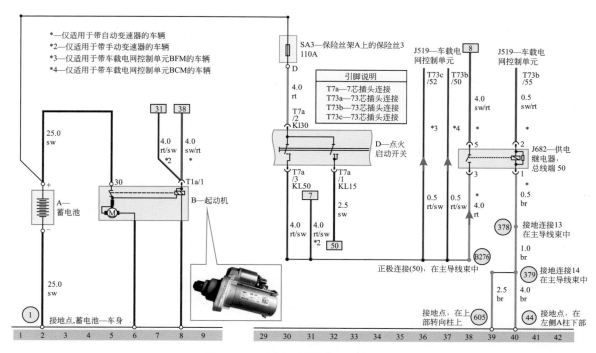

图2-52　全新桑塔纳启动系统电路

① 对于带手动变速器的车辆　当点火启动开关位于启动挡时，控制电路为：蓄电池正极→SA3保险丝→点火启动开关T7a/2→点火启动开关T7a/3→电路号码31上的导线→电路号码7上的导线→起动机的T1a/1端后分两路，一路经吸拉线圈→起动机励磁绕组→电枢→搭铁→蓄电池负极，另一路经保持线圈→搭铁→蓄电池负极。此时，起动机内部的电磁开关线圈得电，电磁开关触点闭合，接通起动机主电路。

主电路：蓄电池正极→起动机30端→起动机内部的电磁开关触点→起动机励磁绕组→电枢→搭铁→蓄电池负极。起动机运转，启动发动机。

② 对于带自动变速器的车辆　主电路与手动变速器的相同，而控制电路有所不同。控制电路中，50号线受总线端50供电继电器J682的控制，而J682又受车载网络控制单元J519的控制，即启动锁止功能是被电载网络控制单元J519控制，当挡位不处于N或P时，启动锁止功能将起作用，阻止发动机启动。当点火启动开关位于启动挡，变速杆在P位或N位时，电载网络控制单元J519收到一个来自动变速器多功能挡位开关F125的信号，并且防盗锁止系统控制单元验证点火钥匙后，电载网络控制单元J519输出允许启动信号到J682的2端，继电器J682线圈得电，接通起动机控制电路：蓄电池正极→SA3保险丝→点火启动开关T7a/2→点火启动开关T7a/3→供电继电器J682的3端→供电继电器J682的5端→电路号码38上的导线→电路号码8上的导线→起动机的T1a/1端。此时，起动机内部的电磁开关线圈得电，电磁开关触点闭合，接通起动机主电路。

2.上汽通用汽车启动系统电路识读

（1）上汽通用汽车启动系统电路的特点　上汽通用汽车中，英朗/新君威/新君越/科鲁兹/爱唯欧/迈锐宝启动控制电路比较相似，当点火开关置于START（启动）位置时，启动信号输入车身控制模块（BCM），然后通过数据总线发送至发动机控制模块。发动机控制模块确认变速器挡位开关置于驻车挡或空挡。若如此，则发动机控制模块向启动继电器的控制电路提供高电压信号。这时，蓄电池正极电压通过启动继电器的开关侧供电至起动机电磁开关的线圈。

对于装备手动变速器的新赛欧轿车来说，则是由点火开关直接控制起动机的控制电路。而对于装备自动变速器的新赛欧轿车来说，当点火开关置于START（启动）位置时，请求启动被发送到发动机控制模块，由发动机控制模块向启动继电器的控制电路提供控制信号，以控制接通起动机电磁开关的控制电路。

对于低配置的别克凯越轿车来说，由点火开关控制启动继电器的控制电路，从而控制起动机电磁开关的控制电路；而对于高配置的别克凯越轿车来说，则是由发动机控制模块向启动继电器的控制电路提供高电压控制信号，以控制接通起动机电磁开关的控制电路。

（2）上汽通用汽车启动系统电路识读示例　图2-53所示为新赛欧启动系统电路（带自动变速器的车辆）。

控制电路：当点火开关置于START（启动）位置时，启动信号被送到发动机控制模块（ECM），信号电路为：蓄电池正极→发动机罩下保险丝盒X50内的保险丝F36U→X50的1端→接头J121→插接器X203的2端→点火开关5端→点火开关1端→插接器X204的25端→插接器X101的29端→发动机控制模块的X1-14端。

如果发动机控制模块确认车辆满足启动条件时，则发动机控制模块向启动继电器的控制电路提供信号。电路回路为：发动机控制模块的X1-13端→插接器X101的34端→发动机罩下保险丝盒X50的32端→启动继电器的85端→启动继电器线圈→启动继电器的86端→X50的33端→插接器X101的35端→发动机控制模块的X1-49端，经发动机控制模块内部搭铁。此时启动继电器线圈得电，启动继电

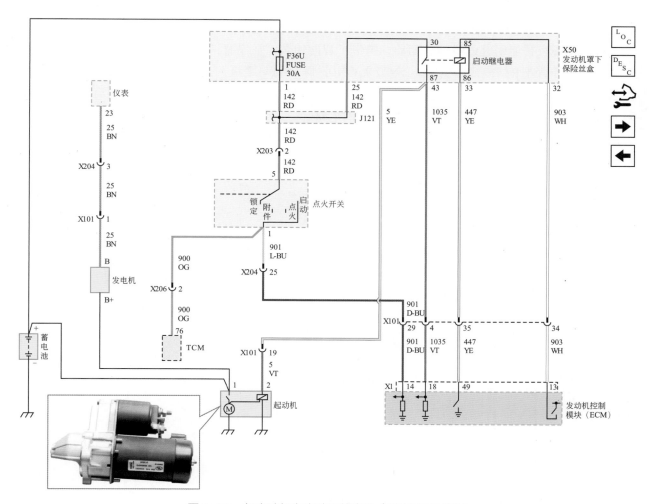

图 2-53　新赛欧轿车启动系统电路（带自动变速器）

器内部的开关闭合，接通起动机电磁开关的控制电路：蓄电池正极→发动机罩下保险丝盒 X50 内的保险丝 F36U→X50 的 1 端→接头 J121→X50 的 25 端→启动继电器的 30 端→启动继电器的 87 端→X50 的 43 端→插接器 X101 的 19 端→起动机 2 端。此时，起动机电磁开关闭合，接通起动机主电路。

主电路：蓄电池正极→起动机 1 端→起动机内部电磁开关触点→起动机励磁绕组→电枢→搭铁→蓄电池负极。起动机运转，启动发动机。

3. 北京现代汽车启动系统电路识读

（1）北京现代汽车启动系统电路的特点　北京现代悦动、朗动、ix35、新索纳塔等汽车启动系统电路有两种配置，一种是未装备智能钥匙，另一种是装备有智能钥匙。

对于未装备有智能钥匙的悦动、朗动，将变速杆位于 P 挡或 N 挡位置，点火开关转到 START 位置，自动变速器车辆踩下制动踏板，手动变速器车辆踩下离合器踏板，则发动机控制单元 ECM（或 PCM）接收到启动电源信号，根据此信号，ECM（或 PCM）控制启动继电器线圈的负极端子搭铁。启动继电器线圈得电，其开关触点闭合，接通起动机电磁开关的控制电路，从而接通起动机主电路。

对于未装备有智能钥匙的 ix35，如果车辆配备防盗钥匙，则启动继电器线圈的控制电路中串接了防盗继电器，只有当 IPS 控制模块确认钥匙合法后，才输出低电压控制信号，接通防盗继电器线圈的控制电路，从而接通启动继电器线圈的控制电路。

对于装备手动变速器的瑞纳轿车，则由点火开关直接控制启动继电器。

对于装备有智能钥匙的悦动、朗动，携带了智能钥匙，在没有插入钥匙的状态下可以启动发动机，将变速杆置于P挡或N挡位置（P/N开关ON），踩下制动踏板，按下启动/停止按钮，智能钥匙控制模块接收启动/停止按钮开关信号，并把信号传送到ECM，ECM根据此信号控制启动继电器线圈的负极端子搭铁，接通启动继电器线圈的控制电路。

（2）北京现代汽车启动系统电路识读示例　图2-54所示为北京现代朗动启动系统（装备智能钥匙），下面以装备自动变速器的车辆电路为例进行分析。

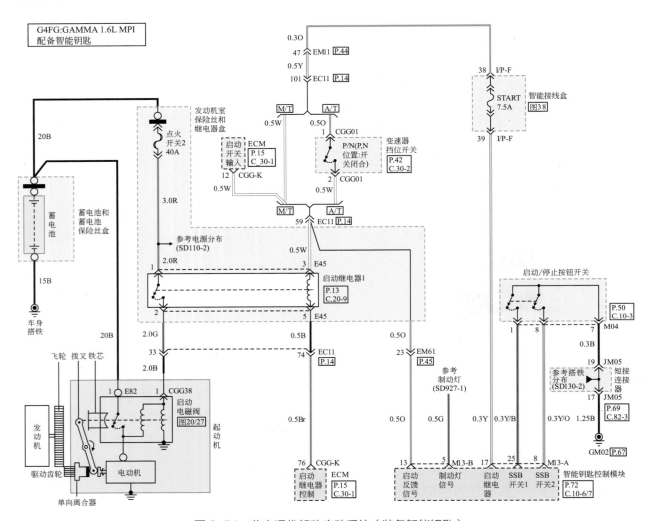

图2-54　北京现代朗动启动系统（装备智能钥匙）

控制电路：携带了智能钥匙，在没有插入钥匙的状态下可以启动发动机，将变速杆置于P挡或N挡位置（P/N开关ON），踩下制动踏板，按下启动/停止按钮，搭铁信号经短接连接器JM05-17端→短接连接器JM05-19端→启动/停止按钮开关的M04-7端后分别送入智能钥匙控制模块M13-A的8端和M13-A的25端，智能钥匙控制模块检测到启动/停止按钮开关信号，并把启动电源信号传送到ECM，其电路为：智能钥匙控制模块M13-A的17端→智能接线盒I/P-F的39端→7.5A START保险丝→智能接线盒I/P-F的38端→插接器EM11-47端→插接器EC11-101端→变速器挡位开关的CGG01-1端→变速器挡位开关的CGG01-2端→发动机控制单元ECM的CGG-K的12端。同时该高电压信号也经插接器EC11-59端输入发动机室保险丝和继电器盒内的启动继电器1的E45-3端。ECM接收到启动电源信号后，从其CGG-K的76端输出搭铁信号到启动继电器1的E45-5端，启动继电器1线圈得电，其开关触点闭合，接通起动机电磁开关的控制电路，电路通路为：蓄电池正极→发动机室保险丝盒和继电器盒内的40A点火开关2保险丝→启动继电器E45-1端→启动继电器E45-2端→起动机CGG38-1端。起动机电磁开关得电，从而接通起动机主电路。

主电路：蓄电池正极→起动机E82-1端→电磁开关触点→电动机→搭铁→蓄电池负极。起动机运转，启动发动机。

4. 东风日产汽车启动系统电路识读

（1）东风日产汽车启动系统电路的特点　东风日产汽车启动系统根据装备的不同，电路控制方式也略有区别，下面分几种情况来讲解。

① 未装备智能钥匙的车辆

装备手动变速器的车辆：对于装备手动变速器的车辆（如轩逸、骊威、新骐达等），由点火开关直接供电给启动控制继电器，发动机舱智能配电模块IPDM E/R（CPU）控制启动控制继电器的工作，如图2-55所示，当点火开关在START位置时，蓄电池电源供电给起动机S端子（即50接线柱）。

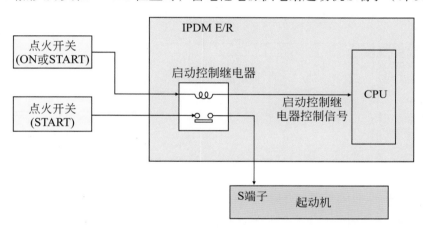

图2-55　装备手动变速器的车辆启动系统电路框图（未装备智能钥匙）

装备自动变速器的车辆：对于装备自动变速器的车辆（如轩逸、新阳光、骊威、天籁等），启动系统电路框图如图2-56所示，当选挡杆在P挡或N挡时，电源通过变速器挡位开关供应给启动控制继电

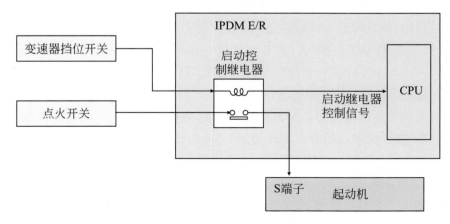

图2-56　装备自动变速器的车辆启动系统电路框图（未装备智能钥匙）

器。同时，IPDM E/R（CPU）根据输入信号检测选挡杆的P/N状态。当满足发动机启动条件时，经点火开关后的蓄电池电源通过启动控制继电器供应给起动机S端子（即50接线柱）。

　　② 装备有智能钥匙的车辆　对于装备有智能钥匙的车辆（如轩逸、新骐达、天籁等），启动系统电路框图如图2-57所示，当选挡杆在P挡或N挡时（装备自动变速器的车辆）或离合器互锁开关打开时（装备手动变速器的车辆），电源通过变速器挡位开关（装备自动变速器的车辆）或离合器互锁开关（装备手动变速器的车辆）供电给启动继电器和启动控制继电器。然后BCM和IPDM E/R（CPU）根据输入信号检测选挡杆的P/N状态。当满足起动机操作条件时，IPDM E/R（CPU）发出信号，启动控制继电器工作。当满足发动机启动条件时，BCM发出信号控制启动继电器。蓄电池电源通过启动继电器和启动控制继电器供应给起动机S端子（即50接线柱）。

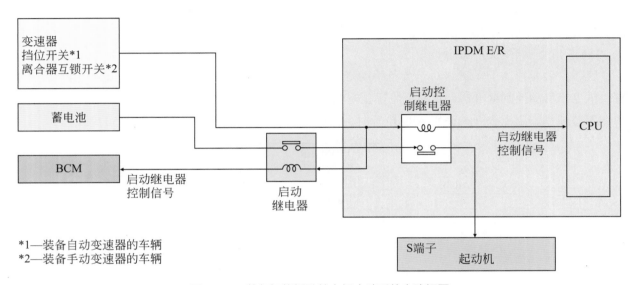

图2-57　装备智能钥匙的车辆启动系统电路框图

（2）东风日产汽车启动系统电路识读示例

　　① 东风日产骐达汽车启动系统电路识读　图2-58所示为东风日产新骐达汽车不带智能钥匙的启动系统电路（带手动变速器）。

　　可以看出，由点火开关直接供电给启动控制继电器，IPDM E/R（CPU）控制启动控制继电器的工作。

　　控制电路：当点火开关处于ON或START位置时，到达点火开关的蓄电池电压供电给点火继电器线圈，点火继电器开关触点闭合，蓄电池电压→点火继电器开关触点→56号保险丝→启动控制继电器线圈。当点火开关在START位置时，蓄电池电压→40A熔断器H→连接器E8（或M7）的96端→点火开关M15的1端→M15的5端→连接器M7（或E8）的5端→发动机舱智能配电模块IPDM E/R的6端后分两路，一路供电给启动控制继电器的开关触点，另一路输入IPDM E/R内的CPU。

　　IPDM E/R收到启动请求信号后，从其CPU输出启动允许信号到启动控制继电器线圈，启动控制继电器线圈得电，其开关触点闭合，到达IPDM E/R的6端的蓄电池电压经启动控制继电器开关触点→IPDM E/R的3端→连接器E3（或F4）的25端→起动机的1端（即50接线柱）。起动机电磁开关得电，从而接通起动机主电路。

　　主电路：蓄电池正极→带熔断器的蓄电池端子F49→起动机的2端（即30接线柱）→电磁开关触点→电动机→搭铁→蓄电池负极。起动机运转，启动发动机。

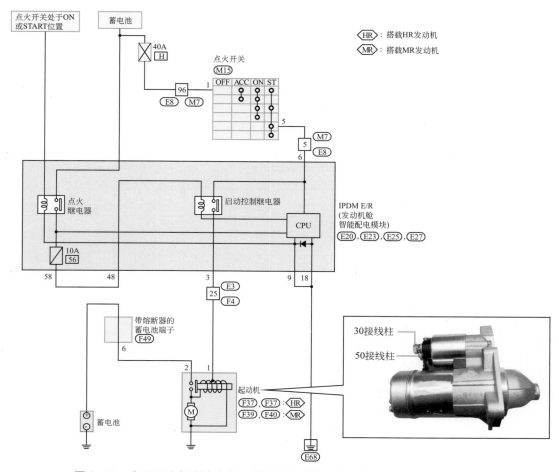

图2-58　东风日产新骐达汽车不带智能钥匙的启动系统电路（带手动变速器）

② 东风日产轩逸汽车启动系统电路识读　图2-59所示为东风日产轩逸汽车带智能钥匙的启动系统电路（带自动变速器）。

控制电路：IPDM E/R（CPU）检测按钮式点火开关信号、检测从车身控制模块BCM发送来的"点火开关处于ON位置"信号、检测组合仪表（CAN）发送来的车速信号，当条件满足，IPDM E/R（CPU）输出高电压控制信号，点火继电器的线圈得电工作，接通点火继电器开关触点。当选挡杆在P挡或N挡时，蓄电池电压通过变速器挡位开关供电给启动继电器和启动控制继电器。电路为：蓄电池电压→点火继电器开关→56号保险丝→插接器E3（或F4）的48端→变速器挡位开关F43的1端→变速器挡位开关F43的2端→插接器F4（或E3）的45端后分四路，第一路经插接器E8（或M7）的64端→车身控制模块BCM的102端，第二路发送到IPDM E/R（CPU），用于检测选挡杆的P/N状态；第三路经IPDM E/R内二极管后到启动控制继电器线圈的供电端，第四路经IPDM E/R内二极管后到启动继电器线圈的供电端。

当满足起动机操作条件时，IPDM E/R（CPU）输出搭铁信号，启动控制继电器线圈得电，启动控制继电器开关触点闭合。

当满足发动机启动条件时，BCM从其97端输出搭铁信号到启动继电器线圈的搭铁端，启动继电器线圈得电，启动继电器开关触点闭合。蓄电池电压→40A熔断器H→IPDM E/R的4端→启动继电器开关→启动控制继电器开关→IPDM E/R的3端→插接器E3（或F4）的25端→起动机的1端（即50接线柱）。起动机电磁开关得电，从而接通起动机主电路。

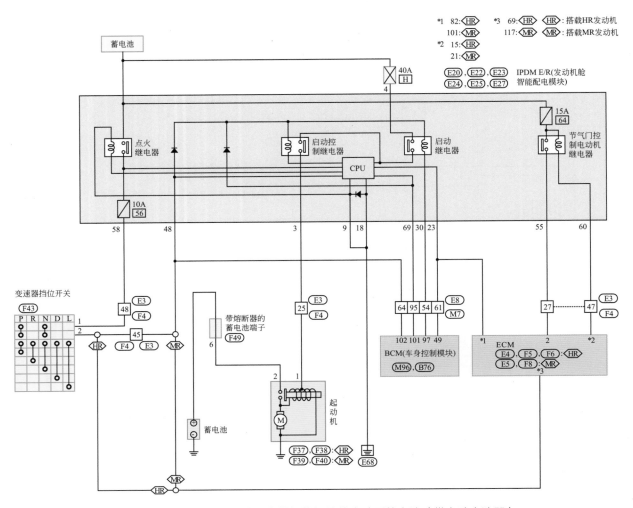

图2-59　东风日产轩逸汽车带智能钥匙的启动系统电路（带自动变速器）

主电路：蓄电池正极→带熔断器的蓄电池端子F49→起动机的2端（即30接线柱）→电磁开关触点→电动机→搭铁→蓄电池负极。起动机运转，启动发动机。

5.丰田汽车启动系统电路识读

（1）丰田汽车启动系统电路的特点

① 不带智能进入和启动系统的车辆　对于装备手动变速器的车辆（如RAV4），由点火开关直接控制启动控制继电器的工作；对于装备自动变速器的车辆（如RAV4、卡罗拉、凯美瑞、花冠、汉兰达、锐志等），启动控制继电器线圈的供电回路中串接了P/N挡位开关，只有车辆在P挡或N挡时，才允许车辆启动。

② 带智能进入和启动系统的车辆　对于带智能进入和启动系统的车辆（如卡罗拉、凯美瑞、汉兰达等）启动控制继电器线圈的供电回路中不但串入了P/N挡位开关，而且串入了启动断电继电器（ST CUT继电器）。只有车辆在P挡或N挡时，而且钥匙认证通过后，发动机满足启动条件时，发动机ECU才输出高电压信号到ST CUT继电器，使启动继电器ST得电，接通起动机控制电路，如果此时施加到发动机ECU的电源功率不足，导致启动继电器不能被接通，则车身ECU将输出接通启动继电器信号，帮助起动机工作。

图2-60所示为丰田凯美瑞启动系统框图（带智能进入和启动系统）。使用推按式点火开关，驾驶员仅携带电子钥匙便可操作。此系统主要由车身ECU、点火开关、ID识别盒、转向锁止ECU、电子钥匙、IG2继电器和认证ECU等组成。点火开关传送点火开关信号到车身ECU，制动灯开关将制动踏板状态信息输出到车身ECU。

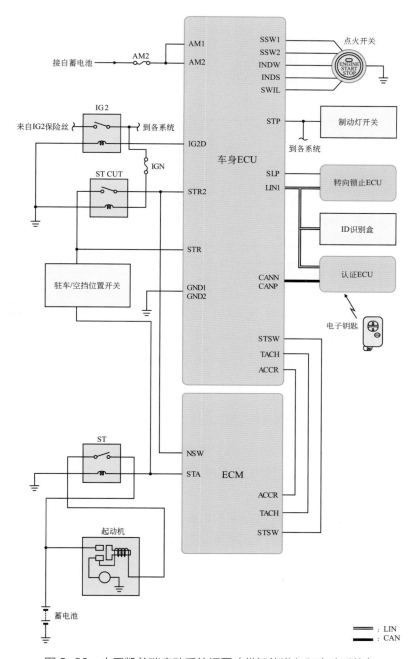

图2-60　丰田凯美瑞启动系统框图（带智能进入和启动系统）

当换挡杆在P挡或N挡位置且制动踏板被踩下时，如果按下点火开关，车身ECU会确定其为启动发动机请求。认证ECU和ID识别盒、转向锁止ECU、车身ECU通过LIN通信线路进行钥匙检验。当钥匙检验通过后，认证ECU输出转向机开锁信号，转向锁止ECU将信号发送到车身ECU。发动机ECM从车身ECU接收到启动发动机请求信号，接通ST继电器，并启动发动机。发动机ECM通过车身ECU接收到ID识别盒信号，并进行发动机点火和燃油喷射控制。发动机ECU判断发动机转速信号达到500r/min或更高时，认为发动机已启动成功，于是自动切断启动继电器工作电源，起动机停止运转。

（2）丰田汽车启动系统电路识读示例　图2-61所示为广汽丰田凯美瑞启动系统电路（不带智能进入和启动系统）。由点火开关和驻车/空挡位置开关控制起动机的工作。

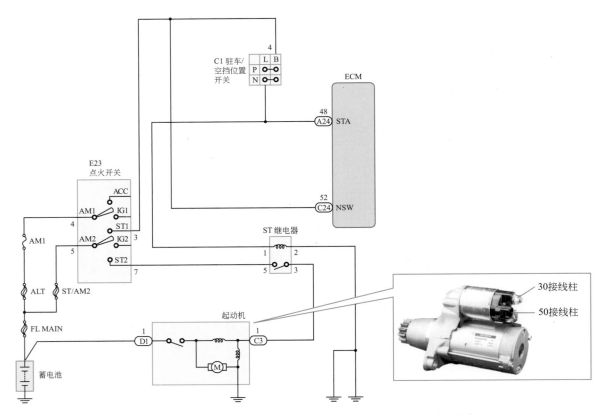

图2-61　丰田凯美瑞启动系统电路（不带智能进入和启动系统）

控制电路：当点火开关位于ST挡且驻车/空挡位置开关位于P挡或N挡时，启动继电器得电，接通起动机控制电路，电流通路为：蓄电池电压→FL MAIN保险丝→ALT保险丝→AM1保险丝→点火开关的4端→点火开关的3端→驻车/空挡位置开关→ST继电器的1端→ST继电器的2端→搭铁→蓄电池负极。此时ST继电器线圈得电，ST继电器的3端与5端导通。

蓄电池电压→FL MAIN保险丝→ST/AM2保险丝→点火开关的5端→点火开关的7端→ST继电器的5端→ST继电器的3端→起动机的C3-1端（即50接线柱）后分两路，一路经吸拉线圈→起动机励磁绕组→电枢→搭铁→蓄电池负极；另一路经保持线圈→搭铁→蓄电池负极。此时，起动机内部的电磁开关线圈得电，电磁开关触点闭合，接通起动机主电路。

主电路：蓄电池正极→起动机D1-1端（即30接线柱）→起动机内部的电磁开关触点→起动机励磁绕组→电枢→搭铁→蓄电池负极。起动机运转，启动发动机。

6.本田汽车启动系统电路识读

（1）本田汽车启动系统电路的特点　本田汽车启动系统的主电路基本相同，起动机的B端（即30号线）直接接蓄电池，不同点在控制电路。对于装备手动变速器的CR-V、锋范、飞度轿车，起动机的S端（即50号线）直接受点火开关的控制。而对于装备手动变速器的雅阁、思域轿车，起动机

50号线受启动断电继电器（ST CUT）的控制，而启动断电继电器的工作又受点火开关的控制。

对于装备自动变速器的车辆，如CR-V、雅阁、思域轿车，起动机50号线受启动断电继电器（ST CUT继电器）的控制，而启动断电继电器的工作受点火开关和变速器挡位开关的控制。其中变速器挡位开关串接在启动断电继电器线圈的接地端。

（2）本田汽车启动系统电路图识读示例　图2-62所示为东风本田CR-V启动系统电路。有两种情况，一种是装备手动变速器，另一种是装备自动变速器。

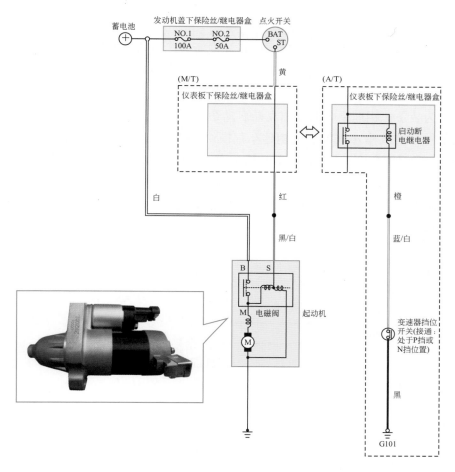

图2-62　东风本田CR-V启动系统电路

① 装备手动变速器的CR-V　对于装备手动变速器的CR-V，起动机的工作受点火开关的控制。

控制电路：当点火开关位于ST挡时，蓄电池电压→发动机盖下保险丝/继电器盒内的NO.1保险丝和NO.2保险丝→点火开关→仪表板下保险丝/继电器盒→起动机S端（即50接线柱）后分两路，一路经吸拉线圈→起动机励磁绕组→电枢→搭铁→蓄电池负极，另一路经保持线圈→搭铁→蓄电池负极。此时，起动机内部的电磁开关线圈得电，电磁开关触点闭合，接通起动机主电路。

主电路：蓄电池正极→起动机B端（即30接线柱）→起动机内部的电磁开关→起动机励磁绕组→电枢→搭铁→蓄电池负极。起动机运转，启动发动机。

② 装备自动变速器的CR-V　对于装备自动变速器的CR-V，起动机的工作受点火开关和变速器挡位开关的控制。

控制电路：当点火开关位于ST挡，且变速器挡位开关位于P挡或N挡时，蓄电池电压→发动机盖下保险丝/继电器盒内的NO.1保险丝和NO.2保险丝→点火开关→仪表板下保险丝/继电器盒内启动断电继电器的线圈→变速器挡位开关→G101搭铁→蓄电池负极。此时，启动断电继电器的线圈得电，启动断电继电器的开关触点闭合，接通起动机电磁开关的控制电路：蓄电池电压→发动机盖下保险丝/继电器盒内的NO.1保险丝和NO.2保险丝→点火开关→仪表板下保险丝/继电器盒内启动断电继电器的开关→起动机S端（即50接线柱）。此时，起动机内部的电磁开关线圈得电，电磁开关触点闭合，接通起动机主电路。

7. 长安福特汽车启动系统电路识读

（1）长安福特汽车启动系统电路特点　以新福克斯为代表的长安福特汽车启动系统电路有两种情况：一种是装备免钥匙系统，另一种是未装备免钥匙系统。对于这两种情况的车辆，起动机都受启动继电器的控制，启动继电器的工作受动力系统控制模块PCM的控制。

图2-63所示为装备免钥匙系统的新福克斯启动系统电路框图。当踩下制动踏板并按下点火开关时，启动开关信号分别被输入PCM、无钥匙车辆模块KVM、车身模块BCM，制动踏板状态信息也输入车身模块，车身模块会确定其为启动发动机请求。无钥匙车辆模块激活无钥匙车辆天线工作并产生低频无线电波，在车内形成电子钥匙检测区域，检测钥匙的应答信号。在钥匙认证正确后，无钥匙车辆模块向车身模块传输认证通过的指令。当钥匙认证通过后，电子转向柱锁解锁，并将电子转向柱已解锁信号发送到车身模块，车身模块输出搭铁信号，接通点火继电器线圈电路。

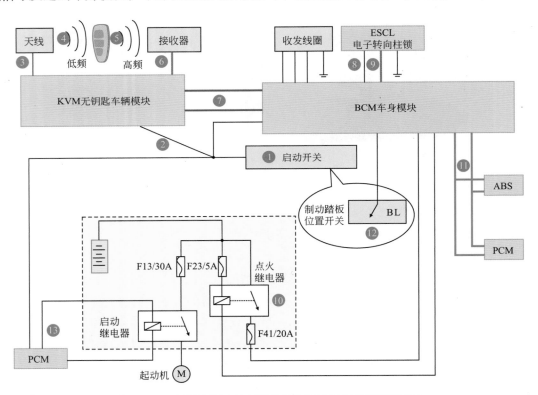

图2-63　新福克斯启动系统电路框图（装备免钥匙系统）

车身模块将启动请求信号发送到动力系统控制模块PCM。动力系统控制模块PCM输出控制信号，接通启动继电器线圈的工作电路，启动继电器开关触点闭合，接通起动机控制电路，起动机运转，发动机启动。

（2）长安福特汽车启动系统电路识读示例　图2-64所示为未装备免钥匙系统的新福克斯启动系统电路图，电路分析如下。

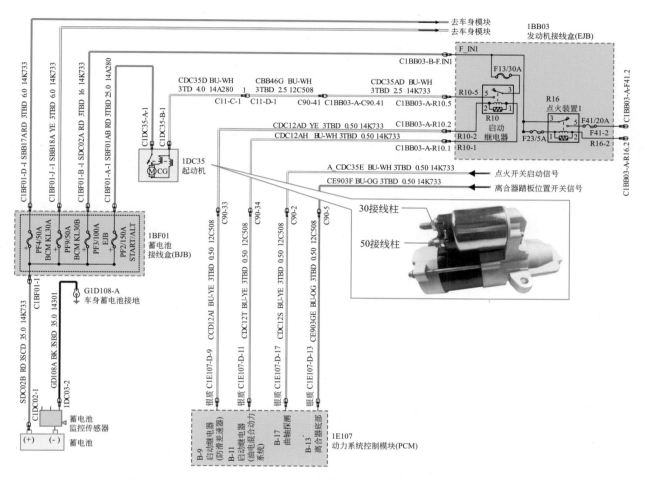

图2-64　未装备免钥匙系统的新福克斯启动系统电路图（带手动变速器）

控制电路：当点火开关转到启动挡位置，手动变速器车辆踩下离合器踏板时，点火开关信号和离合器踏板位置开关信号分别输入动力系统控制模块（PCM）的B-17端和B-13端，PCM接收到启动请求信号后，从其B-9端和B-11端输出启动控制信号到启动继电器的2端和1端，启动继电器线圈得电，继电器开关触点闭合，接通起动机控制电路：蓄电池正极→蓄电池接线盒内的PF3保险丝→发动机接线盒内的F13保险丝→启动继电器的3端→启动继电器的5端→起动机的C1DC35-B-1端（即50接线柱）。此时，起动机内部的电磁开关线圈得电，电磁开关触点闭合，接通起动机主电路。

主电路：蓄电池正极→蓄电池接线盒内的PF2保险丝→起动机的C1DC35-A-1端（即30接线柱）→起动机内部电磁开关→起动机励磁绕组→电枢→搭铁→蓄电池负极。起动机运转，启动发动机。

8.宝马汽车启动系统电路识读

（1）宝马汽车启动系统电路的特点　宝马1系列、3系列、5系列、X5系列轿车均带便捷进入及启动系统（简称CAS），车辆的启动受CAS的控制。启动继电器集成在CAS中，当CAS检测到车辆启动条件满足时，将接通内部的启动继电器，从而接通起动机的控制电路，使起动机工作。

宝马X3系列由电子防驶离装置（EWS）控制起动机的工作。电子防驶离装置（EWS）与插在点火开关内的钥匙进行通信。如果钥匙有效且能使用，则电子防驶离装置输出控制信号，使起动机工作。

（2）宝马汽车启动系统电路识读示例　宝马3系列（E90/E91/E92/E93）便捷启动系统电路如图2-65所示。

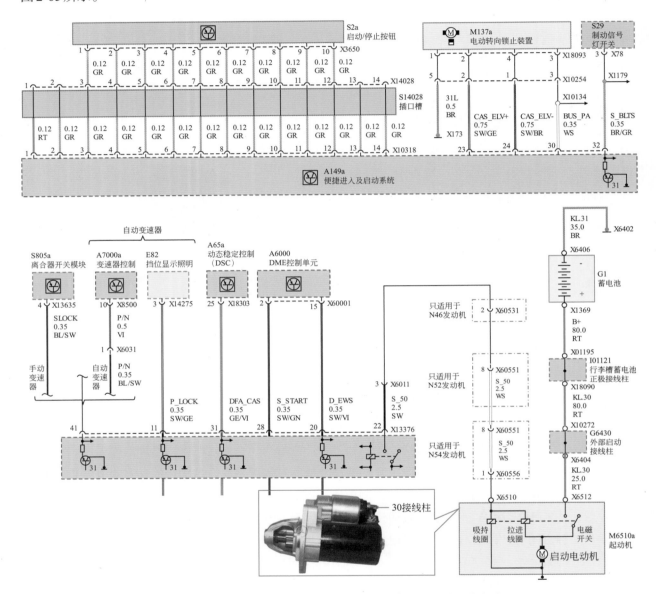

图2-65　宝马3系列（E90/E91/E92/E93）便捷启动系统电路

车辆的启动受便捷启动系统（全称便捷进入及启动系统，简称CAS）的控制，CAS由无钥匙便捷上车（自动进入检查）、无钥匙便捷启动（自动授予驾驶权限）和无钥匙便捷退出三个子系统组成。当启动车辆时，钥匙把数据传送到CAS控制单元，CAS控制单元将对钥匙进行确认，如果这把车钥匙具有车辆启动权，那么CAS给予启动许可。同时便捷进入及启动系统A149a从X13376-20端输出交换码至DME控制单元X60001-15端，如果便捷进入及启动系统发送至发动机DME控制单元的数值与DME控制单元内的交换码一致，就会禁用电子禁启动防盗锁功能，允许启动发动机。

A149a的X13376-41端外接自动变速器控制单元（装备自动变速器）或离合器开关模块（装备手

动变速器），此端检测换挡杆的位置（装备自动变速器）或离合器踏板是否踩下（装备手动变速器），当换挡杆位于P挡或N挡（装备自动变速器）或踩下离合器踏板（装备手动变速器）时，才能启动起动机；A149a的X13376-31端外接动态稳定控制（DSC），此端接收车辆左后轮的轮速信号；A149a的X13376-32端为制动信号灯开关信号输入端。A149a的X10318-1 ~ X10318-14端外接启动/停止按钮S2a，启动/停止按钮安装在转向柱右侧。

启动继电器集成在便捷进入及启动系统A149a中，当A149a检测到条件满足，将接通内部的启动继电器，A149a的X13376-22端输出高电压信号。

控制电路：A149a的X13376-22端→连接器X6011-3端→连接器X60531-2端（适用于N46发动机）或X60551-8端（适用于N52发动机）→或连接器X60551-8端再经连接器X60556-1端（适用于N54发动机）→起动机的X6510接线端（即50接线柱），之后分两路，一路经吸持线圈→起动机搭铁点→蓄电池负极，另一路经拉进线圈→起动电动机→起动机搭铁点→蓄电池负极。此时，起动机内部的电磁开关闭合。

主电路：蓄电池正极→行李槽蓄电池正极接线柱X01195→行李槽蓄电池正极接线柱X18090→外部启动接线柱G6430的X10272端→G6430的X6404端→起动机的X6512端（即30接线柱）→起动机内部的电磁开关→启动电动机→起动机搭铁点→蓄电池负极。起动机进入工作状态，带动发动机飞轮转动。

9.奔驰汽车启动系统电路识读

（1）奔驰汽车启动系统电路的特点　奔驰C级、E级、S级轿车起动机受启动继电器的控制，而启动继电器位于带保险丝和继电器模块的前SAM/SRB控制单元N10/1内部。当点火开关位于启动挡时，启动请求信号输入发动机电子设备（ME）控制单元N3/10；变速器控制系统控制单元检测行驶挡位状态，变速杆应位于P挡或N挡位置；冷却液温度传感器输入冷却液温度信号到N3/10，N3/10通过曲轴霍尔传感器获取发动机转速信号。当启动条件满足时，N3/10输出控制信号到N10/1，控制启动继电器的线圈工作，启动继电器上的开关触点闭合，起动机50端子得电，接通起动机电磁开关，起动机获得"电路30"电压。此时，起动机启动。

当发动机转速达到一定值或经过5 ~ 40s的启动时间后（取决于冷却液温度），N3/10中断开启动继电器的控制，从而结束启动过程。

（2）奔驰汽车启动系统电路图识读示例　图2-66所示为奔驰E级轿车启动电路（适用于M272/M273发动机）。起动机的工作受控制电路和主电路的控制。

控制电路：当点火开关位于启动位置、自动变速器的挡位开关处于P挡或N挡位置且防盗系统允许发动机启动时，发动机电子设备（ME）控制单元N3/10输出控制信号，控制带保险丝和继电器模块的前SAM/SRB控制单元N10/1内部的启动继电器工作。启动继电器工作后，N10/1从其3M-4端输出控制电压，该电压经插接器X26的1-3端→起动机M1的50端后分两路，一路经起动机内部的吸拉线圈→起动机内部的电动机→搭铁；另一路经起动机内部的保持线圈→搭铁。此时两个线圈均得电，起动机内的电磁开关触点闭合。

主电路：蓄电池正极→前部备用电子保险丝的保险丝盒F32内的150号保险丝→F32的30号保险丝→发电机2端→起动机30端→起动机内部的电磁开关触点→起动机内部的电动机→搭铁→蓄电池负极。此时，起动机进入工作状态带动发动机飞轮转动。

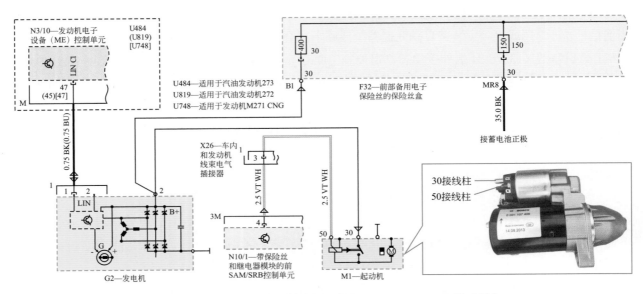

图 2-66　奔驰 E 级轿车启动电路（适用于 M272/M273 发动机）

第三节　电源配电系统

一、电源配电系统电路识读技巧

蓄电池和发电机通过电源配电系统向各用电设备供电。电源配电系统主要包括电路保护元件（如易熔线、熔断器）和电路控制元件（如开关、继电器）及电路插接器等。用电器的电源端有直接或间接与电源连接两种形式。

① 直接与电源连接　用电器用导线或经过易熔线和导线与电源连接。

② 间接与电源连接　通过各种开关（点火开关、灯光开关等）及继电器与电源连接。

识读电源配电系统电路的技巧：主要以开关（点火开关、灯光开关等）及继电器为主线，弄清各条电源电路的分布关系，各易熔线所接的用电器，这样电路的识读就变得非常容易。

二、电源配电系统电路图的识读

图 2-67 所示为吉利帝豪电源配电系统电路。

（1）电路的供电情况

① 发电机不工作时　由蓄电池供电。

第一路经过保险丝 EF31（100A）向需要常接电源的用电器或端子提供常电。+B 表示蓄电池直接供电。EF31 及其他位于室内保险丝继电器盒外面的保险丝都位于发动机舱保险丝盒内。

第二路是通过发动机舱内保险丝 EF6（60A）向室内保险丝继电器盒供电。

第三路是经过保险丝 EF7、EF14 和 EF28 后分别向点火开关的 1、5 端子供电。

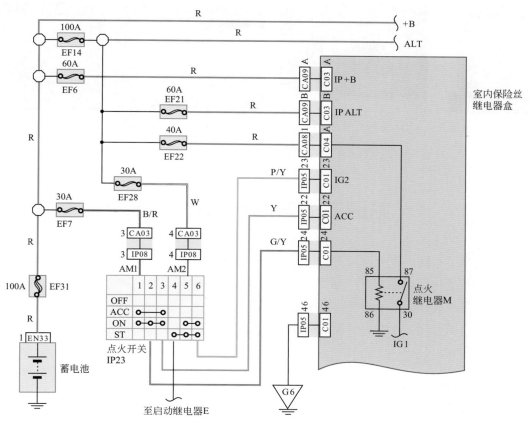

图2-67　吉利帝豪电源配电系统电路

② 发电机工作时　通过保险丝EF14和EF31（100A）对蓄电池充电。

（2）点火开关的工作状态和接通的电路　点火开关的工作状态和接通的电路，如图2-68所示。

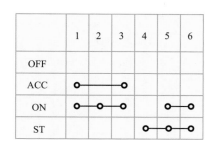

	1	2	3	4	5	6
OFF						
ACC	●		●			
ON	●	●	●		●	●
ST				●	●	●

图2-68　点火开关工作状态和接通的电路

① OFF挡　未接通任何电路。

② ACC挡　端子1与端子3接通，向室内保险丝盒的ACC端子通电，这是接通电气附件（如收音机、点烟器）的电路。

③ ON挡　端子1和2、3接通，端子5和6接通，保险丝继电器盒的ACC、IG2及点火继电器都通电。

④ ST挡　端子5与4、6接通，向IG2电路和启动继电器供电，启动发动机。

吉利帝豪的室内保险丝继电器盒、发动机舱保险丝盒及相应的保险丝盒盖如图2-69所示，保险丝盒盖上用形象的符号标明了各个保险丝和继电器在保险丝盒中的位置，便于操作人员查找和更换保险丝与继电器。

（a）室内保险丝继电器盒　　（b）发动机舱保险丝盒　　（c）室内保险丝继电器盒盖　　（d）发动机舱保险丝盒盖

图2-69　吉利帝豪的室内保险丝继电器盒、发动机舱保险丝盒及盒盖

第四节　照明与信号系统

　　汽车照明与信号系统主要由照明系统与信号系统组成，照明系统又分为外部照明系统和内部照明系统。外部照明系统主要由前照灯、雾灯、牌照灯等组成；内部照明系统主要由顶灯、仪表照明灯、车厢灯、车门灯等组成。信号系统又分为灯光信号系统和声音信号系统两部分。灯光信号系统主要由转向灯、倒车灯、制动灯、尾灯等组成；声音信号系统主要有喇叭。下面分别介绍各种灯光电路和喇叭电路的识读方法。

一、前照灯电路

　　前照灯的控制方式一般为开关直接控制和继电器控制两种。当灯的功率较小时，灯的电流直接受灯光总开关控制，如桑塔纳、捷达、奇瑞等前照灯的控制电路没有经过继电器控制。当灯的数量多、功率大时，为减少开关热负荷，减少线路压降，采用继电器控制，同时，分路保险丝的个数也多，如上汽通用、日产、丰田等前照灯都采用继电器控制。下面以别克英朗前照灯电路为例进行讲解。图2-70所示为别克英朗前照灯开关和输入电路图。

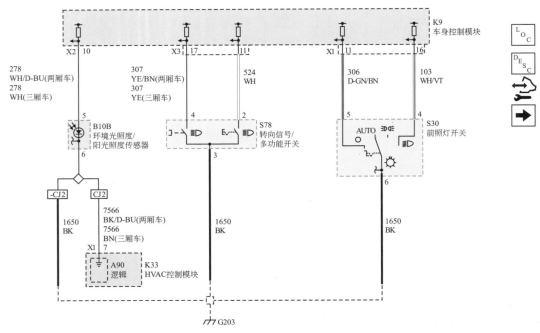

图2-70　别克英朗前照灯开关和输入电路图

108

① 前照灯开关S30　车身控制模块K9的X1-11、X1-16端外接前照灯开关S30。前照灯开关如图2-71所示。旋转前照灯开关至下列位置，可以实现相应的控制：

AUTO——自动照明控制，前照灯根据车外光照条件自动开启和关闭；

⏻——启用或断开自动照明控制系统，开关返回或至AUTO位置；

⊃D⊂≡——驻车灯、仪表板灯、牌照灯启亮；

≣D——前照灯及上述所有车灯启亮。

当前照灯开关位于≣D位置时，前照灯开关S30的4端与6端导通，搭铁信号输入K9的X1-16端，K9判断为大灯开关点亮信号，表明驾驶员想开启近光灯。

当前照灯开关位于⏻位置时，S30的5端与6端导通，搭铁信号输入K9的X1-11端，K9判断为大灯熄灭信号。

图2-71　前照灯开关

图2-72　转向信号/多功能开关
（近光与远光的切换）

② 转向信号/多功能开关　车身控制模块K9的X3-11、X1-17端外接转向信号/多功能开关S78（图2-72）。

若想从近光灯切换成远光灯，向前推动控制杆。

若想切换成近光灯，再向前推动或拉动控制杆。

若想启用前照灯闪光，拉动控制杆。

当拉动控制杆时，S78的4端与3端导通，K9的X3-17端搭铁，车身控制模块接收到大灯开关闪光超车信号。当从近光切换成远光灯时，S78的2端与3端导通，K9的X3-11端搭铁，车身控制模块接收到大灯变光器开关远光信号。

③ 环境光照度/阳光照度传感器　在装有环境光照度/阳光照度传感器的车上，可以实现自动前照灯控制。环境光照度/阳光照度传感器向车身控制模块发送实际环境光照状态（明/暗）的信号。K9的X2-10端外接环境光照度/阳光照度传感器，当光照条件不良时，前照灯会自动开启。

图2-73所示为别克英朗前照灯控制电路图。车身控制模块K9根据前照灯开关和输入信号控制大灯，当K9接收到近光请求后，K9的X4-2端、X4-1端分别输出高电平的脉冲信号，供电给左近光灯和右近光灯。此时近光大灯点亮。当K9接收到远光请求后，K9的X5-18端搭铁，前照灯远光继电器控制电路形成通路：蓄电池B+端→前照灯远光继电器线圈→发动机罩下保险丝X50A的X2-18端→K9的X5-18端→K9内部搭铁。远光继电器的线圈通电，使继电器开关闭合。蓄电池B+端→前照灯远光继电器开关后分两路，一路通过左远光灯保险丝F22UA→X50A的X1-47端→左大灯总成E13LA的X110-B端→左前照灯远光灯E4E→连接器J106→E13LA的X110-A端→G101搭铁；另一路通过右远光灯保险丝F41UA→X50A的X1-11端→右大灯总成E13RA的X120-B端→右前照灯远光灯E4F→连接器J108→E13RA的X120-A端→G110搭铁。此时左、右远光大灯点亮。

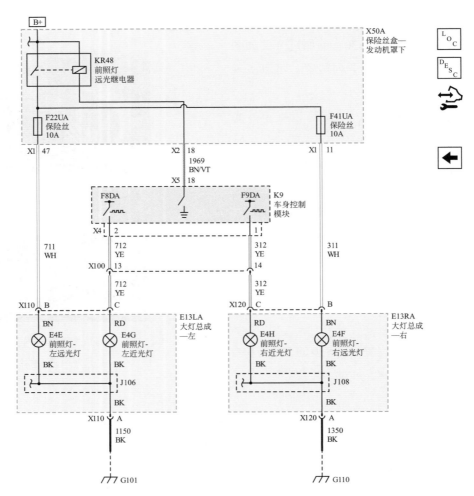

图 2-73　别克英朗前照灯控制电路图

二、雾灯电路

　　车身控制模块K9的X1-9端外接前雾灯与后雾灯开关（图2-74）。按下**⚡D**按钮，可开启或关闭前雾灯。当照明开关在AUTO位置，开启前雾灯时也将会自动开启前照灯。按下**⚡D**按钮，可开启或关闭后雾灯。当照明开关在AUTO位置，开启后雾灯时也将会自动开启前照灯。照明开关在**⚡D⚡E**位置时，后雾灯只能与前雾灯一起开启。

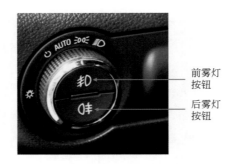

前雾灯
按钮

后雾灯
按钮

图 2-74　前雾灯与后雾灯开关

图2-75所示为别克英朗前、后雾灯电路图。

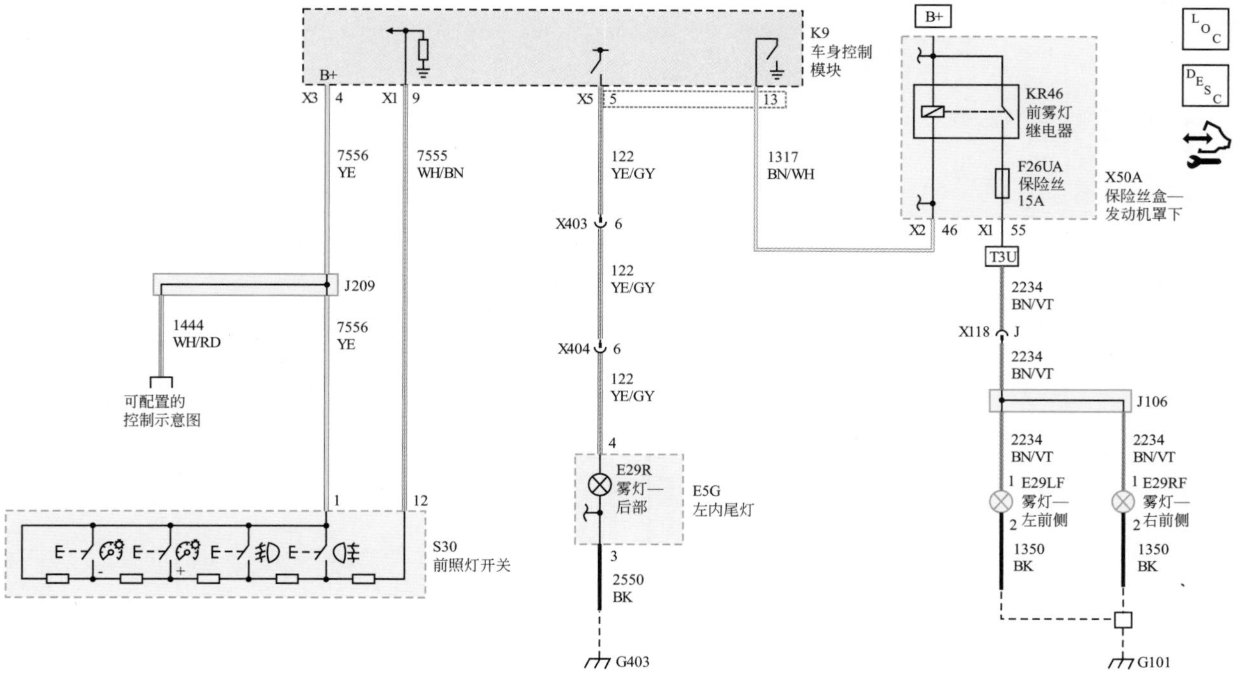

图2-75　别克英朗前、后雾灯电路图

① 前雾灯电路　前雾灯继电器始终由蓄电池电压供电。当按下前雾灯开关时，车身控制模块K9接收到雾灯开关信号。K9的X5-13端输出搭铁信号，前雾灯继电器线圈通电，电流回路为：蓄电池电压→前雾灯继电器线圈→X50A的X2-46端→K9的X5-13端，经K9内部搭铁。

当前雾灯继电器线圈通电时，前雾灯继电器开关触点闭合，接通前雾灯主电路：蓄电池电压→前雾灯继电器开关触点→保险丝F26UA→X50A的X1-55端→连接器X118-J端→接头J106后分两路，一路经左前雾灯E29LF→G101搭铁，另一路经右前雾灯E29RF→G101搭铁。此时，左、右前雾灯点亮。

② 后雾灯电路　当后雾灯开关置于接通位置时，车身控制模块向后雾灯提供蓄电池电压。电流回路为：K9的X5-5端→连接器X403-6端→连接器X404-6端→左内尾灯内的后部雾灯E29R→G403搭铁。此时，后雾灯点亮。

三、车外灯电路

别克英朗的车外灯除前照灯、雾灯外，主要还有：驻车灯、尾灯、牌照灯、示宽灯、转向信号灯、制动灯、倒车灯。图2-76所示为车外灯开关与输入电路。

制动踏板位置（BPP）传感器用于感测驾驶员操作制动踏板的动作。制动踏板位置传感器提供一个模拟电压信号，当踩下制动踏板时该信号将增大。车身控制模块的X1-19端和X2-13端分别向制动踏板位置传感器提供一个低电平参考电压信号和一个5V参考电压。当可变信号达到电压阈值（即制动器接合时），车身控制模块将向制动灯控制电路和中置高位停车灯控制电路提供蓄电池电压，控制电路通电时制动灯点亮。

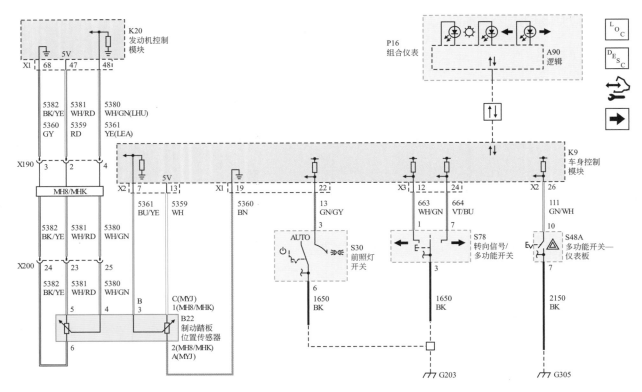

图2-76　别克英朗车外灯开关与输入电路

车身控制模块K9的X3-12端和X3-24端外接转向信号/多功能开关（图2-77）。当转向信号/多功能开关置于右转或左转位置时，通过右转向或左转向信号开关信号电路向车身控制模块提供搭铁。随后，K9通过相应的电源电压电路向前转向和后转向信号灯提供脉冲电压。车身控制模块接收到转向信号请求时，将串行数据信息发送至组合仪表，请求各转向信号指示灯点亮和熄灭。

图2-77　转向信号/多功能开关

车身控制模块K9的X2-26端外接危险警告开关，当危险警告开关置于ON（开）位置时，通过危险警告开关信号电路向K9提供搭铁。K9以ON（打开）和OFF（关闭）占空比形式向所有转向信号灯提供蓄电池电压。同时，K9向组合仪表发送一个串行数据信息，请求转向信号指示灯循环点亮和熄灭。

图2-78所示为车外灯电路。

①　驻车灯、尾灯、牌照灯和示宽灯　当大灯开关置于驻车灯或大灯位置时，驻车灯、尾灯和牌照灯点亮。当车身控制模块K9接收到大灯开关点亮驻车灯的请求时，K9的X4-6端和X4-5端发送脉宽调制信号点亮驻车灯、尾灯和牌照灯。

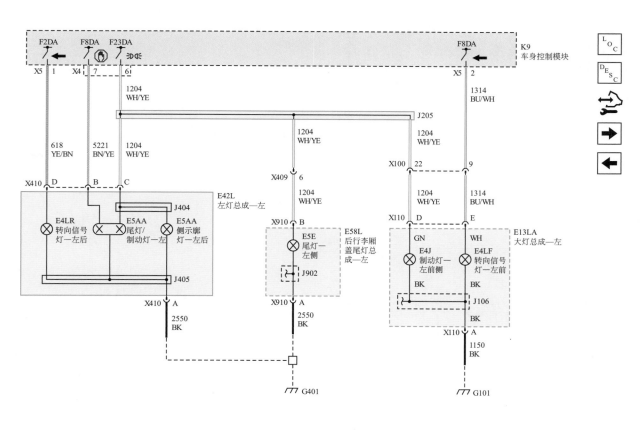

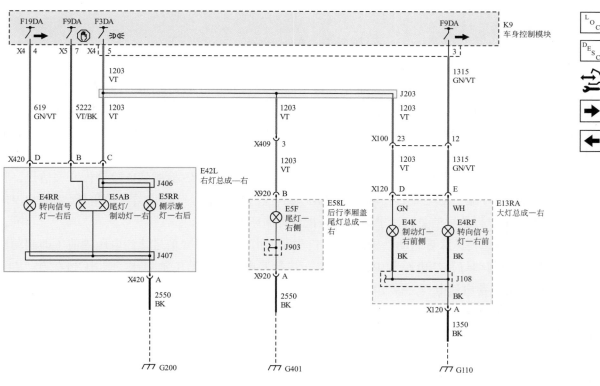

图 2-78

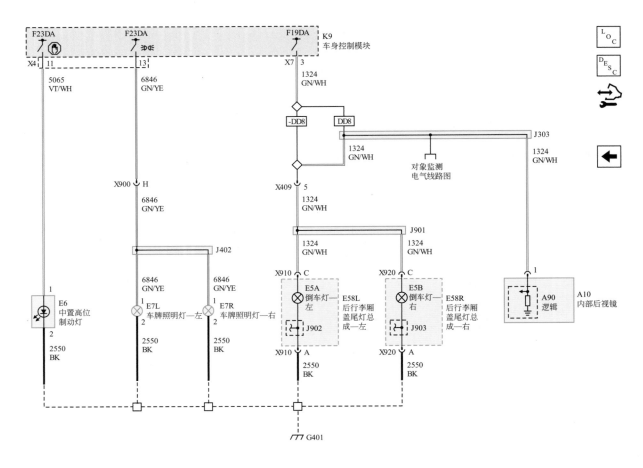

图 2-78 车外灯电路

② 转向信号灯　当转向信号/多功能开关置于右转或左转位置时，K9检测到转向灯开关信号，通过相应的电源电压电路向前转向信号灯和后转向信号灯提供脉冲电压。其中K9的X5-1端为左后转向灯提供电源；K9的X5-2端为左前转向灯提供电源；X4-4端为右后转向灯提供电源；X4-3端为右前转向灯提供电源。

③ 危险警告闪光灯　当在紧急情况下，可按下危险警告开关，K9检测到危险警告开关信号，将以占空比形式从X5-1端、X5-2端、X4-4端、X4-3端向所有转向信号灯输出蓄电池电压。同时K9向组合仪表发送一个串行数据信息，请求转向信号指示灯循环点亮和熄灭。

④ 制动灯　当驾驶员踩下制动踏板时，K9检测制动信号，当可变信号达到电压阈值（即制动器接合时），K9将向制动灯控制电路和中置高位停车灯控制电路提供蓄电池电压。其中X4-7端、X4-6端和X4-11端将提供蓄电池电压，控制电路通电时制动灯点亮。

⑤ 倒车灯　在变速器挂倒挡后，发动机控制模块（ECM）向车身控制模块发送串行数据信息。该信息指示换挡杆挂倒挡。车身控制模块K9向倒车灯提供蓄电池电压，电流回路为：K9的X7-3端输出蓄电池电压→连接器X409-5端→接头J901→分别供电给左倒车灯E5A和右倒车灯E5B→G401搭铁。此时倒车灯点亮。驾驶员将换挡杆移出倒挡位置时，发动机控制模块通过串行数据发送信息，请求车身控制模块从倒车灯控制电路上撤销蓄电池电压。

四、喇叭电路

喇叭的作用是通过声音向其他车辆的司机和行人发出警告，以引起注意，确保车辆行驶的安全。

由于喇叭电路的电流较大，目前越来越多的轿车中都采用喇叭继电器，通过喇叭继电器来控制喇叭的发声，下面以丰田卡罗拉为例讲解喇叭电路图的识读。

图2-79所示为卡罗拉喇叭电路。

控制电路：当按下喇叭开关时，蓄电池电压→10A喇叭易熔线→喇叭继电器线圈→螺旋电缆E16的A8端→螺旋电缆E16的B1端→转向盘上的喇叭开关→搭铁。此时喇叭继电器线圈得电，其触点闭合。

主电路：蓄电池电压→10A喇叭易熔线→喇叭继电器触点后分两路，一路经低音喇叭A82后接地，另一路经高音喇叭A83后接地。此时高音喇叭和低音喇叭都同时得电，发声。

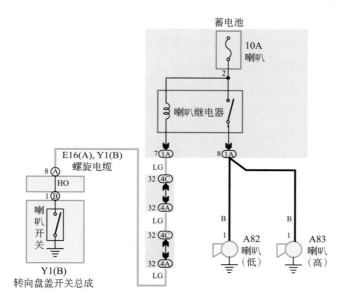

图2-79　卡罗拉轿车喇叭电路

第五节　辅助电器系统

一、电动车窗

1.电动车窗的组成

电动车窗又称电动门窗，驾驶员或乘员在座位上操纵控制开关，利用电动机驱动玻璃升降器实现车窗玻璃的升降。驾驶员操作时，可以使四个车窗中任意一个上升或下降，乘员只能使所在的车窗上升或下降。

电动车窗主要由玻璃升降器、直流电动机、开关（主控开关、分控开关）等组成，如图2-80所示。

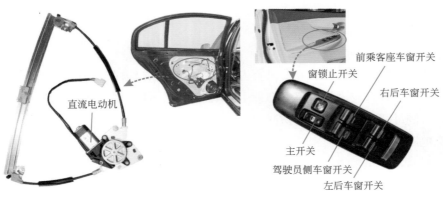

<table>
<tr><td>（a）玻璃升降器与直流电动机</td><td>（b）主控开关</td><td>（c）分控开关</td></tr>
</table>

图2-80　电动车窗的组成

2.电动车窗电路识读

图2-81所示为别克君威电动车窗电路。君威轿车各电动车窗采用永磁电动机操作，若在电动机上施加电压，各电动机可升降玻璃。电压的极性决定了电动机的旋转方向，车窗开关控制电压极性。左前车窗可以操纵4个车门的玻璃器，在左前车窗开关上有锁止开关，当锁止开关锁定时，各分控车窗开关将不能操纵车窗。另外，左前车窗具有自动升降功能。

供电电路：当点火开关处于ACC 、RUN位置时或当附件延时RAP继电器启用时，电压通过保险丝盒内30A保险丝L1-L2供电给左前车窗开关的C1-B端。

（1）锁止开关的操作　左前车窗开关包括一个锁止开关。锁止开关用于取消车窗开关上的电压，该操作可阻止从单个开关操纵车窗。仍可按正常从左前车窗开关操纵车窗。

当锁止开关位于关闭位置时，到达左前车窗开关C1-B端的电压→锁止开关关闭触点→左前车窗开关C1-D端后，分别供给左后车窗开关A端、右前车窗开关A端、右后车窗开关A端。为单个开关操纵车窗提供电压。

当锁止开关位于锁定位置时，左前车窗开关C1-B端与左前车窗开关C1-D端断开，从而断开各车窗开关上的电压。

（2）左前车窗的控制　左前车窗开关内的锁止开关无论位于锁定还是关闭位置时，操作左前车窗开关内的上升或下降按钮，都可以让左前车窗上升或下降。

① 车窗上升　当按下左前车窗开关内的左前车窗开关上升按钮时，到达左前车窗开关C1-B端的蓄电池电压→左前车窗开关上升触点→左前车窗开关C2-C端→左前车窗开闭调节器电动机B端→左前车窗开闭调节器电动机→左前车窗开闭调节器电动机A端→左前车窗开关C2-D端→左前车窗开关C1-E端→G301搭铁。此时左前车窗电动机运转，左前车窗上升。

② 车窗下降　左前车窗开关C1-B端与C2-D端导通，C2-C端与C1-E端导通，左前车窗电动机通过与上升方向相反的电流控制，此时电动机反转，左前车窗下降。

君威电动车窗带有防夹功能，当选择自动升降模式时，检测电路随时检测电动机控制电流的变化，并反馈给电动车窗控制装置控制电动机的正转或反转。

（3）乘客侧车窗的控制　乘客侧车窗控制的前提条件是锁止开关要关闭，接通各分控开关的供电电路。以左后车窗控制为例，左后车窗的控制方式可分为左前车窗开关控制和左后车窗开关控制。下面以车窗的上升操作为例。

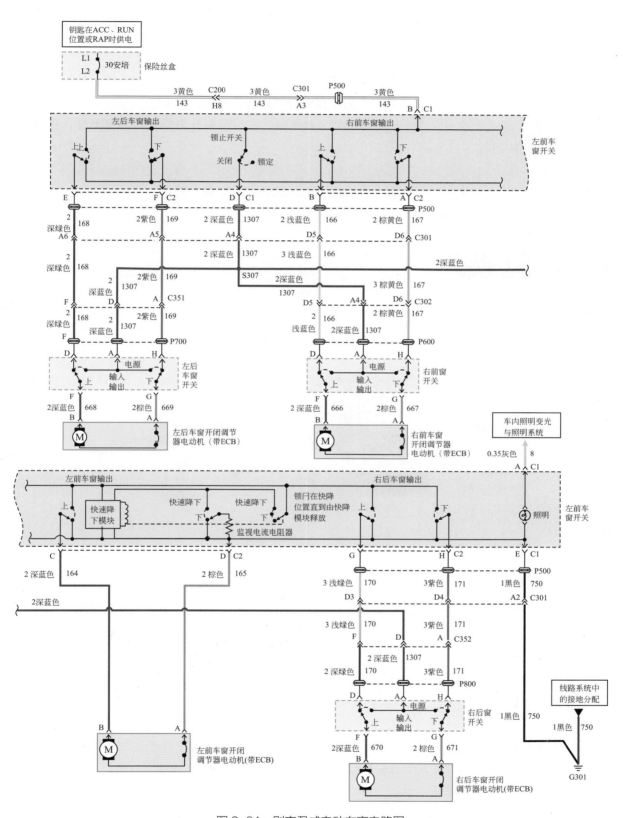

图2-81　别克君威电动车窗电路图

① 操作左前车窗开关　车窗上升：当操纵左前车窗开关中的左后车窗上升按钮时，到达左前车窗开关C1-B端的电压→左前车窗开关上升触点→左前车窗开关C2-E端→左后车窗开关D端→左后车窗开关F端→左后车窗开闭调节器电动机B端→左后车窗开闭调节器电动机→左后车窗开闭调节器电动机A端→左后车窗开关G端→左后车窗开关H端→左前车窗开关C2-F端→左前车窗开关下降触点→左前车窗开关C1-E端→G301搭铁。此时左后车窗电动机运转，左后车窗上升。

② 操作左后车窗开关　当锁止开关位于关闭位置时，左后车窗开关得电。车窗上升：操纵左后车窗开关的上升按钮时，到达左后车窗开关A端的电压→左后车窗开关F端→左后车窗开闭调节器电动机→左后车窗开关G端→左后车窗开关H端→左后车窗开关C2-F端→左前车窗开关内部下降触点→左前车窗开关C1-E端→G301搭铁。此时电动机运转，左后车窗上升。

其他车窗可按类似方式从相应车窗开关操纵。

二、电动天窗

1. 电动天窗的组成

电动天窗主要由天窗控制开关、限位开关、天窗电动机、天窗控制模块等组成，如图2-82所示。

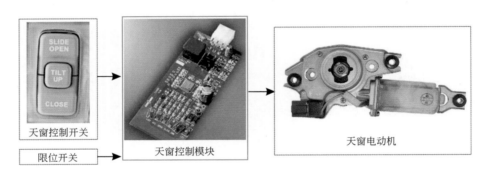

图2-82　电动天窗的组成

2. 天窗电路识读

卡罗拉天窗电路如图2-83所示。

滑动天窗控制开关输入信号到滑动天窗控制ECU，滑动天窗控制ECU控制天窗电动机的前后旋转，使滑动天窗玻璃倾斜或滑动。

蓄电池电压→20A天窗易熔线→滑动天窗控制ECU的1端。

当点火开关打开时，经过点火开关的蓄电池电压→10A 2号ECU-IG易熔线→滑动天窗控制ECU的5端。

滑动天窗控制ECU的9端、7端外接滑动天窗控制开关，滑动天窗控制开关的功能如下。

① 手动打开或关闭　当按下SLIDE OPEN开关（或TILT UP开关）小于0.3s时，该功能使滑动天窗打开（或关闭）。松开开关后，滑动天窗立刻停止滑动。

② 自动滑动打开或关闭　按下SLIDE OPEN开关（或TILT UP开关）超过0.3s时，该功能使滑动天窗完全打开（或关闭）。

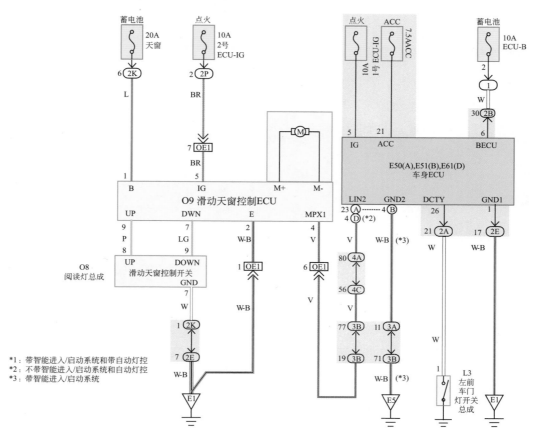

图 2-83 卡罗拉滑动天窗电路

③ 上倾和下倾 当按下 TILT UP 开关（或 SLIDE OPEN 开关）时，该功能使滑动天窗上倾（或下倾）。

三、电动座椅

1.电动座椅电路的组成

汽车座椅的主要功能是为驾驶员提供便于操作、舒适而又安全的驾驶位置；为乘员提供舒适、安全的乘坐角度。

电动座椅由座椅开关、电动机、传动装置等组成。电动座椅电动机多为双向永磁式，只能前后移动的两向调整座椅装有一个双向电动机，一般电动座椅使用三个电动机实现座椅六个不同方向的调节（图2-84）。现代轿车调节功能增多，出现了座椅前后滑动调节、座椅前部的上下移动调节、座椅后部的上下移动调节、靠背的前后倾斜调节、腰部支撑调节、侧背支

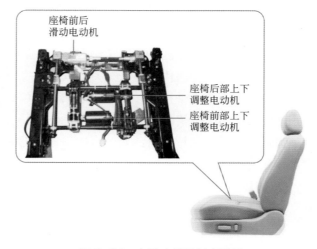

图 2-84 电动座椅及其电动机

撑调节、头枕上下调节、头枕前后调节等功能。

2.电动座椅电路图的识读

下面以别克君越轿车为例，对驾驶员电动座椅电路进行分析（对于君威轿车也可供参考）。君越驾驶员电动座椅电路如图2-85所示，座椅中共有四个电动机，分别进行座椅前后调整、座椅前部高度调整、座椅后部高度调整、靠背前后调整。

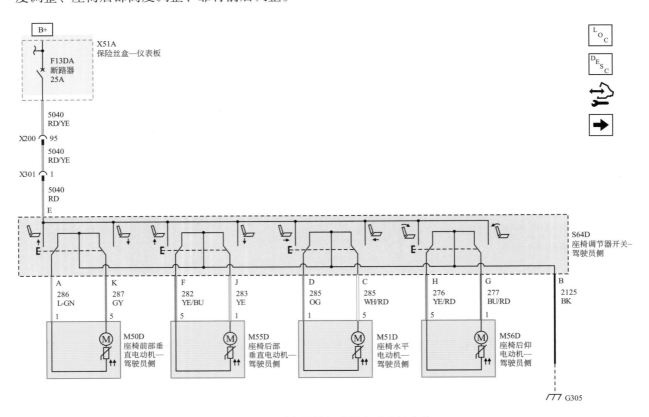

图 2-85　别克君越驾驶员电动座椅电路

常电源经保险丝盒-仪表板内25A电动座椅断路器F13DA→连接器X200-95端→连接器X301-1端→供电给驾驶员侧座椅调节器开关的E端。

① 座椅前后移动　当按下座椅向前按钮时，驾驶员侧座椅调整器开关的E端与D端接通，C端与B端接通。到达驾驶员侧座椅调整器开关的E端的蓄电池电压→驾驶员侧座椅调整器开关内部的"向前"开关→驾驶员侧座椅调整器开关的D端→驾驶员侧座椅水平电动机1端→水平电动机及断路器→驾驶员侧座椅水平电动机5端→座椅调整器开关的C端→驾驶员侧座椅调整器开关内部的"向后"开关→驾驶员侧座椅调整器开关的B端→G305接地，此时座椅向前移动。

当按下座椅向后按钮时，驾驶员座椅调整器开关的E端与C端接通、D端与B端接通。水平电动机获得相反方向的电流，座椅向后移动。

② 座椅前部高度调节　当按下座椅向上按钮时，驾驶员侧座椅调整器开关的E端与A端接通，K端与B端接通。电流流经驾驶员侧座椅前部垂直电动机，此时座椅前部向上移动。

当按下座椅向下按钮时，驾驶员侧座椅调整器开关的E端与K端接通、A端与B端接通。座椅前部垂直电动机获得相反方向的电流，座椅前部向下移动。

③ 靠背前后调节　当按下座椅靠背向前按钮时，驾驶员侧座椅调整器开关的E端与H端接通，G端与B端接通。电流流经驾驶员侧座椅后仰电动机，此时靠背向前移动。当按下座椅靠背向后按钮时，驾驶员侧座椅调整器开关的E端与G端接通，H端与B端接通。驾驶员侧座椅后仰电动机获得相反方向的电流，此时靠背向后移动。

④ 座椅后部高度调节　当按下座椅后部高度向上按钮时，驾驶员侧座椅调整器开关的E端与F端接通，J端与B端接通。电流流经驾驶员侧座椅后部垂直电动机，此时靠背向上移动。当按下后部高度向下按钮时，驾驶员侧座椅调整器开关的E端与J端接通，F端与B端接通。驾驶员侧座椅后部垂直电动机获得相反方向的电流，此时靠背向下移动。

3.电动座椅电路故障维修

电动座椅电路最常见的故障是座椅不能动作或某个方向不能动作。座椅完全不能动作的主要原因有保险丝熔断、线路断路、座椅开关损坏等。某个方向不能动作的主要原因有该方向对应的电动机损坏、开关损坏、对应的线路断路等。

四、电动后视镜

1.电动后视镜的组成

电动后视镜由后视镜片、直流电动机、传动机构和控制开关等组成，后视镜和控制开关如图2-86所示。

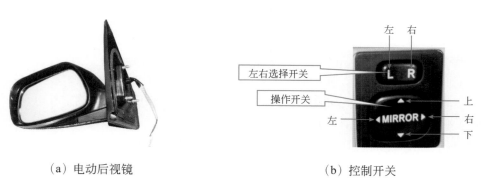

（a）电动后视镜　　　　　　　　（b）控制开关

图2-86　电动后视镜和控制开关

每个后视镜都有两套驱动装置，由电动后视镜开关进行操纵，其中一个电动机和传动机构用于后视镜水平方向的转动，另一个电动机和传动机构则用于后视镜垂直方向的转动。有些汽车的电动后视镜还带有可伸缩功能，由后视镜伸缩开关控制电动机工作，驱动伸缩传动装置带动后视镜收回和伸出。

有些后视镜还具有加热除霜功能，驾驶员可以开启加热除霜开关，清洁镜面的积雾、积霜和雨水等。

2.电动后视镜电路识读

下面以北京现代纳瑞轿车为例，分析电动后视镜电路。

北京现代纳瑞轿车室外电动后视镜电路如图2-87所示。当点火开关打开，电源电压经10A ACC易熔线后供电给室外电动后视镜开关的D05-3端。

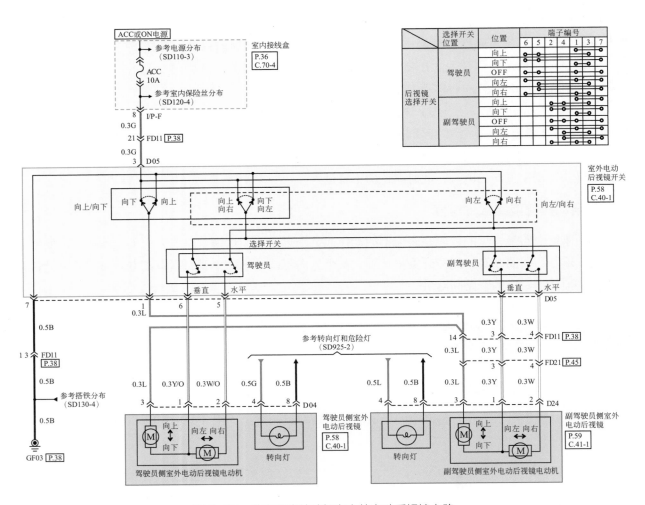

图2-87 北京现代纳瑞轿车室外电动后视镜电路

驾驶员侧、副驾驶员侧室外电动后视镜的动作基本相同，下面以驾驶员侧室外电动后视镜的运动为例进行分析，将室外电动后视镜开关中的选择开关置于L。

① 驾驶员侧室外电动后视镜向上运动 当按下室外电动后视镜开关"向上"键时，室外电动后视镜开关的D05-3端与D05-6端接通，室外电动后视镜开关D05-1端与D05-7端接通。电流方向：到达室外电动后视镜开关D05-3端的点火开关电压→室外电动后视镜开关内的"向上/向右"开关→室外电动后视镜开关内部选择开关中的"驾驶员"开关→室外电动后视镜开关D05-6端→驾驶员室外电动后视镜D04-1端→驾驶员室外电动后视镜"向上/向下"电动机→驾驶员室外电动后视镜D04-3端→连接器FD11-14端→室外电动后视镜开关D05-1端→室外电动后视镜开关内部"向上"开关→室外电动后视镜开关D05-7端→连接器FD11-13端→经GF03搭铁点搭铁。

② 驾驶员侧室外电动后视镜向下运动 当按下室外电动后视镜开关"向下"键时，室外电动后视镜开关的D05-3端与D05-1端接通，室外电动后视镜开关D05-6端与D05-7端接通。驾驶员室外电动后视镜"向上/向下"电动机流过相反方向的电流，后视镜向下运动。

驾驶员侧室外电动后视镜向左运动和向右运动，可以参考上述分析进行。当需要调节副驾驶员侧后视镜时，室外电动后视镜开关中的选择开关置于R，各方面动作的电路与驾驶员侧室外电动后视镜相似，在此不再赘述。

3.电动后视镜电路故障检修

电动后视镜电路如出现故障，直接表现是后视镜不动作，可按下面的步骤进行检查：

① 检查保险丝和断路器（过载保护）；

② 检查开关总成，可用万用表进行测试；

③ 检查电动后视镜电动机的工作情况，可用12V电源直接跨接在电动机两端进行测试。接线换向时，电动机也应反向转动；

④ 如电动机工作正常而后视镜仍不动作，检查连接后视镜控制开关和车门金属件的搭铁情况。

五、电动刮水器

1.电动刮水器的组成及工作原理

刮水器的作用是清除风窗玻璃上的雨水、雪、尘土或污物，确保驾驶员有良好的驾驶视线。

电动刮水器主要由直流电动机、减速机构、连杆、摆杆、刮臂、刮水片等组成。直流电动机旋转，带动蜗轮减速机构，使与蜗轮轴相连的摇臂带着两侧连杆做往复运动，连杆则通过摆杆带着左、右刮臂做往复摆动，安装在刮臂上的刮水片便刮去玻璃上的雨水、雪水或灰尘。

2.电动刮水器电路识读

以日产天籁轿车为例，对风窗刮水器电路进行分析。图2-88所示为日产天籁前刮水器/洗涤器电路图。日产天籁风窗刮水系统及洗涤系统主要由刮水器电动机、刮水器开关、清洗液泵等组成。该系统具有高速、低速、间歇、关闭、复位、洗涤风窗功能。

前刮水器继电器及前刮水器高速继电器都包含在IPDM E/R（发动机室智能电源分配模块）内，IPDM E/R根据来自BCM（车身控制模块）的CAN通信信号，对前刮水器电动机进行控制。

刮水器开关（组合开关）由五个输出端口和五个输入端口组合而成。开关在转到ON时，由BCM（车身控制模块）读取端口组合状态，从而控制前刮水器的高速、低速和间歇操作。

（1）高速刮水器的操作　当刮水器开关位于"HI"位置，BCM通过刮水器开关读取功能检测到高速刮水器ON信号。BCM从39、40端通过CAN通信线路发送前刮水器请求信号（HI）至IPDM E/R端口48和49。当IPDM E/R接收到前刮水器请求信号（HI）后，IPDM E/R（发动机室智能电源分配模块）内的CPU输出控制信号，接通前刮水器继电器和前刮水器高速继电器线圈（位于IPDM E/R内）电路，前刮水器继电器和前刮水器高速继电器的常开触点闭合、常闭触点打开，接通前刮水器高速运行电路：蓄电池电压→20A 73号保险丝→前刮水器继电器常开触点→前刮水器高速继电器常开触点→IPDM E/R端口31→前刮水器电动机端口4→前刮水器电动机端口2→通过E1或E31接地。此时，前刮水器电动机高速运转。

（2）低速刮水器的操作　当刮水器开关位于"LO"位置，BCM通过刮水器开关读取功能检测到低速刮水器ON信号。BCM从39、40端通过CAN通信线路发送前刮水器请求信号（LO）至IPDM E/R端口48和49。当IPDM E/R接收到前刮水器请求信号（LO）后，IPDM E/R（发动机室智能电源分配模块）内的CPU输出控制信号，接通前刮水器继电器线圈（位于IPDM E/R内）电路，前刮水器继电器的常开触点闭合、常闭触点打开，接通前刮水器低速运行电路：蓄电池电压→20A 73号保险丝→

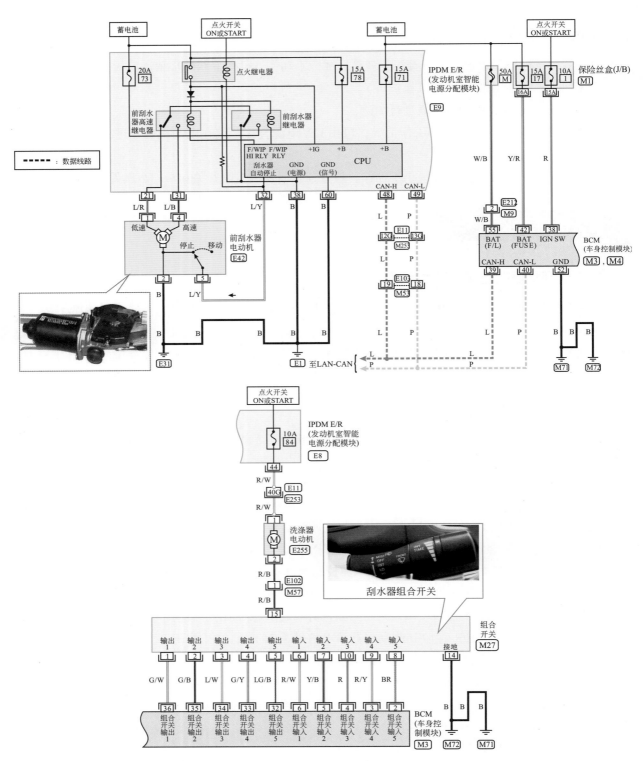

图 2-88　日产天籁前刮水器／洗涤器电路

前刮水器继电器常开触点→前刮水器高速继电器常闭触点→IPDM E/R 端口 21→前刮水器电动机端口1→前刮水器电动机端口 2→通过 E1 或 E31 接地。此时，前刮水器电动机低速运转。

（3）间歇操作　前刮水器间歇操作间隔时间由三个开关的组合（间歇操作分度盘位置 1、2 和 3）以及车辆速度信号决定。在每次间歇操作间隔时间之后，BCM 向 IPDM E/R 发送刮水器请求信号，间歇接通刮水器低速运行电路，使前刮水器间歇地低速运行。

（4）自动复位的操作　刮水器开关转到OFF位置，刮水器电动机将继续工作，直到刮水器臂到达风窗玻璃的底部。

当刮水器开关在OFF位置，刮水器不在风窗玻璃的底部时，到达IPDM E/R端口21的电压→前刮水器电动机端口1，使刮水器电动机继续低速工作。

当刮水器臂到达风窗玻璃底部时，前刮水器电动机端口5和2之间接通，IPDM E/R端口32的电压→刮水器电动机端口5和2→E1和E31接地。随后IPDM E/R通过CAN通信线路向BCM发送自动停止操作信号。当BCM接到自动停止操作信号后，BCM通过CAN通信线路向IPDM E/R发送刮水器停止信号，IPDM E/R停止刮水器电动机。刮水器电动机随即将刮水器臂停止在STOP位置。

第六节　仪表与报警系统

一、仪表与报警系统的组成

汽车仪表指示汽车行驶过程中的各种动态指标，以便驾驶员随时了解各系统的工作情况，保证汽车安全可靠的行驶。汽车仪表板上还有一些对工况进行监控并向驾驶员发出指示或警告的信息，这些信息一般以指示灯的形式显示在仪表板上或以文字信息的形式显示在液晶显示屏上。图2-89所示为2017年款丰田卡罗拉轿车仪表板。

图 2-89　2017 年款丰田卡罗拉轿车仪表板

1.仪表系统

仪表系统主要有发动机转速表、冷却液温度表、燃油表、机油压力表、车速里程表、电流表及相应的传感器。

（1）转速表　用于指示汽车发动机转速。

（2）冷却液温度表　用于指示汽车发动机冷却液的温度。它由冷却液温度传感器和冷却液温度指示表两部分组成。

（3）燃油表　用于指示汽车燃油箱内燃油油位。它由燃油量传感器和燃油指示表两部分组成，

125

燃油量传感器安装在燃油箱内，燃油指示表安装在仪表板上。

（4）车速里程表　用于指示汽车行驶速度并记录行驶里程。

2.报警灯

报警灯主要有状态指示灯、故障指示灯及警告灯。

（1）状态指示灯　主要指示车辆处于什么工作状态，一般灯光颜色为蓝色或绿色，如远/近光灯及转向指示灯、雾灯指示灯等。

（2）故障指示灯　主要告诉驾驶员车辆某个系统的功能失常，要尽快进行处理，一般不影响行驶。这类灯通常为黄色，如燃油不足指示灯、清洗液不足指示灯、制动片磨损指示灯等。

（3）警告灯　主要是在车辆出现故障或异常时进行警示，一般灯光为红色，此类灯亮时应引起驾驶员的重视，如冷却液温度警告灯、机油压力警告灯、充电指示灯等。

二、仪表与报警系统电路图的识读

1.仪表与报警系统电路识读方法

识读仪表与报警系统电路时，应以仪表盘为中心，分步进行识读，通常仪表与报警系统电路具有如下的特点。

① 所有电气仪表都受点火开关控制。

② 指示灯、警告灯常与仪表装配在一个总成内或在附近布置，它们与仪表一同受点火开关的工作挡（ON）和启动挡（ST）控制。当点火开关位于ON挡时，应能检测大多数仪表、指示灯、警告灯是否良好。

③ 指示灯和警告灯按照电路接法可分为两种：一种是灯泡一端接点火开关，灯泡另一端外接传感器或检测开关，当传感器或检测开关接通则与搭铁构成通路，灯亮，如充电指示灯、驻车制动警告灯、制动液面警告灯、门未关警告灯、机油压力警告灯、水位过低警告灯等；另一种接法是指示灯泡接地，控制信号来自其他开关的火线端，如远光指示灯、转向指示灯、雾灯指示灯、巡航控制指示灯等。

2.仪表与报警系统电路识读示例

下面以东风悦达起亚K2轿车仪表与报警系统电路为例进行分析，电路如图2-90所示。

起亚K2轿车仪表为组合式仪表，包括表示车辆状况的各种仪表和测量仪，监视车辆出现不正常情况并告知驾驶员的各种警告灯，告知驾驶员车辆各部分状况的指示灯，并具有仪表照明功能，主要包括车速表、水温表、燃油表、发动机转速表、车门未关警告灯、发动机故障警告灯、发动机机油警告灯、驻车制动警告灯、ABS警告灯、EPS警告灯、安全气囊警告灯、安全带警告灯、蓄电池充电指示灯、转向信号指示灯、危险警告闪光指示灯、大灯远光指示灯、雾灯指示灯等。

常电源电压经10A ROOM易熔线，供电给仪表的M01-A/27端，该电压分别供电给钥匙防盗指示灯、车门/行李厢盖开启指示灯、刻度照明灯、指针照明灯。刻度照明灯与指针照明灯的负极通过仪表盘内部搭铁，当这两个照明灯接收到高电压时，即点亮照明；钥匙防盗指示灯负极受发动机控制系统（或智能钥匙控制模块）输出信号的控制，车门/行李厢盖开启指示灯受车门灯控制开关、行李

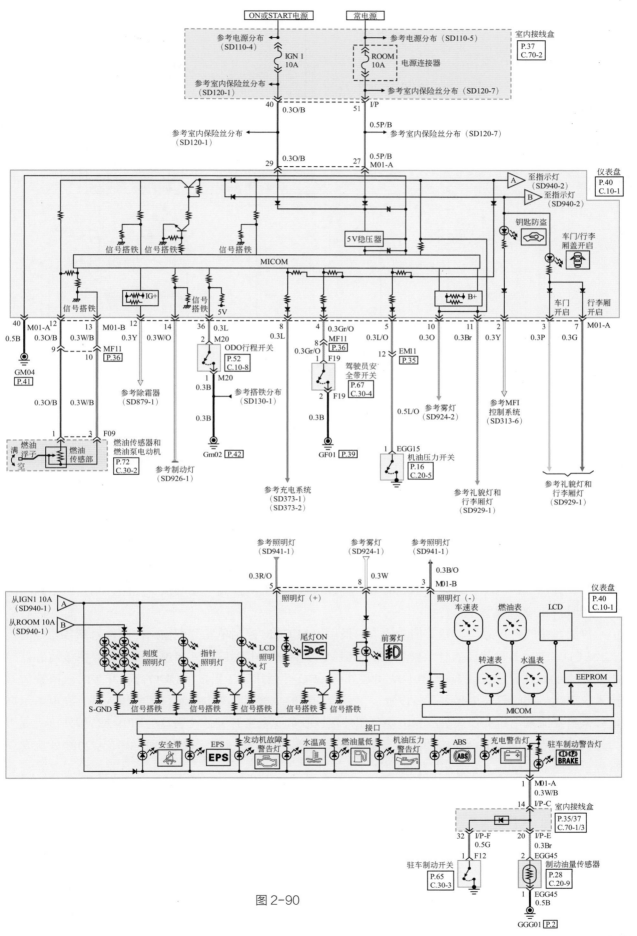

图 2-90

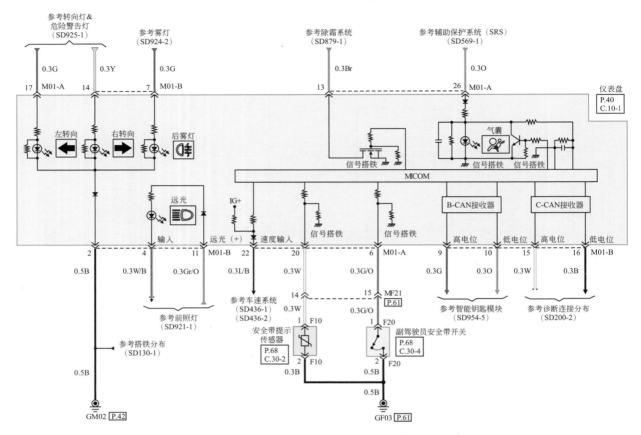

图2-90 东风悦达起亚K2轿车仪表与报警系统电路

厢开关的控制，当这两个指示灯的负极分别接收到低电压信号时，即点亮。经过点火开关后的"ON或START电源"电压经10A易熔线IGN 1后供电给仪表的M01-A/29端，该电压进入仪表盘后分两路，一路供电给LCD照明灯，点亮LCD照明；另一路供电给安全带警告灯、EPS警告灯、发动机故障警告灯、水温高警告灯、燃油量低警告灯、机油压力警告灯、ABS警告灯、充电警告灯、驻车制动警告灯等，提供工作电压，这些指示灯的另一端接仪表MICOM控制单元的接口电路，当接口电路输出低电压时，相应的指示灯点亮。

仪表盘接收各传感器、开关信号输入，最后由MICOM控制单元分别输出控制信号到各相应的仪表及LCD，显示各种状态信息。仪表盘的M01-A/12端、M01-B/13端外接燃油传感器，由该传感器检测油箱中的燃油量。仪表盘的M01-A/36端外接ODO行程开关，当按下ODO行程开关时，搭铁信号输入仪表盘，此时可对里程表进行设置。仪表盘的M01-A/8端是充电指示灯信号输入端，充电指示灯信号来自交流发电机。仪表盘的M01-A/4端外接驾驶员安全带开关；仪表盘的M01-A/5端外接机油压力开关；仪表盘的M01-A/1端外接驻车制动开关和制动油量传感器；仪表盘的M01-A/20端外接安全带提示传感器；M01-A/6端外接副驾驶员安全带开关。

第七节　空调系统

汽车空调系统能对车内空气的温度、湿度、流速和清洁度进行调节，并能预防或去除风窗玻璃上的雾、霜，给驾驶员和乘员提供一个舒适的环境。汽车空调根据自动化控制的程度分为手动控制、半自动控制及全自动控制三种。

一、汽车空调系统的组成

汽车空调系统由制冷系统、取暖系统、通风系统、空气净化系统和控制系统五个部分组成，如图2-91所示。

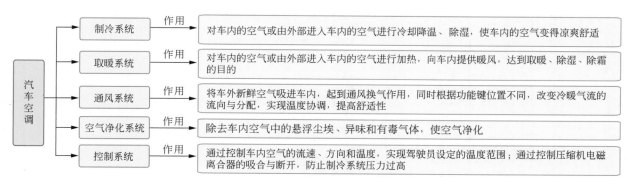

图 2-91　汽车空调系统组成方框图

二、空调系统电路图的识读

在识读汽车空调系统电路时，可以把汽车空调系统电路分为三部分，即信号输入装置、空调控制单元、执行器。下面以丰田凯美瑞汽车空调系统电路为例进行讲解。

凯美瑞自动空调系统电路如图2-92所示，传感器采集环境温度、车内温度、蒸发器温度、太阳辐射温度等各种参数，并把这些数据送入空调放大器。空调放大器把这些参数与给定指令加以对比处理，然后对鼓风机转速、空气在车内的循环方式选择、温度混合门的开度、压缩机是否运转、各送风口的选择等进行控制，以保证最佳的舒适性要求。

1.供电电路

蓄电池电压→7.5A A/C易熔线→空调放大器的A21端，这是一条常电源电路，即使点火开关置于OFF位置时也提供电源，用于诊断故障代码存储等。当点火开关置于ON（IG）位置时，主电源电压→10A A/C　NO.2易熔线→空调放大器的A1端，此电源用于操纵空调放大器，供电给负离子发生器、空调ECU等。

2.传感器/开关电路

① 车内温度传感器　检测车内空气的温度，并发送信号至空调放大器。车内温度传感器的1端接空调放大器的A29端；车内温度传感器的2端接空调放大器A34端。

② 环境温度传感器　检测车外温度并将相应的信号送入空调放大器。环境温度传感器1端接连接器A58（A）、E40（B）的A9端；环境温度传感器2端经插接器后接空调放大器的A5端。

③ 阳光传感器　在AUTO模式下阳光传感器用来探测阳光的强弱，当日照增加时，输出电压上升；当日照减少时，输出电压下降。空调放大器检测阳光传感器输出的电压，以此来修正混合风门的

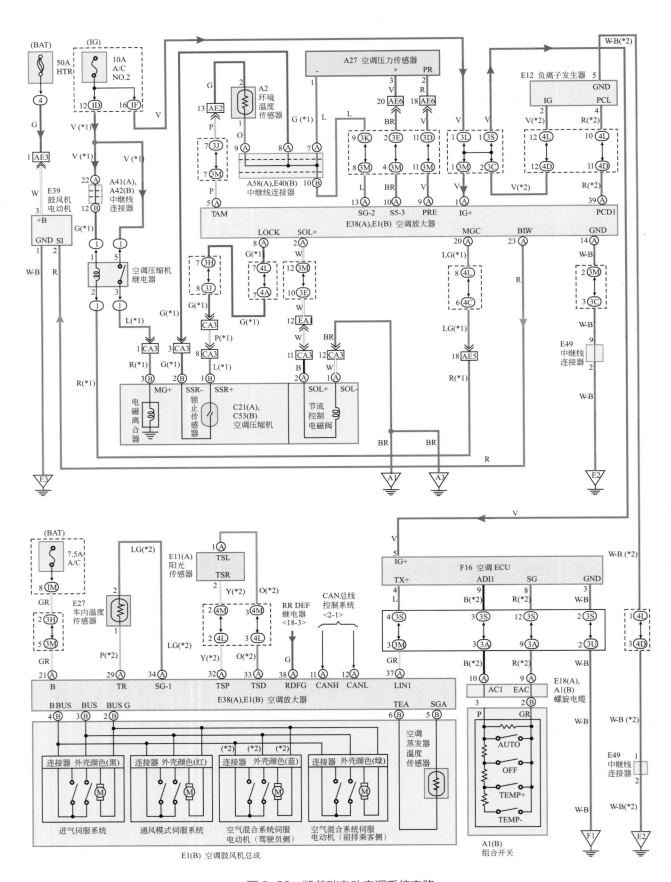

图 2-92 凯美瑞自动空调系统电路

位置与鼓风机的转速。阳光传感器的1端外接空调放大器的A33端；阳光传感器的2端外接空调放大器的A32端。

④ 蒸发器温度传感器　安装在空调装置的蒸发器上，用来检测流过蒸发器的冷却空气的温度。空调蒸发器温度传感器的两端分别接空调放大器的B5、B6端。

⑤ 空调压力传感器　安装在高压侧管上，检测制冷剂压力，并将其以电压变化的形式输出到空调放大器，空调放大器根据该信号控制压缩机。空调压力传感器的2端输出传感器压力信号，接空调放大器的A9端；传感器的3端为供电端，接空调放大器的A10端；传感器的1端为接地端，接空调放大器的A13端。

⑥ 其他输入信号　空调放大器的A37端外接空调ECU F16端，驾驶员通过调节面板上的按钮来进行各种设定，各种设置信息从F16的4端输出。

空调放大器的A8端外接锁止传感器，锁止传感器检查离合器是否锁定。锁止传感器向空调放大器发送空调带轮的速度信号，空调放大器使用该信号和发动机速度信号确定电磁离合器是否锁定。

3.执行器电路

① 电磁离合器　空调机放大器的A20端外接空调压缩机继电器，通过空调压缩机继电器，控制电磁离合器的导通和截止，从而控制压缩机的工作或者不工作。

控制电路：经点火继电器后的电压→10A A/C NO.2易熔线→空调压缩机继电器→空调放大器A20端，当A20端输出低电平的控制信号时，空调压缩机继电器线圈得电，空调压缩机继电器开关触点闭合。

主电路：经点火继电器后的电压→10A A/C NO.2易熔线→空调压缩机继电器开关触点→空调压缩机的B3端→电磁离合器→空调压缩机内部搭铁。此时，压缩机工作。压缩机工作时，空调放大器通过空调压力传感器检测制冷剂管路压力。当管路压力过高时，空调放大器A20端输出高电平信号，使电磁离合器线圈失电，停止电磁离合器的工作，以保护压缩机不被损坏。

② 节流控制电磁阀　空调放大器的A2端外接节流控制电磁阀，节流控制电磁阀的作用是节流降压，自动调节和控制压缩机制冷剂量的输出量。当压缩机制冷剂排放量不足时，空调放大器的A2端输出高电平信号到空调压缩机的A2端，节流控制电磁阀通电，空调压缩机排放量增大。

③ 空调鼓风机总成　空调放大器从的B2、B3、B4端输出控制信号，分别控制空调鼓风机总成内部的空气混合伺服电动机（正转、反转），从而带动混合风门移动，调节通过蒸发器后流过加热器芯的空气流量，以控制鼓风温度；控制空调鼓风机总成内部的通风模式伺服系统内的电动机（正转、反转），将风门移至控制出风转换的任何位置，从而实现通风模式控制；控制空调鼓风机总成内部的进气伺服电动机（正转、反转），从而带动进气风门移动，实现进气控制（如新鲜空气、新鲜空气/再循环和再循环）。

空调放大器与各伺服电动机之间是通过BUS IC线束进行通信的，空调放大器通过空调线束向各伺服电动机供电和发送工作指令，各伺服电动机将风门位置信息告知空调放大器。

④ 空调鼓风机电动机　蓄电池电压→50A HTR易熔线→鼓风机电动机的3端；鼓风机电动机的1端为接地端；鼓风机电动机的2端为控制端，接空调放大器的A23端，当空调放大器输出控制信号时，鼓风机电动机运转。

⑤ 负离子发生器　驾驶员座椅侧的侧调节器风道内部安装了负离子发生器，目的是改善车内空

气质量和舒适度。负离子发生器的2端为供电端；4端为控制端，接空调放大器的A39端；5端为接地端。负离子发生器与鼓风机电动机一起运行。

第八节　中控与防盗系统

一、中控门锁电路

1.中控门锁的组成

汽车中控门锁系统最基本的功能是钥匙联动锁门和开锁。采用中控门锁系统的车辆，可以实现所有车门锁的集中控制，即驾驶员锁住车门时，其他几个车门能同时自动锁住，确保后排车门行驶中不被误开；当打开驾驶员车门锁时，其他几个车门锁能同时打开，并且仍可用各车门的机械或弹簧锁打开或锁住车门。

中控门锁系统主要由控制部分和执行机构组成，如图2-93所示。

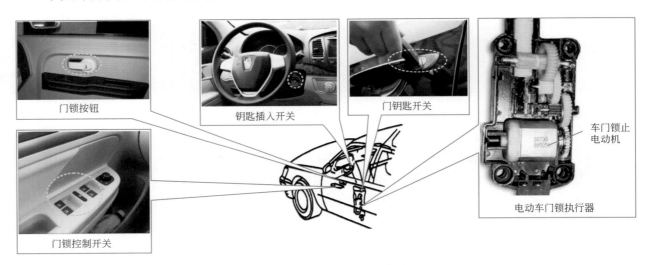

门锁按钮　　钥匙插入开关　　门钥匙开关　　车门锁止电动机

门锁控制开关　　电动车门锁执行器

图2-93　中控门锁系统的组成

2.中控门锁电路识读

下面以丰田卡罗拉电动门锁为例进行讲解。丰田卡罗拉电动门锁控制电路如图2-94所示，电动车窗升降器主开关和门控开关发送"锁止/解锁"请求信号至主车身ECU，主车身ECU向每个门锁电动机发送这些请求信号，并对输入立即做出响应，锁止/解锁所有车门。

① 供电电路　蓄电池电压经10A ECU-B保险丝后供电给主车身ECU的6端；蓄电池电压经25A车门保险丝后供电给主车身ECU的4端；当点火开关位于"ON"位置时，经点火开关后的蓄电池电压经10A ECU-IG NO.1保险丝后供电给主车身ECU的5端；当点火开关位于"ACC"位置时，经点火开关后的蓄电池电压经7.5A ACC保险丝后供电给主车身ECU的21端。

② 车门锁止操作　当按下电动车窗升降器主开关I3的"锁止"按钮时，主车身ECU的12端搭铁，此时主车身ECU判断为锁止请求，于是从ECU的2端输出锁止信号，该信号分四路：第一路到

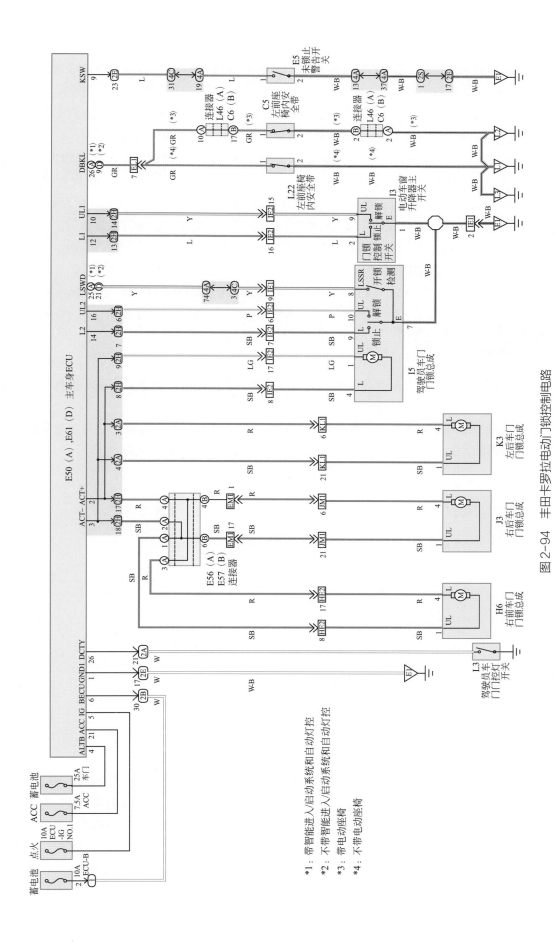

图 2-94 丰田卡罗拉电动门锁控制电路

驾驶员车门锁总成的4端→驾驶员车门锁电动机→驾驶员车门锁总成的1端→主车身ECU的3端；同样，另外三路分别到右前车门锁总成的4端、右后车门锁总成的4端、左后车门锁总成的4端。当四个车门锁接收到控制信号后，驾驶员车门锁、右前车门锁、右后车门锁、左后车门锁锁止。

用驾驶员侧车门钥匙也可以锁止所有车门，当锁芯转到"锁止"位置时，驾驶员侧车门锁总成I5上的"锁止"开关闭合，车身ECU的14端搭铁，此时主车身ECU也判断为锁止请求。

③ 车门解锁操作 当按下电动车窗升降器主开关I3的"解锁"按钮时，主车身ECU的10端搭铁，此时主车身ECU判断为解锁请求，于是从ECU的3端输出解锁信号，该信号也分四路：第一路到驾驶员车门锁总成的1端→驾驶员车门锁电动机→驾驶员车门锁总成的4端→主车身ECU的2端；另外三路也分别到右前车门锁总成的1端、右后车门锁总成的1端、左后车门锁总成的1端。当四个车门锁接收到控制信号后，驾驶员车门锁、右前车门锁、右后车门锁、左后车门锁解锁。

用驾驶员侧车门钥匙也可以解锁所有车门，当锁芯转到"解锁"位置时，驾驶员侧车门锁总成I5上的"解锁"开关闭合，主车身ECU的16端搭铁，此时主车身ECU也判断为解锁请求。

二、防盗系统电路

汽车防盗系统是用来防止汽车本身或车上的物品被盗所设的系统。汽车防盗系统按其结构可分为机械式、电子式和网络式三种。目前使用最广泛的是电子式防盗系统。

电子防盗报警系统是在原有中控门锁的基础上加设了防盗系统的控制电路，它主要是靠锁定点火或启动来达到防盗的目的，同时具有声光报警功能，是目前较为理想的防盗装置。

1.电子式防盗系统的组成

电子式防盗系统由输入信号、控制电路、执行机构三部分组成，如图2-95所示。

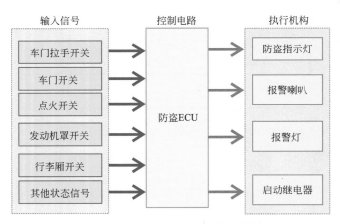

图2-95 汽车电子式防盗系统组成方框图

点火开关、车门开关、发动机罩开关、行李厢开关等向防盗ECU输入各开关的状态信号，防盗ECU根据各开关输入的信号判断车门是正常打开还是非法打开，从而向执行机构发出控制指令。

当锁好所有车门时，防盗系统会执行约30s定时检测，随后指示器开始断续闪烁，表明系统处于预警状态，当防盗ECU根据各开关的信号判断车门为正常开启时，解除报警状态；当判断为非法开启车门时，便控制各执行机构动作，使汽车喇叭和报警器鸣响、车灯和警告灯闪烁，同时切断发动机启动线路，使起动机不能工作，发动机不能启动。

2.汽车防盗电路识读

（1）丰田汽车防盗电路识读　以卡罗拉轿车为例分析汽车防盗电路。卡罗拉轿车汽车防盗电路主要由发动机盖门控灯开关、点火开关、解锁警告开关、车门控制接收器、前门门控灯开关（左、右）、后门门控灯开关（左、右）、行李厢门控灯开关、前门锁止位置开关（左、右）、后门锁止位置开关（左、右）、发动机开关、安全指示灯、警报喇叭、车辆喇叭、认证ECU、车门控制接收器、转向信号闪光灯、危险警告灯、后车厢照明灯总成（后车内照明灯）、前门门锁电动机（左、右）、后门门锁电动机（左、右）、主车身ECU、防盗警报ECU等组成。结构框如图2-96所示，从图中可以看出卡罗拉轿车防盗电路是在电动门锁控制系统和遥控门锁控制系统的基础上增加了防盗控制装置，通过使用发射器锁止车门可以启用防盗系统。当系统处于警戒状态时，如果有人试图强行解锁任一车门或打开任一车门、发动机盖或行李厢门，警报功能就会激活。在警报鸣响状态下，系统会点亮车内照明灯并闪烁危险警告灯。同时，系统会接通车辆喇叭电路，喇叭鸣响向车辆周围的人们报警，以阻止非法闯入和盗窃。车辆还具有强行锁门控制功能，强行锁门控制功能可防止车辆被撬盗。一旦车门被解锁（警报启动），则会通过一个强行锁门信号强行将车门锁止。

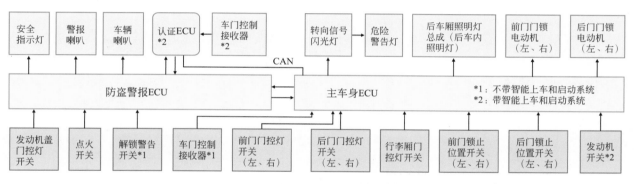

图2-96　卡罗拉轿车防盗结构框图

卡罗拉防盗系统电路如图2-97所示。下面重点对防盗部分进行讲解。

① 电源电路　蓄电池电压经10A ECU-B保险丝后供电给防盗警报ECU的11端，为运行防盗警报ECU提供电源。

当点火开关置于ON（IG）位置时，蓄电池正极电压被施加到防盗警报ECU的9端（IG端子）上。当蓄电池正极电压施加到ECU的9端，且防盗警报系统工作时，警报停止。

② 输入电路　防盗警报ECU的4端外接发动机盖门控灯开关，发动机盖门控灯开关与发动机盖锁安装在一起。发动机盖打开时开关断开，发动机盖关闭时开关接通。

防盗警报ECU的7端外接钥匙未锁止警告开关，钥匙未锁止警告开关在点火钥匙插入点火锁芯时接通，在点火钥匙从点火锁芯拔出时断开，当钥匙未锁止警告开关接通时，防盗警报ECU运行受到限制。

主车身ECU的23端外接L18行李厢门锁总成（内部有行李厢门允许开关），行李厢门打开时开关接通，行李厢门关闭时开关断开。

③ 输出电路　防盗警报ECU的31端外接喇叭控制电路，当防盗系统由警戒状态切换为警报状态时，防盗警报ECU发送一个信号，此时喇叭继电器线圈得电，其触点闭合。蓄电池电压→10A喇叭易熔线→喇叭继电器触点→低音喇叭和高音喇叭→搭铁。此时喇叭发声报警。喇叭的通电时间是受防盗警报ECU的控制，以0.4s的间隔鸣响的。

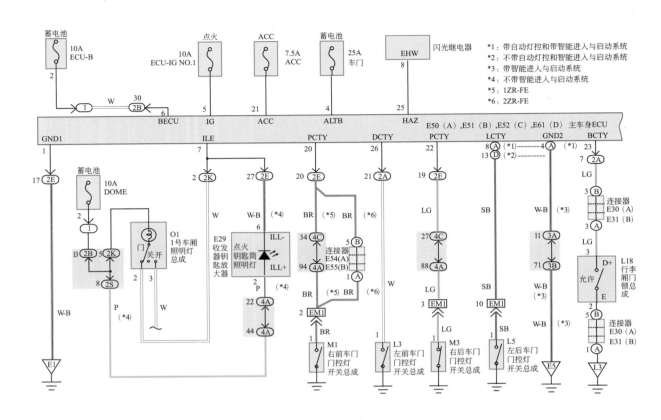

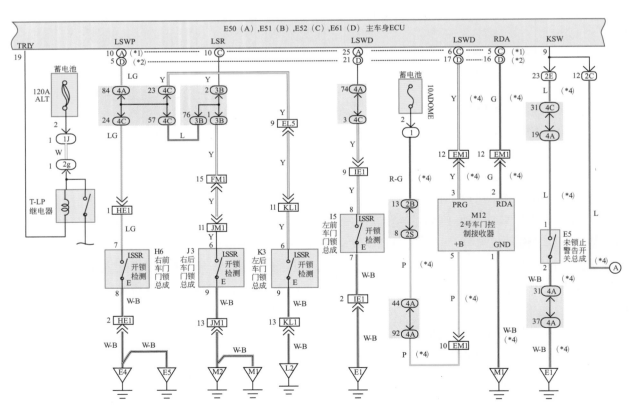

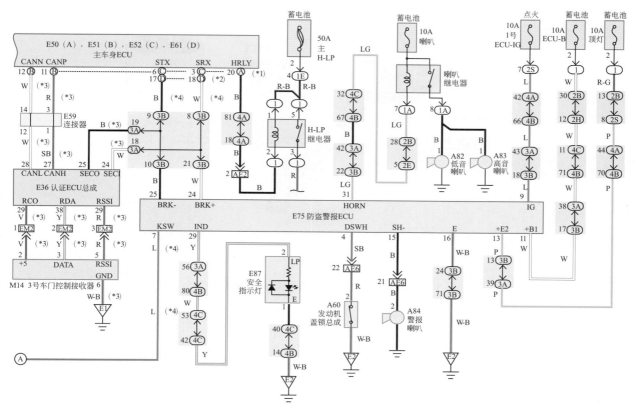

图 2-97　卡罗拉防盗系统电路图

防盗警报ECU的15端外接警报喇叭，当防盗系统由警戒状态切换为警报鸣响状态时，防盗警报ECU可以控制警报喇叭。

防盗警报ECU的29端外接安全指示灯，安全指示灯告知驾驶员防盗系统的状态，当防盗警报ECU的29端输出高电平信号时，安全指示灯会亮起。即使在防盗系统处于解除警戒状态时，因为停机系统输出了一个信号，安全指示灯仍会闪烁。在警戒状态下，由于从停机系统收到一个连续的信号，安全指示灯会连续闪烁。只有在警戒准备状态和警报鸣响状态下，防盗警报ECU才会使安全指示灯亮起或闪烁。

（2）大众/奥迪汽车防盗电路识读　大众/奥迪防盗控制单元通常都集成在组合仪表内或舒适系统控制单元内，下面以一汽大众迈腾B7L轿车为例讲解汽车防盗电路识读方法。一汽大众迈腾B7L的防盗系统属于第四代防盗器，防盗控制单元集成在舒适系统控制单元内，防盗系统组成如图2-98所示，防盗系统电路如图2-99所示。

① 解锁过程　钥匙插入电子点火开关D9（内部集成有进入和启动授权开关），D9内部的工作触点由T16f/15端切换到T16f/16端。电源由保险丝SC16→D9的T16f/16端→转向柱控制单元J527的T16o/7端，J527识别到T16o/7端来电，激活CAN总线。

舒适系统中央控制单元J393激活后，通过串行数据线与转向柱锁止控制单元J764进行通信，同时J764读取钥匙信息，并通过串行数据线回传钥匙信息。J393与J764的T10k/2端通过串行数据线交换数据，J764的T10k/4和T10k/5端与电子点火开关的T16f/9和T16f/1端交换数据，读取钥匙信息。

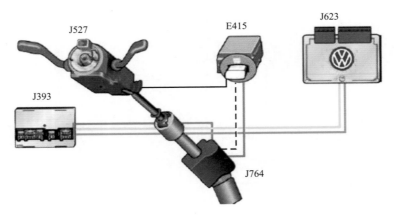

J393— 舒适系统中央控制单元　　　J527—转向柱电子装置控制单元
E415—进入和启动授权开关　　　　J623—发动机控制单元
　　　　　　　　　　　　　　　　J764—转向柱锁止控制单元

图 2-98　一汽大众迈腾 B7L 防盗系统的组成

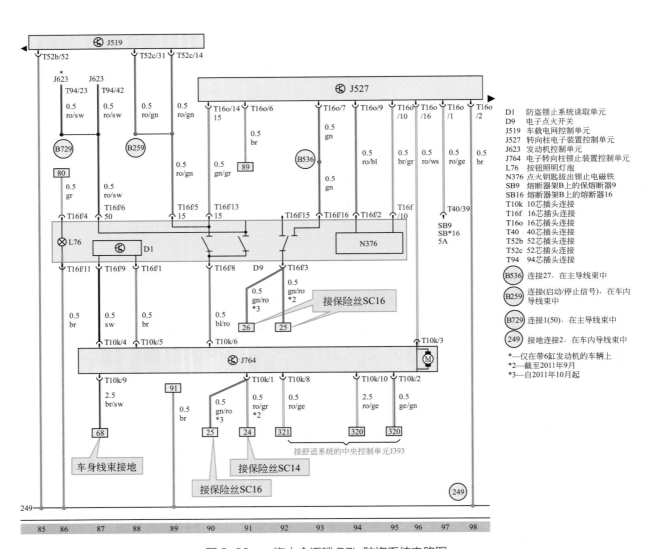

图 2-99　一汽大众迈腾 B7L 防盗系统电路图

J393读取的钥匙信息通过CAN总线由J533（数据总线诊断接口）和J623确认无误后，J393提供给J764的T10k/10端一个解锁信号，J764解锁的同时通过J764的T10k/6端为D9的T16f/8端提供15号和50号电源。

D9通过T16f/5端为J519的T52c/14和T52c/31端提供15号电源；D9通过T16f/6端提供50号电源到J623的T94/23端（或T94/42端），供发动机启动；D9还通过T16f/13端为J527的T16f/14端提供15号电源。

② 锁止过程　关闭钥匙开关，D9内部的工作触点由T16f/16端切换到T16f/15端。J527识别T16o/7端断电，J527的T16o/16端为J764的T10k/3端提供锁止激活信号。同时接舒适系统的中央控制单元J393为J764的T10k/8端提供一个附加锁止信号。

J393通过CAN总线收集车速和发动机转速等相关信息，如果达到规定，通过串行数据线J393与J764的T10k/2端交换最终锁止命令。但是，即使总线不通信，只要车速不为零时，ABS控制单元也会通过J393的唤醒总线传递车速信号，防止转向柱锁死。

第九节　安全气囊系统（SRS）

一、安全气囊系统的组成及工作原理

1.安全气囊系统的组成

汽车安全气囊系统是"辅助约束系统"的一部分，主要是为了防止汽车碰撞时车内乘员和车内部件间发生碰撞而造成伤害，它通常是辅助安全带的一种被动安全防护装置。

安全气囊系统由各种传感器、安全气囊电控单元、气囊组件等组成。

（1）传感器　用于检测、判断汽车发生事故后的撞击信号，以便及时启动安全气囊。传感器按功能分为碰撞传感器和安全传感器两种。

① 碰撞传感器　负责检测碰撞的强度，并将信号输入给安全气囊ECU。如果汽车以40km/h的车速撞到一辆正在停放的同样大小的汽车上，或者以不低于22km/h的车速迎面撞到一个不可变形的固定障碍物上，碰撞传感器便会动作，接通接地回路。

② 安全传感器　也称为触发传感器，其闭合的减速度要稍小一些，起保险作用，防止安全气囊在非碰撞的情况下发生误引爆。

（2）安全气囊电控单元　是安全气囊系统的控制中心，其功用是接收传感器输入信号，判断是否点火引爆气囊组件而使气囊充气，并对系统故障进行自诊断。

安全气囊电控单元由内部碰撞传感器（包括中央气囊传感器和安全传感器）、CPU诊断电路、点火控制和驱动电路、后备电源、记忆电路和安全电路等组成。

（3）气囊组件　由SRS气囊、点火器和气体发生器等组成，驾驶席与乘员席气囊组件一般都用同一个SRS电控ECU控制。驾驶席气囊组件安装在转向盘的中央，前排乘员席气囊组件安装在副驾驶员座椅前方的仪表台下。

2.安全气囊系统（SRS）的工作原理

安全气囊的工作原理如图2-100所示。当汽车遭受前方一定角度范围内的碰撞时，安装在汽车前部和安全气囊电控单元内部的碰撞传感器都会检测到汽车突然减速的信号，并将信号输入安全气囊电控单元，以便判断是否发生碰撞。当汽车遭受碰撞且减速度达到设定值时，安全气囊电控单元发出控制指令将气囊组件中的点火器电路接通，点火器引爆使点火剂受热爆炸。点火剂引爆时，迅速产生大量热量，使充气剂受热分解并释放出大量气体充入气囊，气囊便冲开气囊组件上的装饰盖板鼓向驾驶员和乘员，使驾驶员和乘员面部和胸部压靠在充满气体的气囊上，缓冲对驾驶员和乘员的冲击，随后又将气囊中的气体放出，从而减少碰撞对驾驶员和乘员身体的伤害。

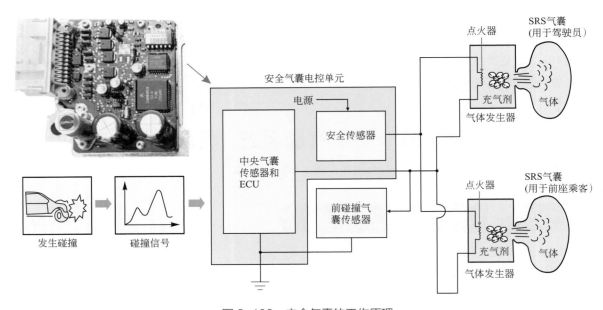

图 2-100　安全气囊的工作原理

二、安全气囊系统电路识读与故障检修

1.安全气囊系统（SRS）电路识读

在识读安全气囊系统（SRS）电路时，可围绕安全气囊单元为中心进行分析。下面以比亚迪F3轿车安全气囊电路为例进行讲解。

比亚迪F3安全气囊电路如图2-101所示。SRS（安全气囊系统）包含驾驶员转向盘气囊组件、安全气囊控制模块（SRS ECU）、转向柱游丝、线束、SRS故障警报灯。

当点火开关位于ON或ST挡时，蓄电池电压经过保险丝盒内保险丝供给SRS控制模块的25端（PW端）。

SRS ECU的10、11端经时钟弹簧后再与驾驶员侧安全气囊相接；而前排乘客侧安全气囊直接接安全气囊模块的13、14端；SRS ECU的23端外接仪表盘内的SRS警告灯，当点火开关置于ON时，仪表盘内的SRS警告灯以1Hz的频率闪烁5s后熄灭，如果SRS警告灯不闪烁5s，或一直亮，说明SRS系统工作不良。

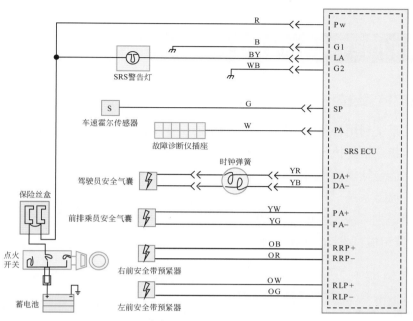

（a）安全气囊电路

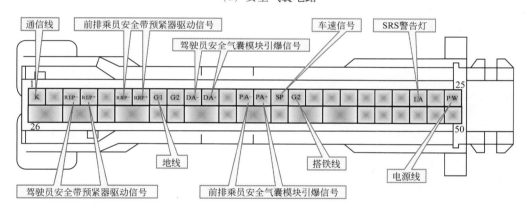

（b）安全气囊ECU端子说明

图2-101　比亚迪F3轿车安全气囊电路图

2.安全气囊系统故障检修

安全气囊系统具有自诊断功能，下面以比亚迪F3安全气囊系统为例进行讲解。比亚迪F3基本诊断程序如下。

将点火开关转至ACC或ON位，检查SRS警告灯是否点亮。如果警告灯高亮5s左右，然后熄灭并持续5s以上，则系统正常。如果警告灯保持高亮而不熄灭，表明安全气囊ECU已经探测到一种或多种故障，应读取故障代码并排除故障。如果在点火开关接通5s后，SRS警告灯有时点亮，甚至在点火置于LOCK位后，SRS警告灯又点亮，表明SRS警告灯电路可能存在短路。

第十节　发动机电控系统

一、发动机电控系统的组成及工作原理

1.发动机电控系统简述

发动机电控系统利用各种传感器检测发动机的工作状态和参数，通过电子控制单元进行判断、计算、修正后发出指令给各执行器完成各种动作，使发动机在各种工作状况下都能以最佳状态工作。电控系统的主要功能包括燃油喷射控制、点火系统控制、怠速控制、尾气排放控制、进气控制、增压控制、失效保护、后备系统、自诊断与报警等功能。

汽车发动机电控系统是由电控单元（即 ECU，俗称电脑）、信号输入装置（包括各种传感器及开关信号）、执行器组成。发动机电控系统原理框图如图2-102所示。

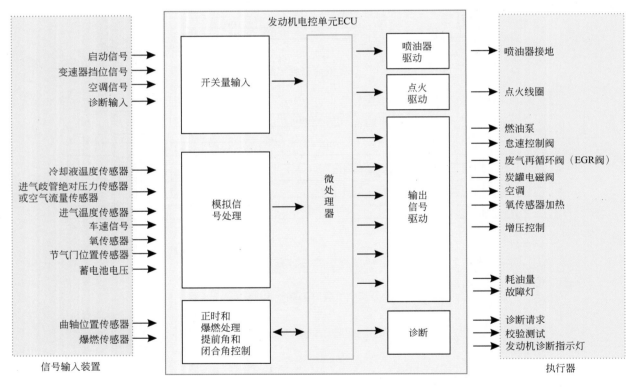

图 2-102　发动机电控系统原理框图

2.传感器部件

发动机电控系统主要是通过传感器或开关将各种控制信号输入ECU的。发动机控制系统使用的传感器主要有空气流量传感器（或进气歧管绝对压力传感器）、进气温度传感器、节气门位置传感器、冷却液温度传感器、发动机转速传感器（也称曲轴位置传感器）、相位传感器（也称凸轮轴位置传感器或霍尔传感器）、爆燃传感器、车速传感器、氧传感器等。

（1）空气流量计（MAF）　在L型电子燃油喷射系统中，由空气流量计（图2-103）测量发动机

吸入空气量，并将信号输入ECU，作为燃油喷射和点火控制的主控制信号。常用的空气流量计有翼片式、热线式和卡门涡旋式。

图2-103　空气流量计实物

热线式空气流量计主要由防护网、取样管、铂热线、温度补偿电阻和控制电路等组成。根据铂热线在壳体内安装部位的不同，可分为主流测量方式和旁通道测量方式。图2-104所示为主流测量方式的热线式空气流量计，铂热线和温度补偿电阻安装在主进气道中，控制电路板安装在流量计下方。

热线式空气流量计的工作原理如图2-105所示。当空气流经铂热线时，铂热线温度就会降低，铂热线的电阻减小，使电桥失去平衡，若要保持电桥平衡，就必须增加流经铂热线的电流，以恢复其温度和阻值，测量电阻两端的电压也相应增加。流经铂热线的空气量（质量流量）不同，铂热线的温度变化量不同，其电阻变化量也就不同，为保持电桥平衡，需增加流经铂热线的电流，从而使测量电阻两端的电压也相应变化，将这种因空气流量变化而引起的流过铂热线的电流的变化，转化成测量电阻两端的电压输入给电控单元ECU，即测得进气量。

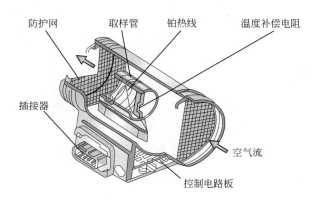

图2-104　热线式空气流量计结构

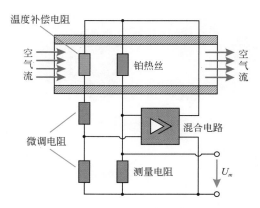

图2-105　热线式空气流量计工作原理

（2）进气歧管绝对压力传感器（MAP）　进气歧管绝对压力传感器也称进气压力传感器（图2-106），在D型电子燃油喷射系统中，由进气歧管绝对压力传感器测量进气歧管压力（真空度），并将信号输入ECU，作为燃油喷射和点火控制的主控制信号。常用的进气歧管绝对压力传感器有半导体压敏电阻式和电容式两种。

（a）适用于一汽大众捷达　　（b）适用于别克车系　　（c）适用于本田车系

图2-106　进气歧管绝对压力传感器实物

压敏电阻式进气歧管绝对压力传感器的结构与工作原理如图2-107所示，主要由绝对真空室、硅膜片（四个应变电阻）和集成电路组成。硅膜片的一侧是真空室，而另一侧承受进气歧管内的压力，在此压力作用下使硅膜片产生变形。由于真空室的压力是固定的，进气歧管绝对压力变化时，硅膜片也发生应变，其应变与压力成正比，附着在硅膜片上的应变电阻的阻值与压力成正比变化，导致硅膜片所处的电桥电路输出电压发生变化，电桥电路输出的电压（很小）经集成电路放大后输送给ECU。

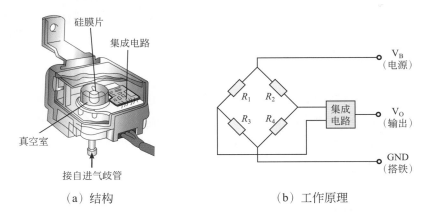

（a）结构　　　　　　　　　　（b）工作原理

图2-107　压敏电阻式进气歧管绝对压力传感器

图2-108　节气门位置传感器

（3）节气门位置传感器（TPS）　节气门位置传感器检测节气门的开度及开度变化，如怠速（全关）、全开及节气门开、闭的速率信号，此信号输入ECU，用于控制燃油喷射及其他辅助控制（如EGR、开闭环控制等）。节气门位置传感器安装在节气门体上（图2-108），由节气门轴驱动，可分为线性式、触点式等。

① 线性式节气门位置传感器　此类型的节气门位置传感器是一个由节气门轴驱动的电位计，节气门开度的输出电压与节气门开度之间为线性关系，传感器结构及原理如图2-109所示。传感器有两个与节气门联动的可动触点，一个在电阻体上滑动，当节气门开度变化时，测得的输出电压也成线性变化，根据电压值，可知节气门开度；另一个触点在节气门全关闭时与怠速触点接触，给ECU提供怠速信号，ECU据此判断发动机处于怠速状态。

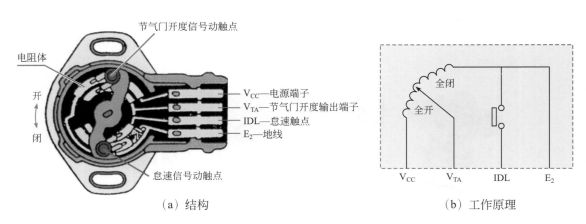

（a）结构　　　　　　　　　　（b）工作原理

图2-109　线性式节气门位置传感器

② 触点式节气门位置传感器　触点式节气门位置传感器由一个活动触点和两个固定触点构成，结构如图2-110所示。

当节气门处于全关闭状态时，活动触点与怠速触点接触，ECU根据此信号判定发动机处于怠速状态，从而对混合气进行调整；而在节气门接近全开时，活动触点与全开触点（PSW）闭合；节气门开度在中间位置时，滑动触点与两个固定触点均断开。ECU根据触点的闭合情况确定发动机处于怠速、中等负荷或全负荷工况。

（4）凸轮轴位置传感器（CMPS）和曲轴位置传感器（CKPS）　凸轮轴位置传感器是一个气缸判别定位装置，它向ECU提供第一缸压缩上止点信号，是点火控制的主控制信号。曲轴位置传感器也称为转速传感器，用来检测曲轴转角位移，给ECU提供发动机转速信号和曲轴转角信号，作为燃油喷射控制和点火控制的主控制信号。凸轮轴位置传感器和曲轴位置传感器的结构和工作原理基本相同，一般安装在与曲轴有精确传动关系的位置处，如曲轴、凸轮轴或飞轮处。凸轮轴位置传感器和曲轴位置传感器实物如图2-111所示。

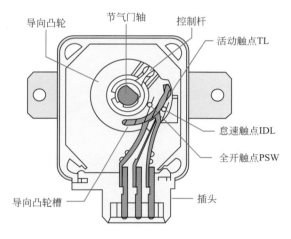

图2-110　触点式节气门位置传感器

（a）凸轮轴位置传感器

（b）曲轴位置传感器

图2-111　凸轮轴位置传感器和曲轴位置传感器

（5）进气温度传感器（IATS）　装在进气总管或空气流量计上，检测进入进气歧管的空气温度，向ECU输入进气温度信号，作为燃油喷射和点火正时的修正信号。进气温度传感器如图2-112所示，传感器壳体内装有一个热敏电阻，进气温度变化时，热敏电阻的阻值发生变化。

目前，一些进气温度传感器常和进气压力传感器做在一起，称进气压力/温度传感器。图2-113所示为大众汽车进气压力/温度传感器。

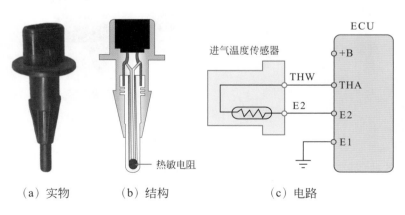

（a）实物　　　（b）结构　　　　　（c）电路

图2-112　进气温度传感器

图2-113　大众汽车进气
压力/温度传感器

（6）冷却液温度传感器（ECTS） 冷却液温度传感器检测发动机冷却液温度信号，并输入到发动机ECU，作为燃油喷射和点火正时控制的修正信号，同时也是其他控制系统（如EGR等）的控制信号。

冷却液温度传感器一般安装在气缸体水道上或冷却水出口处。冷却液温度传感器的实物、结构和电路如图2-114所示，其工作原理与进气温度传感器相同。同一车型装用的冷却液温度传感器与进气温度传感器特性一般完全相同。

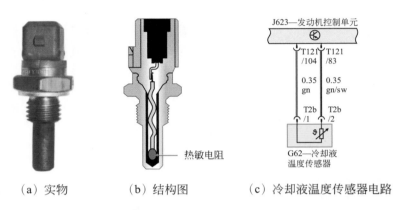

（a）实物　　　　　（b）结构图　　　　（c）冷却液温度传感器电路

图2-114　冷却液温度传感器

（7）爆燃传感器　如图2-115所示，安装在缸体侧面，感知发动机爆燃情况，将信号反馈给ECU，经ECU处理后，控制点火提前角，抑制爆燃产生。

（8）氧传感器　如图2-116所示，安装在发动机排气管上，用来检测尾气中氧的浓度，并将信息反馈给控制单元，调整喷油量，从而实现发动机的闭环控制，改善发动机的燃烧情况，减少有害气体的排放。氧传感器加热电阻与氧传感器为一个整体，因为氧传感器要在300℃以上工作性能才能良好，所以在刚着车时就会通过电阻加热尽快让氧传感器工作良好。

（9）车速传感器　如图2-117所示，检测车速，向ECU输入车速信号，控制发动机转速，实现超速断油控制。在发动机和自动变速器共同控制时，也是自动变速器的主控制信号。

图2-115　爆燃传感器　　　　图2-116　氧传感器　　　　图2-117　车速传感器

3. 控制单元（ECU）

控制单元（ECU）采集、处理各种传感器输入信号，根据发动机工作要求进行控制决策的运算，并输出相应的控制信号。通过总插头与电源、各种传感器和执行器连接在一起。控制单元主要由输入回路、中央处理器（CPU）、存储器、A/D转换器（模／数转换器）、输出回路等组成，图2-118所示为捷达发动机控制单元（Simos3.3）实物。

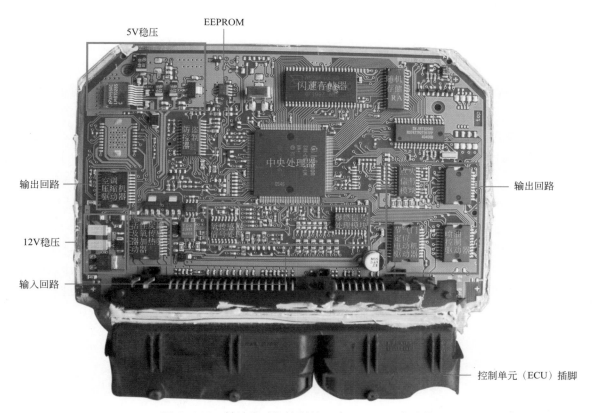

图 2-118 捷达发动机控制单元（Simos3.3）实物

4.执行器

执行器主要包括喷油器、点火线圈、怠速控制阀以及各种电磁阀等。执行器受ECU控制，是具体执行某项控制功能的装置。一般是由ECU控制执行器电磁线圈的搭铁回路，也有的是由ECU控制的某些电子控制电路，如电子点火控制器等。

（1）喷油器 作用是按照电控单元的指令将一定数量的汽油以雾状喷入进气道或进气管内。喷油器可分为轴针式和孔式两种。喷油器主要由滤网、电气插头、电磁线圈、回位弹簧、衔铁和针阀等组成，针阀与衔铁制成一体，如图2-119所示。

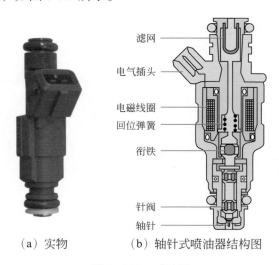

（a）实物　　　（b）轴针式喷油器结构图

图 2-119 喷油器

工作原理：喷油器不喷油时，回位弹簧通过衔铁使针阀紧压在阀座上，防止滴油。当电磁线圈通电时，产生电磁吸力，将衔铁吸起并带动针阀离开阀座，同时回位弹簧被压缩，燃油经过针阀并由轴针与喷口的环隙或喷孔中喷出。当电磁线圈断电时，电磁吸力消失，回位弹簧迅速使针阀关闭，喷油器停止喷油。在喷油器的结构和喷油压力一定时，喷油器的喷油量取决于针阀的开启时间，即电磁线圈的通电时间。

（2）怠速控制阀　装在节气门旁通空气孔上，其作用是自动控制发动机怠速。当发动机的工作参数偏离正常值时，便使用该阀来调整怠速转速，怠速转速的调整是通过控制旁通节气门体的空气量来实现的。

步进电动机式怠速控制阀是应用最多的一种怠速控制装置。它主要由转子、定子线圈、进给丝杆及阀芯等部分组成，如图2-120所示。发动机启动后，怠速控制阀开启一段时间进气量增加，使发动机怠速转速提高。当发动机冷却液温度较低时，怠速控制阀开启，以获得适当的快怠速。发动机ECU根据不同的冷却液温度，通过改变传到怠速控制阀的信号强度来控制怠速控制阀阀芯的位置，即发动机ECU输出步进信号进行转换控制，使转子既可以正转，也可以反转，从而使进给丝杆（阀芯）进行伸缩运动以达到调节旁通空气道流通截面的目的，从而控制发动机怠速工况下的进气量。

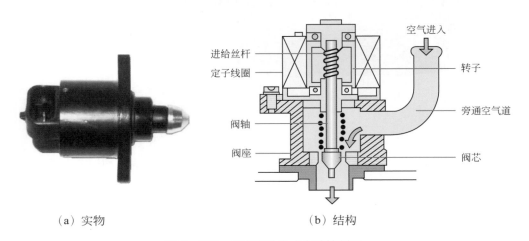

（a）实物　　　　　　　　　　（b）结构

图2-120　步进电动机式怠速控制阀

二、发动机电控系统电路图的识读

发动机电控系统电路错综复杂，但是有规律可循。识读电路图前首先要了解各品牌车型电路的特点，了解电路结构和组成。通常发动机电控系统按功能来分可分为燃油喷射系统、点火系统、启动系统、进气控制系统、燃油蒸发排放系统等几个子系统。各子系统又都受发动机电控单元的控制。各子系统里的电路又可根据元器件的功能不同分为电源电路、信号输入电路和执行器电路三部分。

对于电源电路，看电源的来龙去脉非常关键。查看电源就是要看清楚蓄电池的电源都供给了哪些元件，汽车电控系统的电源是常电源还是条件电源。对于信号输入（主要是传感器）电路，经常共用电源线、接地线，但绝不会共用信号线。对于执行器电路，存在共用电源线、接地线和控制线的情况，但控制信号一般都是从电控单元输出。

下面以大众发动机电控系统电路为例介绍其电路识读方法。

1. 大众汽车发动机电控系统介绍

一汽大众/上汽大众发动机电控系统基本上采用博世Motronic系列或西门子威迪欧 Siemens系列。一汽大众/上汽大众车型与发动机型号对照如表2-1所示。

表2-1　一汽大众/上汽大众车型与发动机型号对照表

车　型	发动机型号
捷达/捷达NF	ANL、ATK、AHP、BJG、BJT、AQM（柴油机）、CKAA（捷达NF）、CPDA（捷达NF）
宝来/新宝来	AWB、AGN、AUM、ATD（柴油机）、BAF、BJH、BTH、BWH、BWG、CEN、CFBA
速腾/新速腾	BWH、BJZ、BYJ、CFBA、CLRA、CEAA、BPL
迈腾	BYJ、CBL、BJZ、CFBA、CEAA、CGMA、CNGA
高尔夫	AWB、AGN、BAF、AUM、BTH、BJH、CFBA、CDFA、CGMA
桑塔纳/全新桑塔纳	AFE、AJR、AYF、BTL、BSA、BKT、CKAA（全新桑塔纳）、CPDA（全新桑塔纳）
朗逸/新朗逸	CDE、CEN、CFBA、CPJA、CSRA
朗行	CSRA
帕萨特	ANQ、BFF、BNL、AWL、BGC、BBG、CEAA、CGMA
途观	CEAA、CGMA
波罗	BCC、BCD、BMH、BMG、CDD、CDE、CLP、CLS

2. 大众汽车发动机电控系统电路图识读示例

下面以上汽大众新朗逸1.6L CPJA发动机控制系统电路图为例进行讲解。该发动机电控系统采用博世Motronic ME7.5.20，发动机控制系统原理框图如图2-121所示。

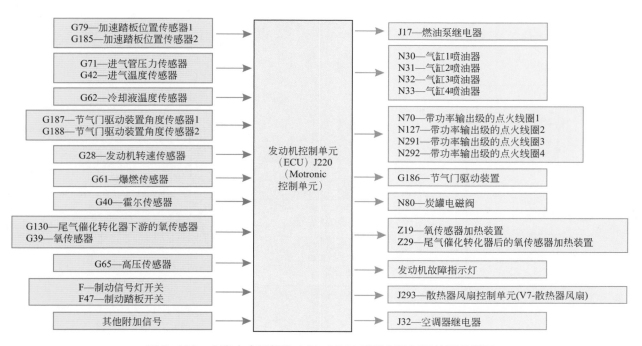

图2-121　上汽大众新朗逸1.6L CPJA发动机控制系统原理框图

（1）发动机电控系统供电电路的识读　发动机电控系统供电电路如图2-122（a）所示，经过蓄电池的常电源→内部连接线A1后分三路：第一路经40A保险丝SA6→电路编号为228的电路（此电路为散热风扇控制单元J293供电）；第二路经30A保险丝SB1后分别供电给主继电器J271的2/30、6/85端，当发动机控制单元J220的T80/9端输出搭铁控制信号时，J271的2/30与8/87端导通，常电源经电路编号为66的电路分别供电给各个相关电路；第三路经5A保险丝SB20→电路编号为90的电路（此电路供电给发动机控制单元J220的T80/15端）。

经点火启动开关D后的电压分四路供电，如图2-122（b）所示：第一路经5A保险丝SC11→电路编号为320的电路（此电路供电给诊断接口U31的T16b/1端）；第二路经5A保险丝SC21→电路编号为249的电路（此电路供电给仪表板中的控制单元J285的T32/13端）；第三路经5A保险丝SC22后又分三路，一路到离合器踏板开关F36的T4c/2端，另一路到电路编号为235的电路（此电路供电给燃油泵继电器J17的3/86端），最后一路到电路编号为79的电路（此电路供电给Motronic控制单元J220的T80/4端）；第四路经10A保险丝SC23→电路编号为204的电路（此电路供电给制动信号灯开关F的T4ao/4端）。

来自主继电器J271的8/87端的电压分五路，如图2-122(c)所示，编号为34的电路与图2-122(a)中编号为66的电路是同一条导线：第一路经15A保险丝SC43→电路编号为188的电路（此电路为氧传感器加热装置、尾气催化转化器后的氧传感器1加热装置供电）；第二路经5A保险丝SC44→电路编号为226的电路（此电路为散热风扇控制单元J293供电）和编号为74的电路（此电路为GRA设置按钮和定速巡航装置开关E45供电）；第三路经10A保险丝SC53→电路编号为180的电路（此电路为喷油器供电）；第四路到电路编号为88的电路（此电路供电给Motronic控制单元J220的T80/27端）；第五路经15A保险丝SC54→电路编号为118的电路（此电路为点火线圈供电）。

发动机控制单元J220的T80/4端是15号电源供电，接SC22保险丝。T80/2端和T80/28端为发动机控制单元接地，如图2-122（d）所示。发动机控制单元J220的T80/24端是定速巡航装置开关信号输入端。

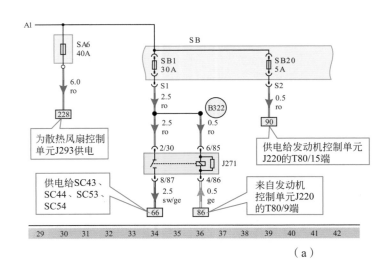

J271—主继电器
SB—保险丝座B
SB1—保险丝架B上的保险丝1
SB20—保险丝架B上的保险丝2
SA6—保险丝架A上的保险丝6

B322—正极连接8(30A)，在主导线束中

（a）

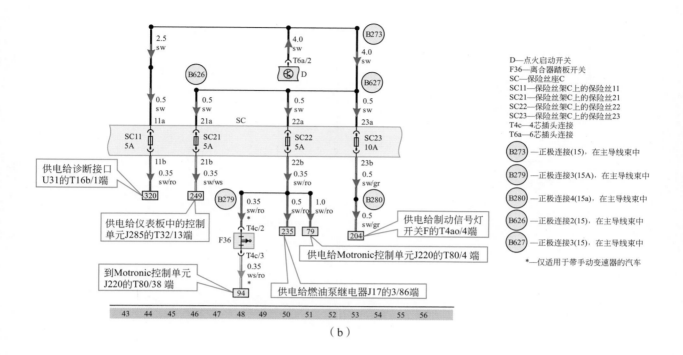

（b）

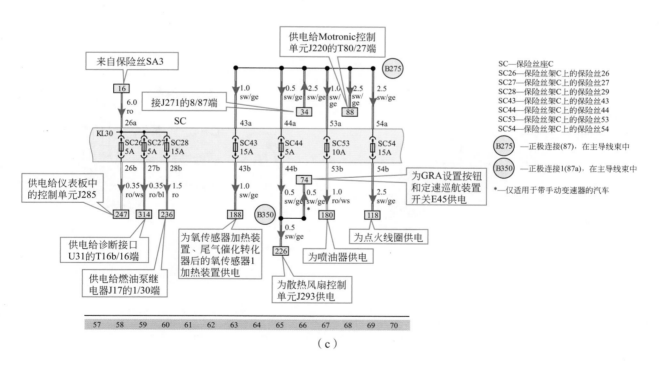

（c）

图 2-122

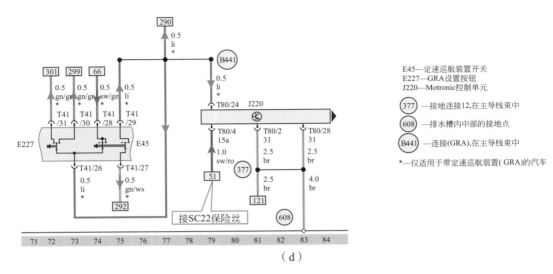

图 2-122　发动机电控系统供电电路

（2）传感器与开关电路的识读

① 节气门位置传感器电路的识读　在驾驶员操纵加速踏板时，加速踏板位置传感器采集电压信号输入发动机控制单元。发动机控制单元再获取其他工况信息以及各种传感器信号，如发动机转速、挡位、节气门位置、空调能耗等，由此计算出整车所需求的全部转矩，通过对节气门转角期望值进行补偿，得到节气门的最佳开度，并把相应的电压信号发送到驱动电路模块，节气门驱动装置 G186（即节气门驱动电动机）使节气门达到最佳的开度位置。节气门位置传感器 G187、G188 则把节气门的开度信号反馈给发动机控制单元，形成闭环的位置控制，如图 2-123 所示。

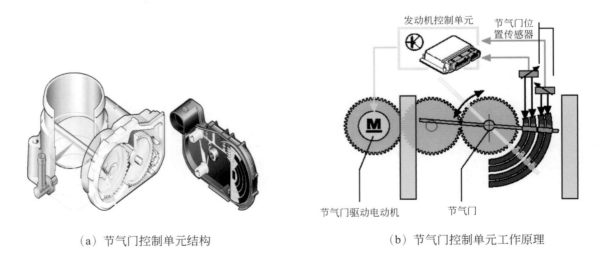

（a）节气门控制单元结构　　　　　　　（b）节气门控制单元工作原理

图 2-123　节气门控制单元及其工作原理

节气门位置传感器电路如图 2-124 所示。Motronic 控制单元 J220 的 T80/55 端输出 5V 电压信号供电给节气门控制单元 J338 的 T6ad/2 端；J338 的 T6ad/6 端为公共接地端，接 J220 的 T80/61 端；J338 的 T6ad/1 端为节气门位置传感器 1 信号输出端，接 J220 的 T80/68 端；J338 的 T6ad/4 端为节气门位置传感器 2 信号输出端，接 J220 的 T80/75 端；J338 的 T6ad/3 端、T6ad/5 端为节气门驱动装置，由 J220 的 T80/80 端和 T80/66 端输出控制信号，控制节气门驱动电动机的动作。

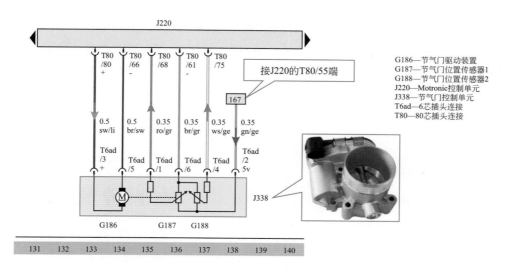

图2-124　节气门位置传感器电路

② 发动机转速传感器/进气温度传感器/进气管压力传感器电路的识读　如图2-125所示，转速传感器G28又称为曲轴位置传感器，其功用是采集曲轴转动角度和发动机转速信号，并输入电子控制单元J220，以便确定点火时刻和喷油时刻。其中G28的T3L/1端为供电端，由J220的T80/62端提供5V电压；T3L/2端、T3L/3端为转速信号输出端，分别接J220的T80/53端和T80/67端。

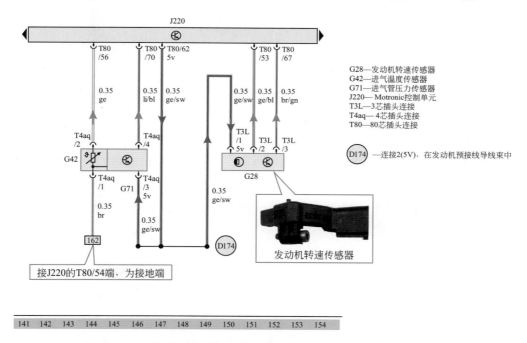

图2-125　发动机转速传感器/进气温度传感器/进气管压力传感器电路

进气管压力传感器和进气温度传感器是一体的，传感器为4线，T4aq/3端接电源，由J220的T80/62端提供5V电压；T4aq/1端为接地端，通过J220的T80/54端内部接地；T4aq/2端为进气温度信号，T4aq/4端为进气管压力信号。

③ 霍尔传感器/爆燃传感器/冷却液温度传感器电路的识读　电路如图2-126所示。G40霍尔传感器其实就是凸轮轴位置传感器，霍尔传感器的功用是采集配气凸轮轴的位置信号，并输入ECU，以

便ECU识别气缸1压缩上止点，从而进行点火时刻控制和爆燃控制。此外，霍尔传感器还用于发动机启动时识别出第一次点火时刻。因为凸轮轴位置传感器能够识别哪一个气缸活塞即将到达上止点，所以称为气缸识别传感器。霍尔传感器有三根线，为有源传感器，其中传感器G40上的T3m/1端为来自发动机控制单元J220的T80/55端5V参考电压，T3m/3端为接地端，T3m/2端为信号输出端，接J220的T80/60端。

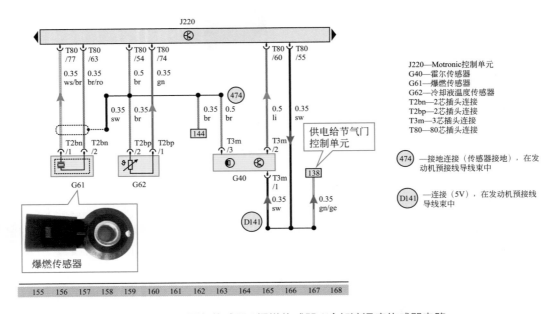

图2-126 霍尔传感器/爆燃传感器/冷却液温度传感器电路

爆燃传感器G61安装在发动机缸体上，用来检测发动机是否爆燃，从而去修正点火正时。当检测到发动机爆燃时，传感器会产生电压信号，J220接收到此信号，就会延迟点火正时。G61的T2bn/1端和T2bn/2端分别接J220的T80/77端和T80/63端。

冷却液温度传感器G62是一个负温度系数的热敏电阻，冷却液温度传感器T2bp/2端接地，T2bp/1端为信号输出端，接发动机控制单元J220的T80/74端。由于水温变化，传感器阻值也发生变化，导致电压变化使发动机ECU接收到不同的电压信号，发动机ECU就能知道冷却液的实际温度，从而去控制水温表、风扇及修正喷油量等。

④ 氧传感器电路的识读 上汽大众新朗逸有前、后两个氧传感器，分别是G39和G130。其中G39为前氧传感器，检测废气中的氧含量，发动机控制单元根据此信号对燃油喷射时间进行修正；而G130为尾气催化转化器下游的氧传感器，在三元催化器后面，它能够检测三元催化器的转化效率，如图2-127所示。

前氧传感器的T4ac/1端为传感器加热装置供电端，经保险丝SC43的电压从编号为63的电路输入到前氧传感器的T4ac/1端；T4ac/2端为传感器加热装置控制端，接J220的T80/1端；T4ac/3、T4ac/4端为前氧传感器信号输出端，分别接J220的T80/20、T80/46端。

G130的T4r/1端为传感器加热装置供电端；T4r/2端为传感器加热装置控制端，接J220的T80/13端；T4r/3、T4r/4端为尾气催化转化器后的氧传感器信号输出端，分别接J220的T80/21、T80/47端。

⑤ 加速踏板位置传感器电路的识读 驾驶员操纵加速踏板时，加速踏板位置传感器G79、G185产生相应的电压信号输入发动机控制单元，控制单元根据当前的工作模式、踏板移动量和变化率解析

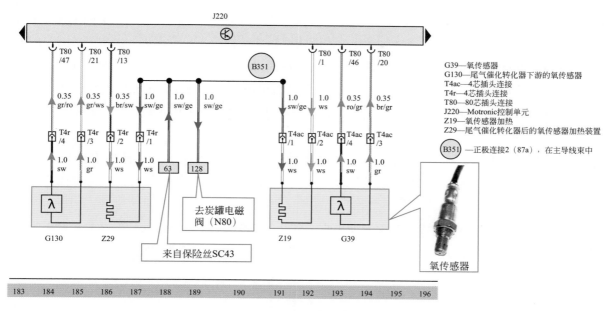

图 2-127　氧传感器

驾驶员意图，计算出对发动机转矩的基本需求，得到相应的节气门转角的基本期望值，加速踏板位置传感器内部结构如图2-128所示。一个传感器信号失真或中断，如果另一个传感器处于怠速位置，则发动机进入怠速工况；如果是负荷工况，则发动机转速上升缓慢；若两个传感器同时出现故障，则发动机高怠速（1500r/min左右）运转。

新朗逸加速踏板位置传感器电路如图2-129所示，其中传感器的T6L/1端和T6L/2端均为5V供电端；T6L/3端和T6L/5端均为接地端；T6L/4端为加速踏板位置传感器1信号输出端；T6L/6端为加速踏板位置传感器2信号输出端。

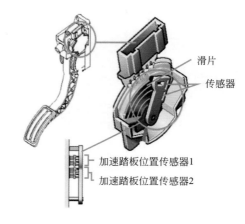

图 2-128　加速踏板位置传感器内部结构

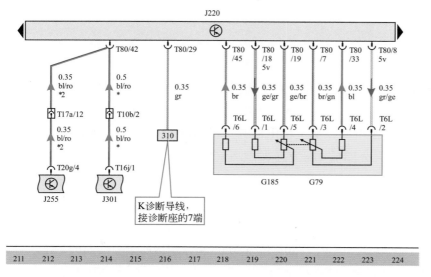

图 2-129　加速踏板位置传感器电路

⑥ 制动踏板开关与制动信号灯开关电路的识读　F和F47是一个组合开关，电路如图2-130所示。F47是制动踏板开关，这是一个常闭开关，即未踩制动踏板时，只要点火开关打开，12V的电压经编号为53的电路送入组合开关的T4ao/4端，经F47后通过T80/51端输入发动机控制单元J220；当踩下制动踏板，开关断开，电压信号消失，J220以此判断车辆在进行制动，进而对发动机转矩等进行调节，以利于制动控制。制动踏板开关信号同时也会通过编号为288的电路送入车载网络控制单元的T73b/42端。

F是制动信号灯开关，是一个常开开关，踩下制动踏板后，开关导通，此时有电压信号通过T80/23端输入发动机控制单元J220。制动信号灯开关信号同时也会通过编号为286的电路送入车载网络控制单元的T73a/43端。

在点火开关打开时，发动机控制单元如果收不到开关F47的12V电压信号，发动机控制单元认为已踩下制动踏板，信号将通过CAN总线传给仪表板中的控制单元，点亮制动灯。

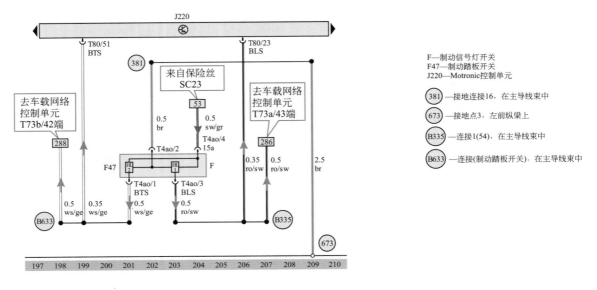

图2-130　制动踏板开关与制动信号灯开关电路

（3）执行器电路的识读

① 点火线圈电路的识读　点火线圈电路如图2-131所示。每个气缸有一个点火线圈，发动机工作时，ECU向点火器输出点火控制信号，点火器按点火顺序依次控制功率三极管导通或截止，使初级电路周期性地通断，点火线圈周期性地产生高压，高电压依次使每缸火花塞跳火。

编号为69的电路为点火线圈提供电源，从主继电器J271输出的12V电压经15A的保险丝SC54后供电给各点火线圈的3端；各点火线圈的4端为点火控制信号端，分别接发动机ECU的T80/57、T80/72、T80/71、T80/76端。

② 喷油器电路的识读　喷油器电路如图2-132所示。每个喷油器共有两个端子，编号为67的电路为来自主继电器J271的电源，从主继电器输出的12V电压经10A的保险丝SC53后分别供电给四个喷油器的1端；发动机ECU的T80/79、T80/59、T80/73、T80/65端分别接四个喷油器的2端。发动机ECU根据发动机运转状况控制每个喷油器的2端接地顺序和时间，从而控制每缸的喷油量。

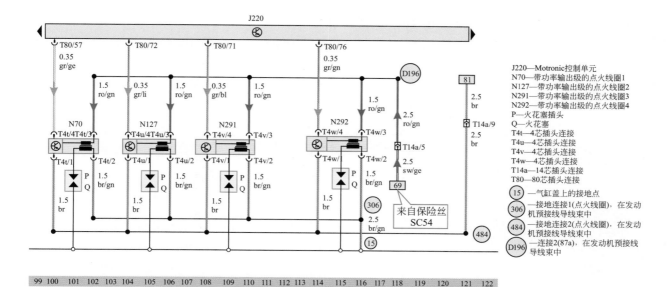

图 2-131　点火线圈电路

J220—Motronic控制单元
N70—带功率输出级的点火线圈1
N127—带功率输出级的点火线圈2
N291—带功率输出级的点火线圈3
N292—带功率输出级的点火线圈4
P—火花塞插头
Q—火花塞
T4t—4芯插头连接
T4u—4芯插头连接
T4v—4芯插头连接
T4w—4芯插头连接
T14a—14芯插头连接
T80—80芯插头连接

⑮ 一气缸盖上的接地点
306 一接地连接1(点火线圈)，在发动机预接线导线束中
484 一接地连接2(点火线圈)，在发动机预接线导线束中
D196 一连接2(87a)，在发动机预接线导线束中

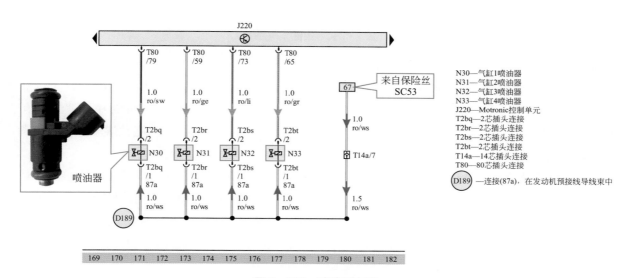

图 2-132　喷油器电路

N30—气缸1喷油器
N31—气缸2喷油器
N32—气缸3喷油器
N33—气缸4喷油器
J220—Motronic控制单元
T2bq—2芯插头连接
T2br—2芯插头连接
T2bs—2芯插头连接
T2bt—2芯插头连接
T14a—14芯插头连接
T80—80芯插头连接

D189 一连接(87a)，在发动机预接线导线束中

③ 燃油泵继电器及燃油泵电路的识读　燃油泵的作用是将燃油从油箱内吸出，供给喷油器。燃油泵继电器控制燃油泵的工作，燃油泵继电器电路如图2-133所示。只要点火开关打开，经点火开关后的12V电压→ 5A保险丝SC22→电路编号为50的电路→供电给燃油泵继电器J17的3/86端。经15A保险丝SC28→电路编号为60的电路→供电给燃油泵继电器J17的3/30端。发动机ECU的T80/26端控制燃油泵继电器的工作，当T80/26端输出搭铁信号时，J17继电器线圈得电，到达J17的3/30端的电压→J17的2/87端→

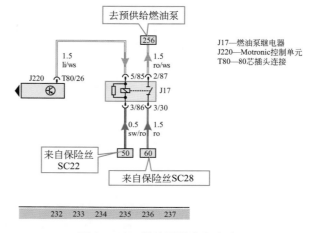

J17—燃油泵继电器
J220—Motronic控制单元
T80—80芯插头连接

图 2-133　燃油泵继电器电路

电路编号为256的电路（此电路供电给预供给燃油泵）。

燃油泵电路如图2-134所示。到达燃油泵继电器J17的2/87端的电压→电路编号为236的电路供电给预供给燃油泵G6的T5k/1端→G6→G6的T5k/5端→线束内绞接点369→右侧A柱下部接地点搭铁（即接地点43）。

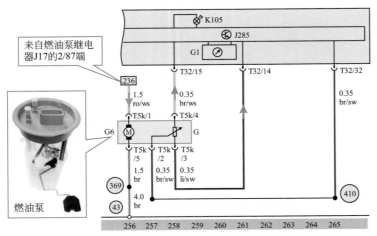

G—燃油存量传感器
G1—燃油储备显示
G6—预供给燃油泵
K105—燃油存量指示灯
J285—仪表板中的控制单元
T5k—5芯插头连接
T32—32芯插头连接
43—接地点，右侧A柱下部
369—接地连接4，在主导线束中
410—接地连接1(传感器接地)，在主导线束中

图2-134　燃油泵电路

燃油存量传感器与预供给燃油泵装在一起，用于检测油箱燃油存量，它将油量变化转变成电压信号的变化送给仪表板中的控制单元J285，J285再去控制G1显示油量。其中燃油存量传感器G的T5k/4端输出燃油存量传感器"空"信号到J285的T32/15端；G的T5k/3端输出燃油存量传感器"满"信号到J285的T32/14端。当J285检测到燃油存量低于一定值时（少于7L时），点亮仪表板上的指示灯，提醒车主加油。

④ 散热器风扇控制单元与散热器风扇电路的识读　发动机ECU接收冷却液温度信号、空调压力传感器信号，并根据冷却液温度、空调压力等，从其T80/22端输出控制信号到散热器风扇控制单元J293，J293接收到此信号，从而控制散热器风扇V7工作，如图2-135所示。蓄电池的常电源→40A保险丝SA6→电路编号为30的电路→连接器T4p/1端→供电给散热器风扇控制单元J293；从主继电器J271

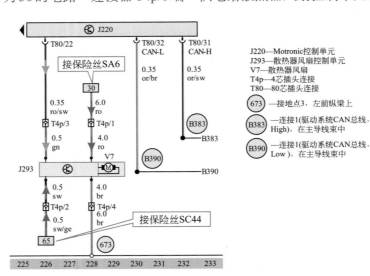

J220—Motronic控制单元
J293—散热器风扇控制单元
V7—散热器风扇
T4p—4芯插头连接
T80—80芯插头连接
673—接地点3，左前纵梁上
B383—连接1(驱动系统CAN总线，High)，在主导线束中
B390—连接1(驱动系统CAN总线，Low)，在主导线束中

图2-135　散热器风扇控制单元与散热器风扇电路

的 8/87 端电源→5A 保险丝 SC44→电路编号为 65 的电路→连接器 T4p/2 端→供电给散热器风扇控制单元 J293；J293 经连接器 T4p/4 端通过左前纵梁上接地点 3（即接地点 673）搭铁。

⑤ 空调器继电器与炭罐电磁阀电路的识读　空调器继电器与炭罐电磁阀电路如图 2-136 所示。空调器继电器 J32 的 6 端为继电器线圈接地端，由发动机 ECU 控制接地，当发动机 ECU 接收到传感器和开关的信号后，控制 T80/58 端接地，空调器继电器 J32 线圈得电，从而接通空调器电磁离合器电路。

来自主继电器 J271 的 8/87 端的电源经 15A 保险丝 SC43→电路编号为 189 的电路→炭罐电磁阀 1（N80）→发动机 ECU 的 T80/14 端。发动机 ECU 根据发动机转速、冷却液温度、空气流量等信号去控制 T80/14 端接地，从而控制电磁阀工作。

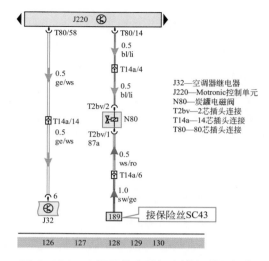

图 2-136　空调器继电器与炭罐电磁阀电路

第十一节　自动变速器电控系统

一、自动变速器电控系统的组成及工作原理

1. 自动变速器电控系统的组成

现代汽车自动变速器控制系统由电控系统和液压控制系统两部分构成。与汽车其他电控系统一样，自动变速器电控系统也是由控制单元、信号输入装置（传感器及控制开关）和执行器等部件组成的，如图 2-137 所示。

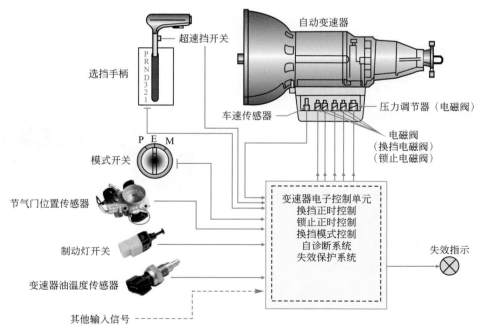

图 2-137　自动变速器电子控制系统简图

2. 自动变速器控制单元

自动变速器控制单元也称控制模块（TCM）或自动变速器控制电脑，一般用ECU或TCM表示。有些车型的自动变速器与发动机共用一个控制单元，称为一体化动力系统控制模块（PCM）。控制单元是整个控制系统的控制中心，它根据安装在发动机、自动变速器及汽车上的各种传感器，测得发动机转速、车速、节气门开度、自动变速器油温等运转参数，并通过分析运算，以及相关控制开关送来的操作指令，控制单元通过内设定的控制程序，向各个执行元件发出指令信号，以操纵阀板中各种控制阀的工作，从而实现对自动变速器的控制。

3. 信号输入装置

（1）节气门位置传感器　一般安装在节气门体上，用于检测节气门的开度，发动机控制单元根据节气门位置传感器信号来确定喷油器的喷油量，自动变速器控制单元根据此信号来控制换挡正时和锁止正时。

（2）车速传感器　也称为自动变速器输出轴转速传感器，它安装在自动变速器输出轴附近，用于检测变速器输出轴的转速，电控单元根据车速传感器的信号计算出车速，作为其换挡的依据。常用的车速传感器有磁感应式、霍尔式和光电式等。

（3）自动变速器油温度传感器　一般安装在自动变速器油底壳内的液压阀阀体上，它将温度的变化转变为电信号送入自动变速器控制单元，自动变速器控制单元根据该信号进行换挡控制、油压控制、锁止离合器控制。

（4）空挡启动开关　由换挡操纵手柄控制，它把换挡杆位置转变成电压信号输送到自动变速器控制单元。空挡启动开关内有多组开关触点（图2-138），当换挡操纵手柄处于不同位置时，开关内相应的触点闭合或断开，自动变速器ECU根据相关电路的信号控制换挡和发动机的启动。只有在N挡或P挡时发动机才能启动。

（5）制动灯开关　安装在制动踏板支架上（图2-139），用于判断制动踏板是否被踩下。当踩下制动踏板时开关接通，该制动信号输送到自动变速器控制单元，此时锁止离合器分开，切断发动机与自动变速器间的动力传递，同时制动灯亮起。这种功能可以防止突然制动时发动机熄火。

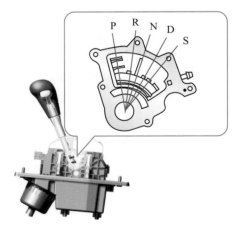

图2-138　空挡启动开关

图2-139　制动灯开关

（6）模式开关　又称程序开关，驾驶员可根据不同的情况使用模式开关来选择自动变速器的控制模式，自动变速器控制单元根据该信号和预先设定的换挡程序确定自动变速器的换挡时刻。模式开关一般安装在变速杆附近或仪表板上，常见的自动变速器控制模式有经济模式、运动模式、标准模式、手动挡模式和雪地模式等，这几种控制模式并非每一辆配备自动变速器的车辆都有。图2-140所示为雷克萨斯ES250模式开关。

图2-140　雷克萨斯 ES250 模式开关

（7）超速挡开关　位于变速器操纵手柄上（图2-141），用于控制自动变速器超速挡。当该开关接通后，自动变速器能升到最高挡；当该开关断开，仪表板上的"O/D OFF"指示灯亮起，此时，自动变速器不能进入超速挡行驶。

（8）强制降挡开关　一般安装在加速踏板下方，当加速踏板到达节气门全开位置时此开关闭合，这表示驾驶员要求较高的动力，自动变速器控制单元接到此信号后，根据不同情况，降低 1～2 个挡位。当强制降挡开关断开时，自动变速器控制单元则按选挡杆位置控制换挡。

图 2-141　超速挡开关

4. 执行器

电控自动变速器的执行器主要是指各种电磁阀，其功用是根据自动变速器ECU的指令接通或切断全部或部分液压油回路，以实现自动变速器的换挡、液力变矩器的锁止、主油路油压的调节和发动机制动等。常见的电磁阀有开关式电磁阀和脉冲式电磁阀两种。

二、自动变速器电控系统电路图的识读

识读自动变速器电控系统电路与汽车其他电控系统一样，首先应了解电路结构和组成，然后以电控单元为中心，对电控单元的各个接脚有大致的了解。找出电控单元的供电电源线和搭铁线，弄清楚各电源线的供电状态（如常火线或开关控制）。找出系统的信号输入装置，对于信号输入传感器，要弄清各传感器是否需要电源，并找出相应的电源线、信号输出线和搭铁线；找出系统的执行器，弄清电源供给和搭铁情况，电脑控制执行器的方式（控制搭铁端或控制电源端）。下面以大众自动变速器电控系统电路为例进行介绍。

一汽大众/上汽大众汽车中，使用较多的是09G 6挡自动变速器、6挡02E双离合器变速器、7挡OAM（DSG）双离合器变速器，自动变速器与车型配置如表2-2所示。

表2-2　自动变速器与车型配置表

自动变速器型号	车　型
7挡OAM（DSG）双离合器变速器	新宝来、新朗逸、新速腾、全新帕萨特、迈腾B7L、高尔夫A6、新波罗、途安等
6挡02E（DSG）双离合器变速器	迈腾B7L、全新帕萨特、高尔夫A6、CC等
09G 6挡自动变速器	朗逸、新朗逸、新速腾、高尔夫A6、全新帕萨特、新桑塔纳、捷达NF、新波罗等

　　以大众最先进的7挡OAM（DSG）双离合器变速器为例进行讲解，分析大众自动变速器电路的识读方法。7挡OAM（DSG）变速器为干式双离合器直接换挡变速器，DSG变速器系统由智能电子液压换挡控制系统、双离合器、双输入轴和双输出轴共同完成换挡过程。控制系统由一个机电控制模块和有多个独立传感器的控制阀组件组成。机电控制模块收集并处理传感器的信号数据，对离合器、输入轴、液压系统等进行控制。此外，该系统还控制了调节阀、转换阀等多种液压控制阀。图2-142所示为一汽大众新宝来7挡OAM（DSG）双离合器变速器系统结构示意图。

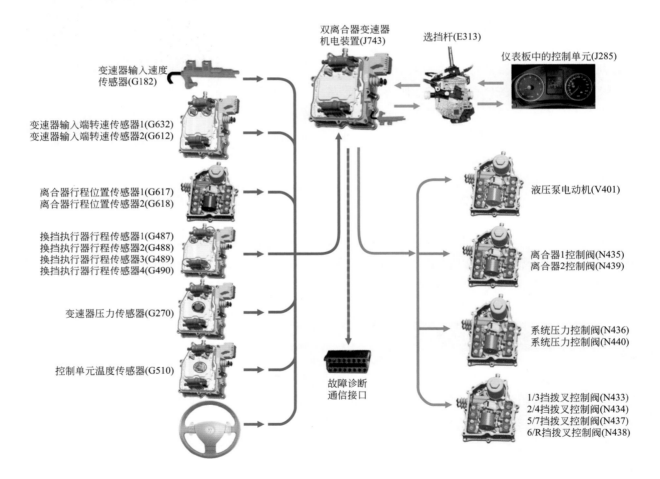

图2-142　一汽大众新宝来7挡OAM（DSG）双离合器变速器系统结构示意图

　　图2-143所示为一汽大众新宝来7挡OAM（DSG）双离合器变速器电路。

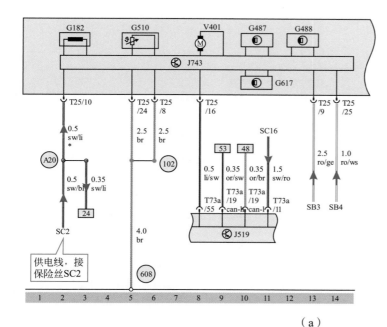

G182—变速器输入转速传感器
G487—换挡执行器行程传感器1
G488—换挡执行器行程传感器2
G510—控制单元温度传感器
G617—离合器行程传感器1
J519—车载电网控制单元
J743—双离合器变速器机电装置
SC2—保险丝架C上的保险丝2
SB3—保险丝架B上的保险丝3
SB4—保险丝架B上的保险丝4
SC16—保险丝架C上的保险丝16
T25—25芯插头连接
T73A—73芯插头连接
V401—液压泵电动机

⑩ —接地连接，在变速器导线束中

⑩ —排水槽内中部的接地点

Ⓐ —正极连接（15a），在仪表板导线束中

*—导线颜色取决于装备

（a）

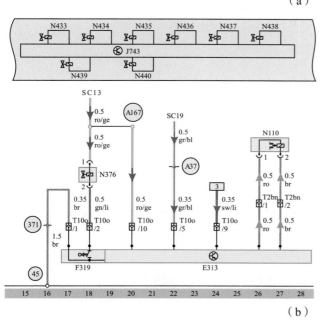

E313—选挡杆
F319—选挡杆挡位P锁止开关
J743—双离合器变速器机电装置
N110—选挡杆锁止电磁铁
N376—点火钥匙拔出锁止电磁铁
N433—1/3挡拨叉控制阀
N434—2/4挡拨叉控制阀
N435—离合器1控制阀
N436—系统压力控制阀
N437—5/7挡拨叉控制阀
N438—6/R挡拨叉控制阀
N439—离合器2控制阀
N440—系统压力控制阀
SC13—保险丝架C上的保险丝13
SC19—保险丝架C上的保险丝19
T2bn—2芯插头连接
T10o—10芯插头连接

㊻ —中部仪表板后面的接地点

㉛ —接地连接6，在主导线束中

Ⓐ —连接（58a），在仪表板导线束中

Ⓐ —正极连接3（30a），在仪表板导线束中

（b）

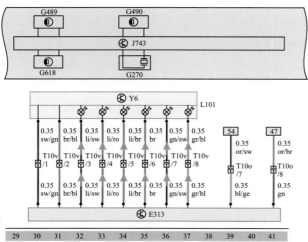

E313—选挡杆
G270—变速器液压传感器
G489—换档执行器行程传感器3
G490—换档执行器行程传感器4
G618—离合器行程传感器2
J743—双离合器变速器机电装置
L101—选挡杆挡位指示照明灯
T10o—10芯插头连接，选挡杆下方
T10v—10芯插头连接
Y6—选挡杆位置显示

（c）

图2-143

163

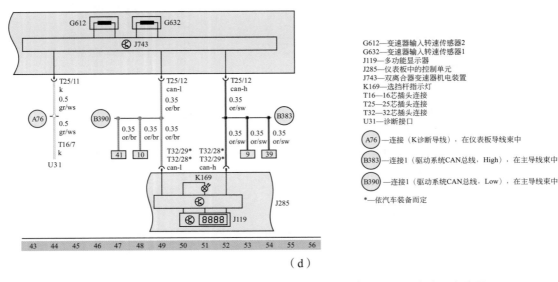

G612—变速器输入转速传感器2
G632—变速器输入转速传感器1
J119—多功能显示器
J285—仪表板中的控制单元
J743—双离合器变速器机电装置
K169—选挡杆指示灯
T16—16芯插头连接
T25—25芯插头连接
T32—32芯插头连接
U31—诊断接口

Ⓐ76—连接（K诊断导线），在仪表板导线束中

Ⓑ383—连接1（驱动系统CAN总线，High），在主导线束中

Ⓑ390—连接1（驱动系统CAN总线，Low），在主导线束中

*—依汽车装备而定

图 2-143　一汽大众新宝来 7 挡 OAM（DSG）双离合器变速器电路图

 提示

如果一个挡位调节器行程传感器失效，控制单元不能准确获知相应挡位变换机构的位置，控制单元无法识别是否有挡位在齿轮选择机构和拨叉的作用下接合，为了防止对变速器造成损坏，传感器所在变速器部分被关闭。

1.变速器电控单元电源电路

当点火开关位于"启动"或"运行"位置时，到达保险丝架C上的SC2保险丝后的点火开关电压供电给双离合器变速器机电装置J743的T25/10端，此路供电为条件电源；蓄电池电压经保险丝SB3、SB4后分别供电给J743的T25/9端和T25/25端，此两路为常电源供电。

J743的T25/24端和T25/8端为接地端，通过排水槽内中部的接地点⑥⑥搭铁。

2.P/N挡信号输出电路

J743的T25/16端为变速器P/N挡信号输出端，接车载网络控制单元J519的T73a/55端。

3.传感器

（1）变速器输入转速传感器G182　安装在变速器壳体上，是唯一在滑阀箱单元外的传感器（图2-144），它以电子方式监测与启动机啮合的齿圈，记录变速器的输入转速信号。控制单元根据变速器输入转速信号控制离合器和计算滑移率信号。如果失效，变速器会利用发动机转速信号替代。

（2）控制单元温度传感器G510　用于监控滑阀箱单元的温度。当温度达到139℃时，发动机转矩被减小。控制单元温度传感器安装位置如图2-145所示。

（3）换挡执行器行程传感器1 G487、换挡执行器行程传感器2 G488、换挡执行器行程传感器3 G489、换挡执行器行程传感器4 G490　换挡执行器行程传感器位于滑阀箱单元内，安装位置如图2-145所示，其作用是产生精确的换挡机构位置信号，用于控制换挡机构实现挡位的变换。

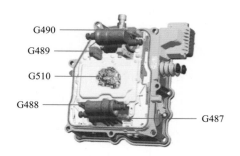

图2-144　变速器输入转速传感器G182　　　图2-145　相关的传感器安装位置

（4）离合器行程传感器1 G617与合器行程传感器2 G618　离合器行程传感器安装在滑阀箱单元的离合器触动装置上（图2-146），属于非接触式传感器。控制单元根据传感器信号来控制离合器的触动装置。

若G617损坏，变速器传输部分1被关闭，挡位1、3、5、7将无法接合；若G618损坏，变速器传输部分2被关闭，挡位2、4、6、R将无法接合。

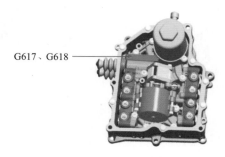

图2-146　离合器行程传感器安装位置

（5）变速器输入端转速传感器1 G632与变速器输入端转速传感器2 G612　G632与G612集成在滑阀箱单元上（图2-147），是霍尔式传感器。传感器的作用是控制离合器，计算离合器的打滑量。

如果G632失效，齿轮传动组1关闭，车辆只能在2、4、6和R挡被驱动；如果G612失效，齿轮传动组2关闭，车辆只能在1、3、5、7挡被驱动。

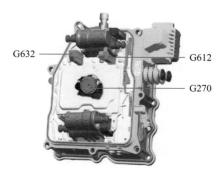

图2-147　传感器G632、G612
与G270安装位置

（6）变速器液压压力传感器G270　G270集成在滑阀箱单元的液压油路中，是膜片式压力传感器，如图2-147所示。控制单元利用G270的信号去控制液压泵的电动机V401。

如果G270信号失效，液压泵电动机持续运转；系统液压油压力由压力控制阀决定。

4.执行器

（1）液压泵电动机V401　液压泵电动机是一个炭刷直流电动机。由机械滑阀单元的电子控制单元依靠压力要求按需驱动，它通过连接器驱动液压泵。液压泵依靠齿轮泵原理工作，它吸入油液并加压。液压泵电动机如图2-148所示。如果电动机不工作，油液压力下降，离合器在压力盘弹簧的作用下将断开。

（2）控制阀　液压控制阀主要有离合器1控制阀N435、离合器2控制阀N439、系统压力控制阀N436、系统压力控制阀N440、1/3挡拨叉控制阀N433、2/4挡拨叉控制阀N434、5/7挡拨叉控制阀N437、6/R挡拨叉控制阀N438。各控制阀安装位置如图2-149所示。

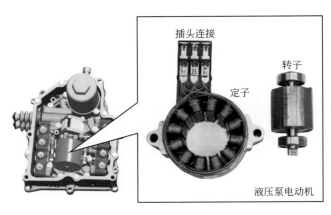

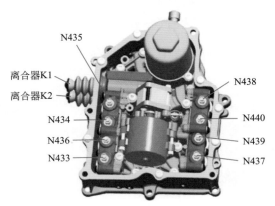

图 2-148　液压泵电动机　　　　　　　　　　图 2-149　各控制阀安装位置

离合器1控制阀N435和离合器2控制阀N439：控制通往离合器执行器液压油流量，为了触发离合器，由电控单元控制电磁阀。N435控制离合器K1；N439控制离合器K2。

系统压力控制阀N436：控制变速器相应部分的油压，控制离合器K1和换挡操纵机构1/3、5/7。

系统压力控制阀N440：控制离合器K2和换挡操纵机构2/4、6/R。

维修提示

若一个控制阀失效，则相应变速器部分被关闭，只有另外变速器部分上的指定挡位能够工作。

1/3挡拨叉控制阀N433、2/4挡拨叉控制阀N434、5/7挡拨叉控制阀N437、6/R挡拨叉控制阀N438：控制挡位选择器的油的流量。每个控制阀可使挡位选择器形成两个挡位。如果没有齿轮啮合，控制阀控制油压使挡位选择器保持在空挡位置。如果选挡杆位于P位置，点火开关关闭，1挡和R挡齿轮啮合。

（3）选挡杆锁止电磁铁N110　N110电磁线圈的通电和失电受选挡杆E313的控制，当N110电磁线圈失电时，选挡杆P挡锁止，当E313为电磁线圈供电时，完成选挡杆P位置释放。

若车辆静止，当选挡杆在N位置停留超过2s，选挡杆E313提供电流，选挡杆N位置锁止；当施加脚制动，选挡杆N位置释放。

图 2-150　点火钥匙拔出锁止电磁铁 N376

（4）点火钥匙拔出锁止电磁铁N376　新宝来配置自动变速器的车辆，点火钥匙防拔出的锁止功能是通过电磁铁N376（图2-150）来实现的。

当选挡杆处于除P挡以外位置时，F319开关接通，到达保险丝SC13的蓄电池电压→N376→E313的T10o/2端→E313内部的F319开关→E313的T10o/1端→经搭铁点㊺搭铁。此时N376有电流流过，产生的电磁力克服止动销向左运动，挡住了点火开关锁芯的回转；当选挡杆处于P挡时，F319触点断开，N376没有电流流过，点火开关锁芯可以越过止动销转动回到0位。

5.选挡杆E313

选挡杆位置传感系统和选挡杆锁止电磁铁集成在选挡杆总成上。选挡杆位置通过霍尔传感器检测，这些传感器集成在选挡杆传感系统中，选挡杆位置信号和TIP开关信号通过数据总线被传输到变速器电控单元和组合仪表板的控制单元。

基于此信号，控制单元获知选挡杆位置，执行驾驶员的换挡指令，同时控制起动机的释放。

 提示

如果控制单元监测不到选挡杆位置，所有的离合器将断开。

第十二节　ABS/ASR/ESP车辆制动控制系统

一、ABS/ASR/ESP的组成及工作原理

1.车辆制动控制系统简介

（1）ABS防抱死制动系统　也称防抱死制动装置，简称ABS。汽车在制动时，如果前轮抱死，汽车就会失去转向能力；倘若汽车的后轮先抱死，则会出现跑偏、甩尾和侧滑。ABS系统可以防止四个轮子制动时被完全抱死，提高了汽车行驶的稳定性。

近来，在ABS的基础上，还发展有ASR驱动防滑系统、ESP电子稳定控制系统、EBD电子制动力分配系统、EDL电子差速锁、EBC发动机牵引力矩调整等电子制动控制系统，目的是使汽车在各种操控及路面条件下都能得到最佳的控制和行驶稳定性。

（2）ASR驱动防滑系统　又称驱动力控制系统（简称TCS、TRC或TRAC），它是继ABS之后设置在汽车上专门用来防止汽车起步和加速过程中打滑，特别是防止汽车在非对称路面或转弯时驱动轮的空转。汽车车轮打滑有两种情况：一是汽车制动时车轮抱死滑移，二是汽车驱动时车轮滑转。ABS是防止车轮在制动时抱死而滑移，ASR则是防止驱动车轮原地不动的滑转。由于ASR是ABS系统功能的延伸和补充，因此ASR与ABS之间有许多相同之处，主要部件可以通用或共用，因此通常将ASR和ABS组合在一起。

（3）ESP电子稳定控制系统　ESP综合了ABS和ASR系统的功能，可以实时监控汽车行驶状态，在ABS及ASR的共同作用下，ESP最大限度地保证汽车不跑偏、不甩尾、不侧翻。不同的生产厂家对电子稳定控制系统的命名不同，比如大众、奔驰汽车上称其为ESP，宝马称为DSC，本田称为VSA，丰田称为VSC等。通常装备ESP的车辆，一般都同时具有ASR、EDL、ABS功能；装备ASR的车辆，一般都同时具有EDL、ABS功能。车辆制动控制系统功能比较如表2-3所示。

表2-3 几种车辆制动控制系统功能比较

系统名称	缩写（德）	缩写（英）	功能作用
防抱死制动系统	ABS	ABS	在制动中阻止车轮发生抱死，并保持良好的行驶稳定性和转向性能
驱动防滑系统	ASR	TCS	通过发动机管理系统干预及制动车轮，防止驱动轮打滑
电子稳定控制系统	ESP	ESP	通过有选择性地分缸制动及发动机管理系统干预，防止车辆滑移
电子制动力分配系统	EBV	EBD	在ABS起作用前，阻止后轴过度制动
电子差速锁	EDS	EDL	两驱动车轮在附着力不同的路面，出现单侧车轮打滑时，制动打滑的车轮
发动机牵引力矩调整	MSR	EBC	当加速踏板突然松开或者挡位施加制动时，阻止由于发动机的制动而产生的驱动轮抱死

2.ABS的组成

ABS通常由信号输入装置（车轮速度传感器、制动灯开关）、电控单元（ECU）和液压控制单元（液压泵电动机和电磁阀）、ABS警告灯等组成，如图2-151所示。

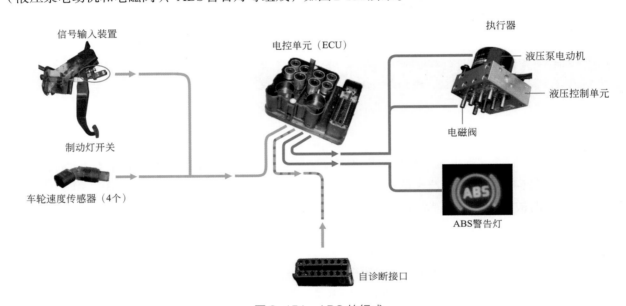

图2-151 ABS的组成

（1）车轮速度传感器 也称轮速传感器或转速传感器，在汽车的四个车轮上各装有一个，其作用是向电控单元ECU提供各个车轮的转速信号，以使ECU能准确地判断制动时车轮是否被抱死，能及时控制制动力的大小。

（2）制动灯开关 位于制动踏板下方，其作用是检测制动踏板情况，并把制动信号输送到电控单元，用于ABS系统的"舒适性控制"，并在制动过程中点亮制动尾灯。

（3）电控单元（ECU） ECU是ABS系统的控制中心，它接收四个车轮上传感器送来的轮速信号，并根据计算出的参数，通过液压控制单元调节制动过程的制动压力，达到防止车轮抱死的目的。

（4）液压控制单元 由液压泵电动机和电磁阀组成，不允许拆卸，其作用是按照电控单元（ECU）发出的控制指令，开闭防抱死制动系统的制动液通道，完成对各轮缸中制动液压力的调节。如果液压控制单元出现故障，ABS系统功能将中断，ABS警告灯点亮。

（5）ABS警告灯 位于仪表板上，正常情况下，当点火开接通，车辆自检时ABS警告灯会点亮（约几秒的时间），自检结束，警告灯熄灭，如果ABS功能失效，ABS警告灯会常亮。

3.ASR的组成

ASR通常由输入装置（传感器、ASR选择开关）、电控单元ECU、执行器组成。

ASR系统的传感器主要有轮速传感器和节气门开度传感器。轮速传感器与ABS系统共用，而节气门开度传感器则与发动机电控系统共用。ASR专用的信号输入装置是ASR选择开关，将ASR选择开关关闭，ASR系统就不起作用。

ASR执行器主要有制动压力调节器、节气门驱动装置等。其中制动压力调节器可与ABS系统共用。

电控单元（ECU）通常与ABS电控单元组合为一体，成为ABS/ASR的控制中心，它根据前、后轮速度传感器和节气门位置信号判断车辆行驶状况，如果汽车行驶正常，则不动作，如果发现控制参数不在控制范围内，则发出指令，使执行器动作。将控制指令传递给节气门执行器和ASR制动器，将控制参数控制在规定范围内。

4.ESP的组成

ESP在ABS和ASR信号输入装置的基础上，增加了ESP OFF开关、汽车转向行驶时转向盘转角传感器、侧向加速度传感器、制动液压力传感器和横摆角速度传感器等。典型的ESP的组成结构如图2-152所示。

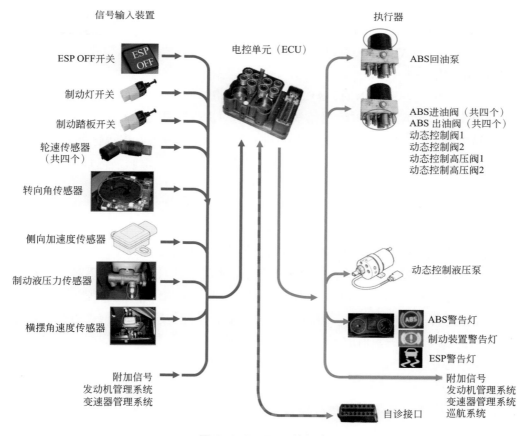

图2-152 ESP的组成

（1）ESP OFF 开关　可以通过 ESP OFF 开关手动关断 ESP 功能。行车时 ESP 是默认在开启状态，如果按 ESP OFF 开关，仪表上的 ESP 警告灯会点亮，并且长亮，此时表示关闭了 ESP。

（2）转向盘转角传感器　位于转向盘下方，向控制单元传送转向盘转动角度信号，如果无该传感器信号，车辆无法确定行驶方向，导致 ESP 不起作用。

（3）侧向加速度传感器　确定车辆是否受到使车辆发生滑移作用的侧向力，以及侧向力的大小。

（4）制动液压力传感器　装在 ESP 液压控制装置内部，用来检测驾驶员进行制动操作时制动液压力的变化。该传感器失效将会引起 ESP 功能不起作用。

（5）横摆角速度传感器　检测汽车绕垂直轴线旋转的角速度，确定车辆是否沿垂直轴线发生转动，并提供转动速率。如果此传感器失效，控制单元将不能识别车辆是否发生转向，ESP 功能失效。

二、ABS/ASR/ESP 电路图的识读

与汽车其他电控系统一样，识读 ABS/ASR/ESP 系统电路时，一定要找出哪些元件属于信号输入装置（传感器及相关开关的检测信号）。然后再找出执行器元件及其去向。最后根据电控单元 ECU 的工作情况将上述两部分联系起来分析，就可基本上读懂 ABS/ASR/ESP 系统电路。ABS/ASR/ESP 系统电路图上的执行器元件多指液压单元，而液压单元控制的是车轮制动器。下面以丰田卡罗拉轿车电路为例，讲解 ABS/ASR/ESP 电路图的识读方法。在丰田汽车上把 ASR 称为 TRAC、把 ESP 称为 VSC。

1. 丰田卡罗拉 ABS 电路的识读

图 2-153 所示为卡罗拉 ABS（不带 VSC）系统电路。该项电路主要由电源电路、轮速传感器电路、带执行器的 ABS ECU 以及 ABS 警告灯电路组成，当 ABS ECU 接收到车轮抱死信号时，接通电磁阀控制电路，控制制动轮缸的压力。

（1）供电电路　当点火开关 ON 时，ABS 系统供电电路如下。

① 蓄电池电源通过 50A ABS NO.1 易熔线供电给制动执行器总成 A66 的 24 端；蓄电池电源通过 30A ABS NO.3 易熔线供电给制动执行器总成 A66 的 12 端。以上两路为常电源供电。

② 经点火开关后的电压经 10A ECU-IG NO.1 点火易熔线，供电给制动执行器总成 A66 的 34 端，这一路为点火电压。

③ 制动执行器总成 A66 的 1 端和 13 端为接地端。

（2）信号输入电路

① 制动执行器总成 A66 的 4 端、5 端接左后轮速传感器；16 端、17 端接右后轮速传感器；18 端、19 端接左前轮速传感器；6 端、7 端接右前轮速传感器。车轮转动时，速度传感器产生随着车轮转速提高的电压信号。当转速信号不正常时，可检查转速传感器。检测传感器连接器端子 1-2 间电阻，其值在 20℃ 时前轮转速传感器应在 1.4 ~ 1.8kΩ 范围内，后轮转速传感器应低于 2.2kΩ。检测连接器端子 1 与搭铁、2 与搭铁间电阻，其值应不小于 10kΩ，否则应更换轮速传感器。同时，在检测时，应注意传感器周围零件的安装情况，并仔细观察传感器头部及传感器转子等。传感器头部应无刮痕或异物，转子齿面应无刮痕、缺齿或异物，否则应清洁或修理。

② 制动灯开关信号输入：制动执行器总成 A66 的 28 端为制动灯开关信号输入端，当制动灯开关闭合时，蓄电池电压→10A STOP 易熔线→制动灯开关 A1→连接器 A45→A66 的 28 端。

（3）信号输出电路　制动执行器总成 A66 的 14 端、25 端分别为 CANL、CANH 总线端，通过

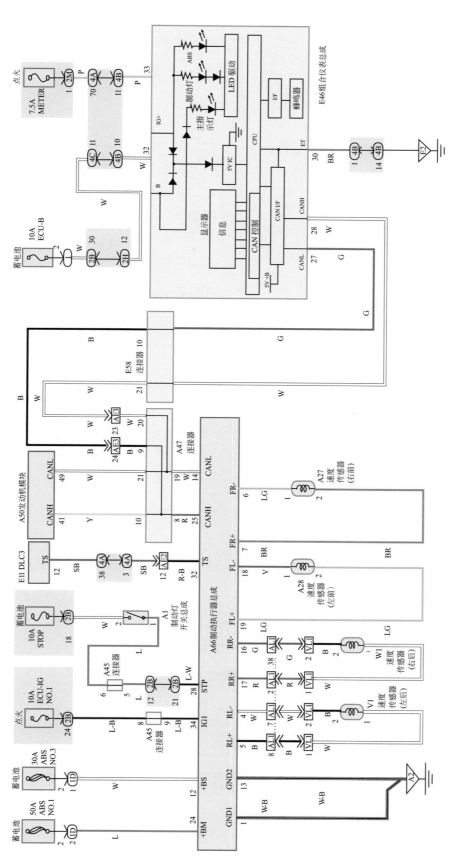

图2-153　卡罗拉ABS（不带VSC）系统电路

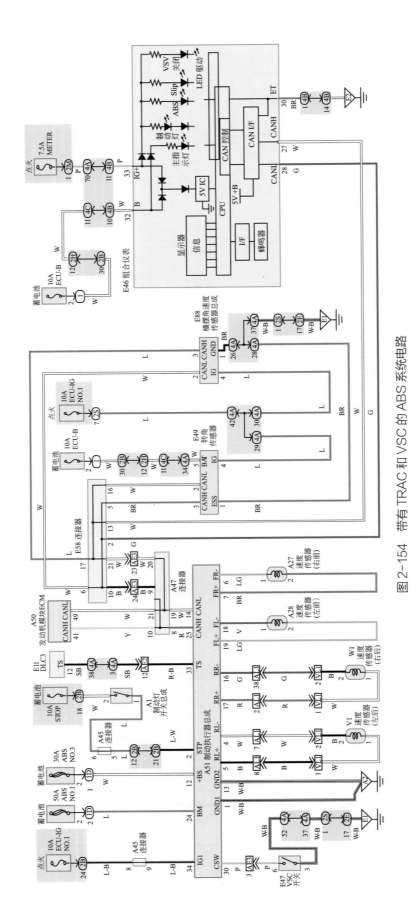

图 2-154 带有 TRAC 和 VSC 的 ABS 系统电路

CAN总线，制动执行器总成实现与发动机模块和组合仪表之间进行数据通信，当制动信号或ABS制动信号传输到组合仪表总成E46时，分别点亮制动灯或ABS警告灯。

2.丰田卡罗拉ABS（带TRAC和VSC系统）电路的识读

图2-154所示为带有TRAC和VSC的ABS系统电路。该电路与不带VSC的ABS电路相比，主要区别在于多了一个转角传感器，一个横摆角速度传感器。电路分析如下。

（1）转角传感器E49　蓄电池电压经10A ECU-B号易熔线供电给转角传感器的5端；当点火开关处于ON的位置时，经点火开关后的电压经10A ECU-IG NO.1点火易熔线后供电给转角传感器的4端；转角传感器的1端为接地端，通过E1点搭铁；传感器信号通过2端、3端CAN总线输出，经连接器E58和连接器47后，输入到制动执行器总成A51。

（2）横摆角速度传感器E88　当点火开关处于ON的位置时，经点火开关后的电压经10A ECU-IG NO.1点火易熔线供电给横摆角速度传感器的4端；横摆角速度传感器的1端为接地端，通过E1点搭铁；传感器信号通过2端、3端CAN总线输出，经连接器E58和连接器47后，输入到制动执行器总成A51。

第十三节　电控动力转向系统

一、电控动力转向系统的组成

电控动力转向系统（简称EPS）主要由转矩传感器、车速传感器、电子控制单元（ECU）、电动机和电磁离合器等组成，如图2-155所示。当操纵转向盘时，装在转向盘轴上的转矩传感器不断地测出转向轴上的转矩信号，该信号与车速信号同时输入到电子控制单元。电控单元根据这些输入信号，确定助力转矩的大小和方向，即选定电动机的电流和转向，调整转向辅助动力的大小。电动机的转矩由电磁离合器通过减速机构减速增扭后，加在汽车的转向机构上，使驾驶员的转向力根据车速和行驶条件的变化而得到改变。也就是说，在低速行驶或转急弯时，能以很小的转向力进行操作，以获得较轻便的转向；而在高速行驶时能以稍重的转向力进行稳定的操作，以避免转向"发飘"，使转向的操纵性和稳定性达到最合适的平衡状态。

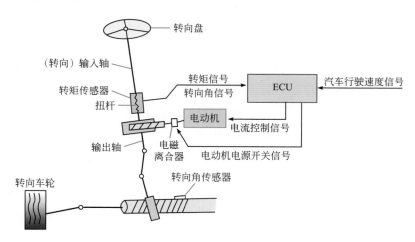

图2-155　电控动力转向系统的组成

二、电控动力转向系统电路图的识读

以本田飞度轿车为例，讲解电控动力转向系统电路图的识读方法，本田飞度电控动力转向系统电路如图2-156所示。

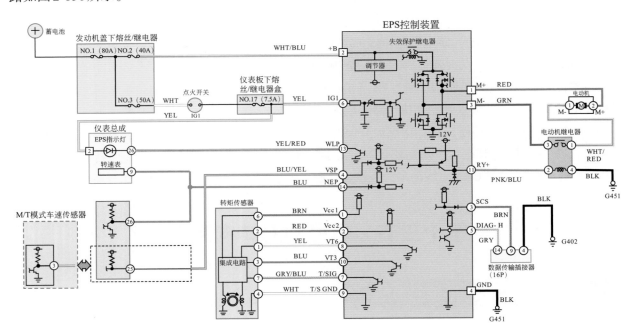

图2-156　本田飞度电控动力转向系统电路

1. 转矩传感器控制电路

转矩传感器的作用是检测驾驶员作用在转向盘上的转矩大小，依此计算出驾驶员期望的转向角度并送入EPS控制单元，用于控制电动机电流大小。其中转矩传感器6端是电源端，接EPS控制装置的1端；2端是转矩传感器参考电压端，接EPS控制装置的2端；1端是转矩传感器信号，接EPS控制装置的8端；3端是转矩传感器信号，接EPS控制装置的10端；7端是转矩传感器F/S信号，接EPS控制装置的7端；4端是转矩传感器接地，接EPS控制装置的9端。

2. 电动机控制电路

当点火开关在ON（Ⅱ）位置时，EPS控制装置11端输出蓄电池电压，电动机继电器得电，其1-3端子接通。EPS控制装置的1端和3端外接电动机，EPS控制装置根据转矩传感器和车速传感器信号，控制输出至电动机的电流。同时，当系统检测有故障时，失效保护继电器线圈将失电，断开蓄电池电源至电动机之间的电路，转向系统将失去助力作用。

3. 指示灯电路

EPS指示灯用于指示EPS的工作状态。当点火开关位于IG1位置时，蓄电池电源→发动机盖下熔丝/继电器盒内熔丝NO.1（80A）及NO.3（50A）→点火开关IG1触点→仪表板下熔丝/继电器盒NO.17（7.5A）→仪表总成内2端→EPS指示灯→EPS控制装置内电子开关→接地。

通常，当点火开关置于ON（Ⅱ）位置时，EPS指示灯会亮，发动机启动后它会熄灭。此时说明，

EPS指示灯及其电路运行正确。发动机启动后，如果系统有问题，则EPS指示灯会常亮，而动力转向会关闭。EPS指示灯亮时，控制装置会记忆DTC。这种情况下，如果发动机再次启动，控制装置将不会激活EPS系统，但是，系统会让EPS指示灯常亮。

 注 意

即使系统运行正常，在下列情况下，EPS指示灯也会亮。

① 车辆不移动时，发动机转速为2500r/min或更高，持续大约30min时。

② 发动机转速为280r/min或更低，且车辆以10km/h或更高的速度行驶大约3min时。

第十四节　车载网络系统

随着汽车技术的不断发展，汽车上采用的电子控制模块的数量越来越多，传统的数据传输方式已不能满足模块间数据传输的要求。为了简化线路，提高各电控单元之间的通信速度，汽车制造商开发设计了新的总线系统，即车载网络系统。车载网络系统运用多路传输技术，采用多条不同速率的总线分别连接不同类型的节点，并使用网关服务器来实现整车的信息共享和网络管理。CAN，全称为"Controller Area Network"，即控制器局域网，是国际上应用最广泛的现场总线之一。

一、CAN系统的组成

CAN数据总线系统由控制器、收发器、数据传输终端和数据传输线等组成，如图2-157所示。

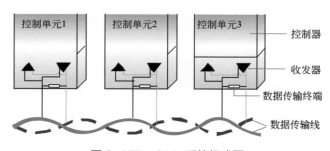

图2-157　CAN系统组成图

1.CAN控制器和CAN收发器

每一个CAN节点上都接有一个控制单元，每一个控制单元中均设有一个CAN控制器和一个CAN收发器。控制器的作用是接收控制单元中微处理器发出的数据，处理这些数据并传送给CAN收发器；同时CAN控制器也接收收发器收到的数据，处理这些数据并传给微处理器。CAN收发器是一个发送器和接收器的组合，产生数据的单元被称为数据的发送器，接收数据的单元被称为数据的接收器。

2.数据传输终端

数据传输终端实际是一个抑制反射的电阻，作用是避免数据传输终了反射回来产生反射波而使数据遭到破坏，终端电阻布置如图2-158所示。终端电阻连接在数据传输总线的CAN高线和CAN低线之间，对于不带集成终端电阻的控制单元，此电阻值应为60Ω；而对于带有集成终端电阻的控制单元，此电阻值为120Ω。

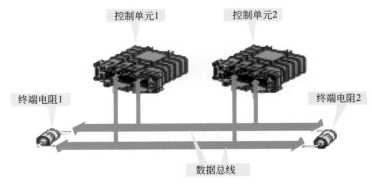

图2-158　终端电阻布置图

3.CAN数据总线

汽车上CAN数据传输线大多是双绞线，目的是避免外界电磁波的干扰和向外辐射，CAN数据传输总线分为CAN高位数据线和CAN低位数据线（图2-159），数据通过数据总线发送给各控制单元，各控制单元接收后进行计算。

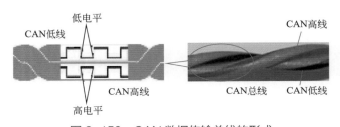

图2-159　CAN数据传输总线的形式

二、车载网络系统电路图的识读

下面以丰田凯美瑞轿车为例，讲解CAN总线系统电路图的识读。图2-160所示为丰田凯美瑞CAN总线系统电路，CAN由CANH和CANL两条线来提供通信的操作电压，CAN有高速的传输性能和检测错误的能力。

发动机控制模块A55（A）[或A24（A）]的A41、A49端子接连接器A40（A）的A1、A7端子；变速器控制ECU的6、7端子通过CAN线接发动机控制模块A55（A）、横摆角速度传感器接连接器E42（A）的E1、E2端子；带执行器的滑动控制ECU A25[或A26]接连接器A40（A）的A2、A8端子；空调放大器的A11、A12端子接连接器A40（A）的B1、B7端子；连接器A40（A）的B2、B8端子外接可选接头E61，作为总线的缓冲器；安全气囊电控单元E30（A）的A13、A22端子接连接器E42（A）的D1、D2端子；转角传感器E17的10、9端子接连接器E42（A）的H1、H2端子；组合仪表的A17、A18端子接连接器E42（A）的B1、B2端子；连接器E42（A）的G1、G2端子外接数据连接插头；认证ECU的C27、C28端子接车身ECU的C16、C15端子，而车身ECU的C5、C6端子接连接器E42（A）的C1、C2端子。

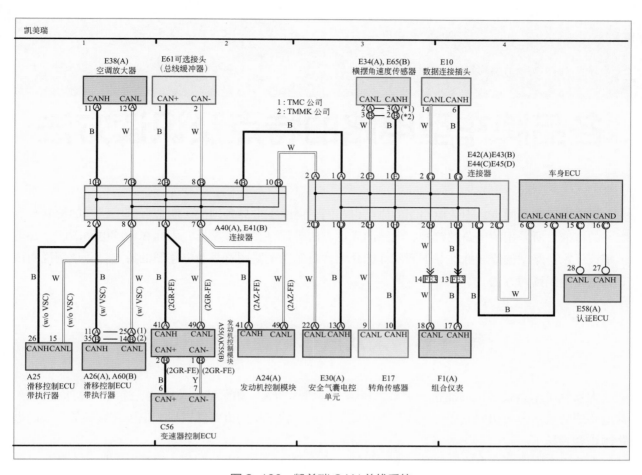

图 2-160　凯美瑞 CAN 总线系统

第三章

各品牌车型电路的特点及识读方法

汽车电路有相同点，识读电路图的原则也相同，但由于世界各国汽车制造厂家电路图的绘制没有统一的标准，所采用的电路图符号、电路图表达方法等都存在很大差异，因此在识读电路图前，必须了解该厂家电路图的绘制标准。下面就详细介绍常见车系电路图符号及电路图的特点，并举例说明该车系电路图识读的方法。

第一节 大众汽车电路图的识读

大众汽车车型较多，如捷达、宝来、速腾、迈腾、朗逸、帕萨特、桑塔纳、途观、奥迪A6L等。其电路图的表达方式相同或相近，故只要读懂了任意一款车型的电路图以后，识读大众各类车型的电路图也就容易了。

大众汽车电路图在电路图符号、文字标注、导线颜色的规定上与其他厂家略有不同，有其自身的特点，因此在阅读电路图前，需要了解大众汽车电路图符号及电路图的特点与识读方法。

一、大众汽车电路图符号与说明

1.大众汽车电路图符号

大众汽车电路图符号与实物对照如表3-1所示，表中列举了部分元件的实物，以供参考。

表3-1 大众汽车电路图符号与实物对照表

电路图符号	实 物	电路图符号	实 物	电路图符号	实 物
交流发电机		继电器		发光二极管	
压力开关		感应式传感器		电阻	

续表

电路图符号	实　物	电路图符号	实　物	电路图符号	实　物
机械开关		熔丝		可变电阻	
温控开关		内部照明灯		起动机	
电动机		灯泡		多挡手动开关	 车灯开关
按键开关		显示仪表		氧传感器	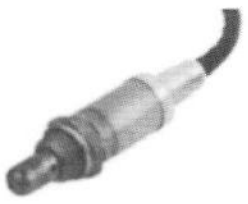
电子控制器		电磁阀		喇叭	
爆燃传感器		双速电动机	 刮水器电动机	蓄电池	
扬声器		插头连接		火花塞和火花塞插头	
点烟器		元件上多针插头连接	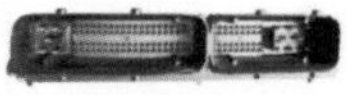 发动机控制单元引脚图	点火线圈	
电热元件	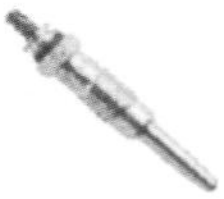	电磁离合器 手动开关	—	接线插座	

2.大众汽车常见元器件字母代号含义

大众汽车电路图中，元器件在电路图中是主体，元器件在图中用框图辅以相应的代号表示，通常用字母或字母加数字的组合对元器件进行标注，每一个元器件都有一个代号，如图3-1所示，其中A表示蓄电池，B表示起动机，C表示交流发电机等。了解这些字母的含义，对电路的识读和维修有很大的帮助。表3-2中列出了大众汽车常用的元器件字母代号含义。

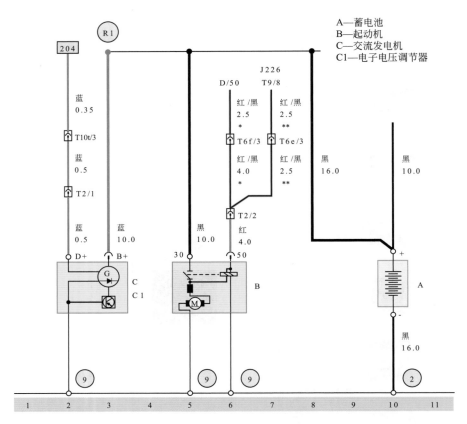

图3-1 元器件字母代号

表3-2 大众汽车常用的元器件字母代号含义

代号	含 义	代号	含 义	代号	含 义	代号	含 义
A	蓄电池	G	以G开头多为仪表、传感器类	M	车外照明、信号灯类	U	点烟器、插座类
B	起动机			N	电磁线圈类	V	电动机类
C	交流发电机	H	电喇叭类	P	火花塞插头	W	车内照明灯类
C1	电子电压调节器	J	继电器、控制元件	Q	火花塞	X	牌照灯
D	点火开关	K	指示灯类	R	收音机	Y	模拟表、数字钟类
E	手动开关	L	雾灯、开关/按钮、照明灯类	S	保险丝类	Z	加热装置类
F	自动开关			T	插接器		

3.大众汽车电路接线代码说明

在大众汽车电路图中，电路元件的接线点都以接线代码的方式标注出来。这些代码无论在电路的何处出现，相同的代码都代表相同的接点。如图3-2所示，起动机B上有两个接线代码分别为30与50的接点；而在点火开关D上也有代码为30与50的两个接点，这两个元件的接点30与30之间是相连接的，30号线表示常电源，直接与蓄电池正极相连接，不受点火开关的控制，接点50与50之间也是相连接的，50号线是受点火开关控制的，只有在点火开关位于启动挡时，50号线才得电并供给负载电路。大众汽车电路常用接线代码说明如表3-3所示。

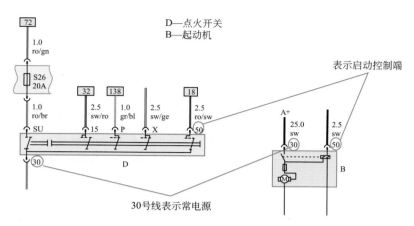

图 3-2　接线代码说明

表3-3　大众汽车电路常用接线代码表

端子	说　明	端子	说　明
1	点火线圈负极端（转速信号）	85	继电器电磁线圈接地端
4	点火线圈中央高压线输出端	86	继电器电磁线圈供电端
15	点火开关在 ON、ST 时有电的接线端	87	继电器触点输入端
30	接蓄电池正极的接线端，还用 31a、31b、31c…表示	87a	当继电器线圈没有电流时，继电器触点输出端
31	接地端，接蓄电池负极	87b	当继电器线圈有电流时，继电器触点输出端
49	转向信号输入端	B+	交流发电机输出端，接蓄电池正极
49a	转向信号输出端	B−	接地，接蓄电池负极
50	起动机控制端，当点火开关在 START 位置时有电	D+	发电机正极输出端
53	刮水器电动机接电源正极端	D	同 D+
54	制动灯电源端	D−	接地，接蓄电池负极
56	前照灯变光开关正极端	DF/EXC	交流发电机励磁电路的控制端
56a	远光灯接线端	DYN	同 D+
56b	近光灯接线端	E/F	同 DF
58	停车灯正极端	IND	指示灯
61	发电机接充电指示灯端	+	辅助的正极输出
67	交流发电机励磁端		

4.保险丝与继电器

大众车系中，保险丝与继电器多采用中央配电盒方式，如捷达、帕萨特、桑塔纳系列轿车等。图3-3 所示为捷达轿车中央配电盒，它几乎集中了全部保险丝，中央配电盒安装在制动踏板上部，全车有保险丝22个或30多个（车型配置不同有差异），并且保险丝容量用不同的颜色加以区别，全车极少数保险丝设置在蓄电池附近。中央配电盒内也集中了几乎全部继电器，全车有6～12个或24个继电

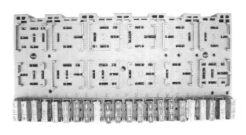

图3-3　捷达轿车中央配电盒

器（图3-3中为12个）。几乎全部主线束均从中央配电盒背面插接后通往各用电器，这样全车线束也都集中在驾驶室的仪表板附近。

目前大众新款车中，多采用车载电源控制单元J519作为中央配电盒。它具有供电端子控制、灯光控制、刮水器控制、转向信号控制、风窗玻璃加热、个性化设置等功能。图3-4所示为迈腾轿车的车载电源控制单元。

新款车型中，保险丝盒也自成一体，不与继电器混装在一起，有的装在左侧仪表台下，有的装在右侧仪表台下，如图3-5所示。

通常厂家会在维修手册中给出各种车型保险丝、继电器位置与名称，供读者查阅。

图3-4　迈腾车载电源控制单元 J519

（a）仪表台左侧保险丝支架SC保险丝

（b）仪表台右侧保险丝支架SD保险丝

图3-5　一汽大众帕萨特仪表台左侧与右侧保险丝支架

5. 大众汽车电路导线说明

大众汽车电路图表达了两种性质的线路连接方式，即内部连线与外部接线，如图3-6所示。

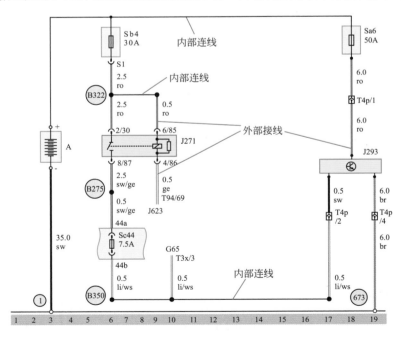

图3-6　电路导线说明

内部连线在图上以细线画出，这部分连接是存在的，但线路是不存在的。标示线路只是为了说明这种连接关系，同时使电路图更加容易被理解。

外部接线在图上用粗实线画出，每条线上都标注有导线的颜色、导线的截面积。电路导线颜色用字母表示，常用导线颜色标码说明如表3-4所示。如果导线是双色的，则以两种颜色的字母共同标记，放在前面的为主色，后面的为辅助色，如sw/ge、li/ws等。导线的截面积是以数字标示在导线颜色上方，单位是mm²。

表3-4　大众汽车电路导线颜色标码说明

英文简写	颜色	色标	英文简写	颜色	色标	英文简写	颜色	色标
sw	黑色		rs	粉红色		vi（或li）	紫色	
br	褐色		ge	黄色		gr	灰色	
ro（或rt）	红色		gn	绿色		ws	白色	
or	橘黄色		bl	蓝色				

二、大众汽车电路图的特点

1. 全车电路图由三部分组成

大众汽车全车电路图分为三部分，如图3-7所示。最上面部分为中央配电盒电路，其中标明了保险丝的位置及容量、继电器位置编号及接线端子号等；中间部分是车上的元器件及连线；最下面的横

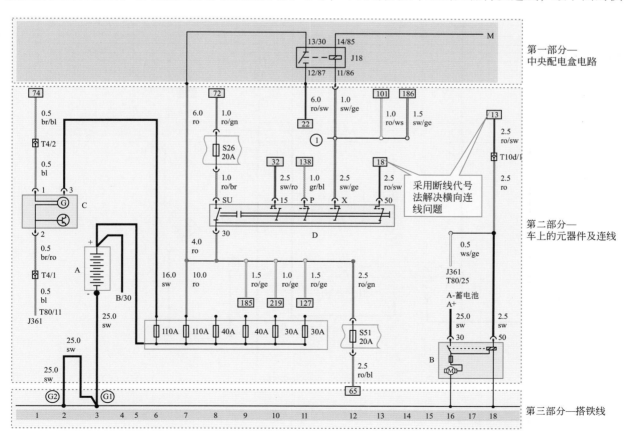

图3-7　大众汽车电路图的组成

线是搭铁线，上面标有电路编号和搭铁点位置。最下面搭铁线的标号是人为编制的，在实物中是不存在的，目的为了方便标明在一页画不完的连线的另一端在何处，方便查找导线。

2.采用断线代号法解决横向连线问题

电路图采用了断线代号法解决横向连线问题。对于一些线路比较复杂的设备（如前照灯），它工作时要涉及点火开关、灯光开关和变光开关等配电设备，而这三个开关不在同一条纵线上，若按传统画法，必定要画一些横线将它们连接起来，这样图上就会出现较多横线，增加读图难度，为此，该电路图的总线路图采用了断线带号法。如图3-7所示，起动机电路导线的上半段在电路号码为"13"的位置上，下半段在电路号码为"18"的位置上，图中的处理方法是在上半段电路终止处画一小方框，内标"18"，说明下半段电路应在号码为"18"的位置上寻找，下半段电路开始处也有一小方框，内标"13"，说明上半段电路应在号码为"13"的位置上寻找。通过以上4个数字，上、下段电路就有机地联系在一起了，从而解决了线路交叉的问题。

3.电路呈垂直方式分布

总线路采用了垂直画线方式，图上不出现导线交叉，只有中央接线盒内才采用水平画线方式，出现了较多的水平导线，这些水平导线除了15、30、31、50、X外，还有一些临时编号线，如a、b、c、d、e、g、h、m、n、r等（图3-8中为b、c线），这些线是在中央接线盒的内部，而在电路图的主体电路部分基本不出现交叉。

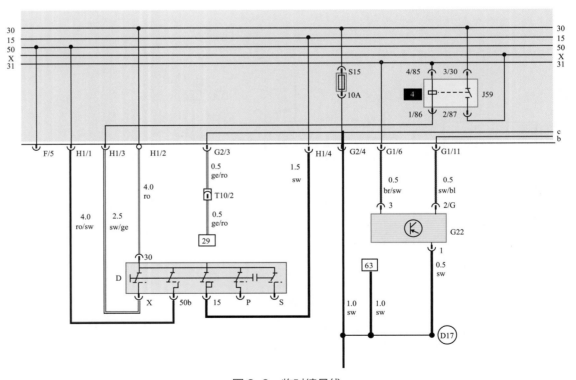

图 3-8　临时编号线

4.搭铁线的标注方式

在搭铁线上，通常用圆圈圈起来的数字（或字母加数字）来表示电路中不同的搭铁点，只要圆圈内的数字（或字母加数字）相同，就说明它们是属于同一个搭铁点。通过这些用圆圈圈起来的数字（或字母加数字），就可以在电路图的说明中查找到搭铁点在车身的位置，如图3-9所示。

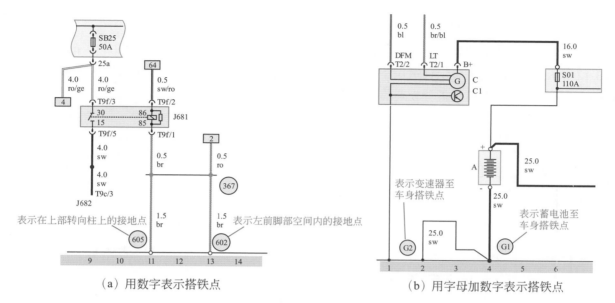

（a）用数字表示搭铁点　　　　　　　　（b）用字母加数字表示搭铁点

图3-9　搭铁线的标注方式

5.在表示线路走向的同时还表示出了线路结构情况

汽车的整个电气系统以中央配电盒（又称保险丝-继电器插座板）为中心进行控制，大部分继电器和保险丝安装在中央配电盒的正面。接插器和插座安装在中央配电盒的背面。如图3-7中的J18-X触点卸荷继电器在电路图上标有13/30、14/85、12/87和11/86，其中分子13、14、12和11是指中央配电盒上的X触点卸荷继电器各插孔位置（图3-10），分母30、85、87和86是指继电器上的4个端子（图3-11），分子和分母在插接时是相对应的。

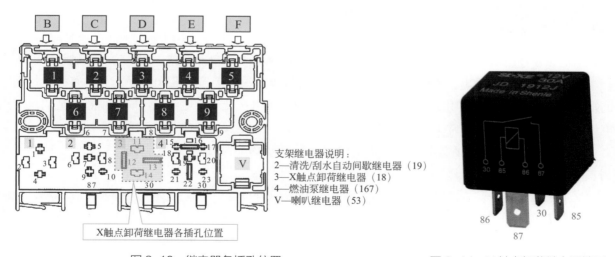

支架继电器说明：
2—清洗/刮水自动间歇继电器（19）
3—X触点卸荷继电器（18）
4—燃油泵继电器（167）
V—喇叭继电器（53）

X触点卸荷继电器各插孔位置

图3-10　继电器各插孔位置　　　　　　图3-11　X触点卸荷继电器端子

分母上数字的含义：85用于搭铁，即接地线或蓄电池负极搭铁线；86用于接来自点火开关控制的电源线，即条件电源线（如15号线或X线）；30用于接蓄电池正极，始终有电或称为常电；87受继

185

电器触点控制的电源线。当条件电源通电后，85、86号线导通，继电器线圈产生磁性，吸引30号与87号线路之间的触点闭合，使用电器通电。

6.带星号电路图说明

由于车型配置不同或者电路图适用的年限不同，常采用星号加以区别，并在图注中予以说明，如图3-12所示。带*的线束表示仅适用于带手动变速器的汽车，带*2的线束表示仅适用于带自动变速器的汽车。所以读图时可以拆分为两幅图来理解。

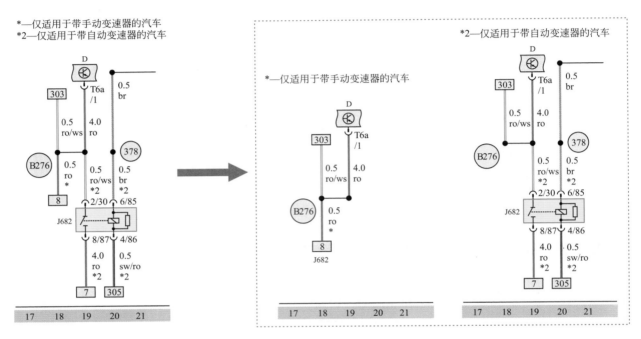

图3-12　带星号电路图说明

三、大众汽车电路图识读示例

下面以新速腾蓄电池、起动机、交流发电机、车载网络控制单元电路（图3-13）为例予以说明。

从电路图中可以看出，蓄电池正极"+"分两路接线，一路接起动机30端子，另一路接电控箱上的螺栓。蓄电池有两个作用：发动机启动时或发电机输出电压低于蓄电池电压时，由蓄电池向汽车用电设备供电；在发电机正常工作后，当蓄电池存电不足时，由发电机向蓄电池充电。

起动机的30号端子接蓄电池正极供电端；50号端子为启动控制端，与方框内代码为46的导线相接。

交流发电机"B+"端为电压输出端，接200A的SA1保险丝；"L"端为充电指示灯控制端，经插头连接器T4t/2、车内空间导线束中的连接（61）后接车载网络控制单元的T52c/32端；"DFM"端为交流发电机反馈信号输出端，经插头连接器T4t/1后与方框内代码为68的导线相接。

主继电器J271与保险丝座SB一起安装在发动机舱左侧的电控箱上，主继电器的86端为供电端；85端为控制端，经电控箱的62端后与方框内代码为66的导线相接，它实际是受发动机控制单元的控制。当发动机控制单元的相应端子输出低电压信号时，主继电器线圈得电，J271的主触点导通，主继电器的87号线与30号线导通，蓄电池电压分别供电给相关电气设备。

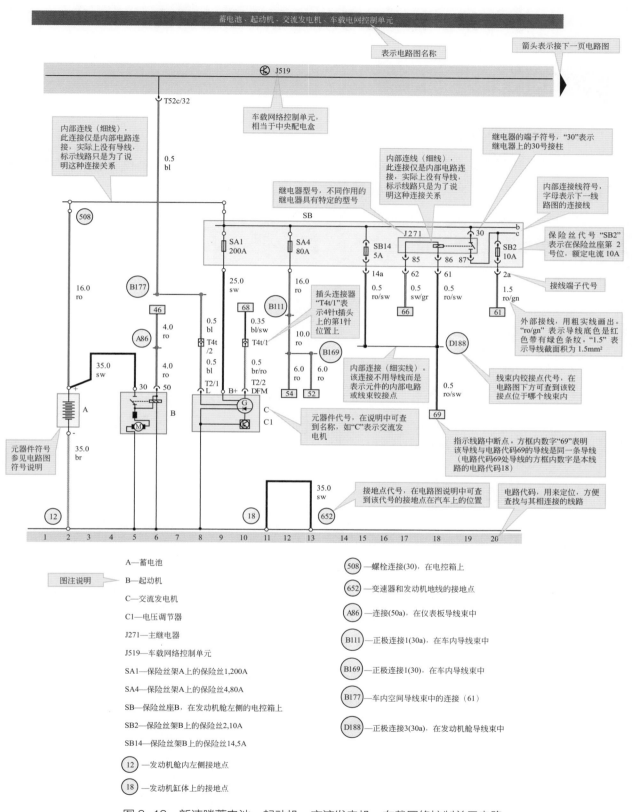

图 3-13　新速腾蓄电池、起动机、交流发电机、车载网络控制单元电路

第二节　通用汽车电路图的识读

一、通用汽车电路图符号

1.通用汽车电路图符号说明

通用汽车电路图中，大部分符号与其他车型类似，但个别符号与其他车系相比很不相同的。表3-5列出了通用汽车电路图符号及其说明。

表3-5　通用汽车电路图符号说明表

符号	说明	符号	说明	符号	说明
	局部部件。当部件采用虚线框表示时，部件或导线均未完全表示	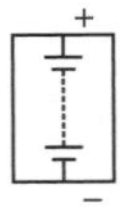	蓄电池	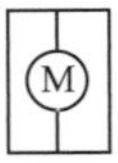	电动机
	完整部件。当部件采用实线框表示时，所示部件或导线表示完整	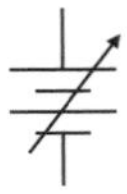	可调蓄电池	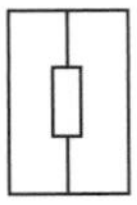	电阻器
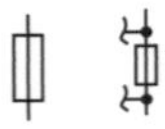	保险丝	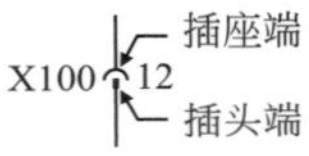 X100 12 插座端 插头端	直列式线束连接器	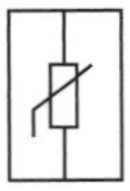	可变电阻器
	断路器	 S100	接头	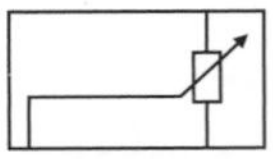	位置传感器
	易熔线	 G100	搭铁		扬声器
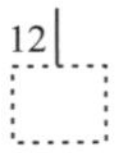 12	直接固定在部件上的连接器	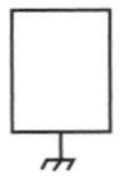	壳体搭铁	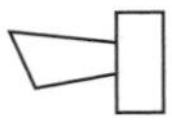	喇叭
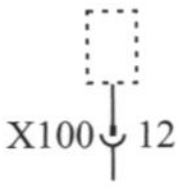 X100 12	带引出线的连接器		仪表	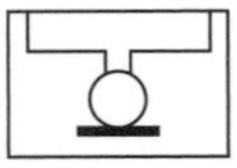	麦克风
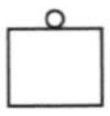	带螺栓或螺钉连接孔的端子	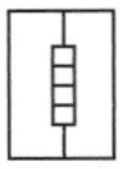	加热元件		单丝灯泡
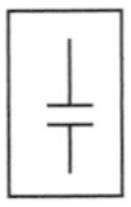	电容器		天线	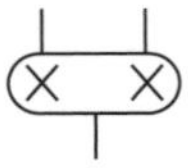	双丝灯泡

符号	说明	符号	说明	符号	说明
	二极管		开关		不完整物理接头
	发光二极管		输入/输出双向开关（+/-）		完整物理接头2条线路
	光电传感器		感应型传感器—2线式		完整物理接头3条或多条线路
	爆燃传感器		感应型传感器—3线式		导线交叉
	压力传感器		霍尔效应传感器—2线式		绞合线
	电磁线圈—执行器		霍尔效应传感器—3线式		临时或诊断连接器
	电磁阀		氧传感器—2线式		电路参考
	离合器		输入/输出下拉电阻器(-)		电路延长箭头
	4针单刀/单掷继电器常开		输入/输出上拉电阻器(+)		选装件断裂点
	5针继电器（常闭）		输入/输出高压侧驱动开关(+)		搭铁电路连接
	加热型氧传感器—4线式		输入/输出低压侧驱动开关(-)		
	屏蔽		安全气囊系统线圈		

2. 通用汽车电路导线说明

通用汽车电路图同时标注了导线所在电路号码和导线的颜色，如图3-14所示。通过电路编码可以知道该电路与连接器的连接情况，以方便识图和查找故障。导线有单色导线和双色导线两种，对于双色导线，左侧字母表示底色，右侧字母表示条纹颜色，如VT/GN表示带绿色标的紫色导线，常导线颜色代码见表3-6、表3-7所示。

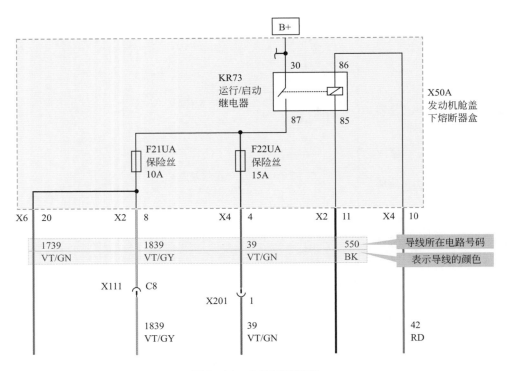

图 3-14　电路导线说明

表3-6　单色导线示例表

导线颜色	示意图上的缩写	色标	导线颜色	示意图上的缩写	色标
深绿色	D-GN		灰色	GY	
浅绿色	L-GN		红色	RD	
深蓝色	D-BU		黑色	BK	
浅蓝色	L-BU		粉红色	PK	
棕色	BN		白色	WH	
橙色	OG		紫色	PU（或 VT）	
黄色	YE				

表3-7　双色导线示例表

导线颜色	示意图上的缩写	导线示例	导线颜色	示意图上的缩写	导线示例
带白色标的红色导线	RD/WH	═══	带黑色标的绿色导线	GN/BK	▬▬
带黑色标的红色导线	RD/BK	▬▬	带黑色标的浅绿色导线	L-GN/BK	▬▬
带白色标的棕色导线	BN/WH	═══	带黄色标的红色导线	RD/YE	═══
带白色标的黑色导线	BK/WH	═══	带蓝色标的红色导线	RD/D-BU	▬▬
带黄色标的黑色导线	BK/YE	═══	带棕色标的黑色导线	BK/BN	▬▬

3.保险丝说明

通用汽车电路图中，使用的保险丝主要有一般保险丝、微型保险丝、Maxi保险丝、J型保险丝、中型保险丝、大型保险丝，这几种保险丝的额定电流与对应颜色之间的关系见表3-8所示。

表3-8　保险丝的额定电流与对应颜色之间的关系

额定电流/A	颜色	额定电流/A	颜色	额定电流/A	颜色	额定电流/A	颜色
一般保险丝，微型保险丝		20	黄色	60	蓝色	60	黄色
2	灰色	25	白色或本色	50	红色	中型保险丝	
3	蓝紫色	30	绿色	J型保险丝		80	黑色
5	褐色	Maxi保险丝		20	蓝色	大型保险丝	
7.5	棕色	20	黄色	30	粉红色	100	黑色
10	红色	30	浅绿色	40	绿色	150	黑色
15	蓝色	40	橙黄色或琥珀色	50	红色	200	黑色

4.车辆位置分区说明

通用汽车电路图中，车辆位置用识别编号进行分区，如图3-15所示。所有搭铁、直列式连接器、穿线护环和星形连接器都有与其在车辆上的位置相对应的编号，表3-9对编号系统进行了说明。

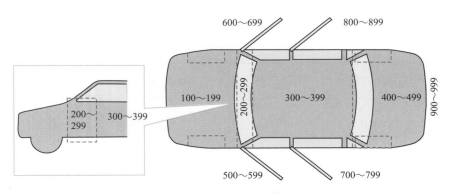

图 3-15　车辆位置分区编号示意图

表3-9　车辆位置分区代码

车辆位置分区代码	区位说明	车辆位置分区代码	区位说明
100 ～ 199	发动机舱 - 仪表板前方的所有区域	600 ～ 699	右前门内
200 ～ 299	仪表板区域内	700 ～ 799	左后门内
300 ～ 399	乘客舱 - 从仪表板到后轮罩	800 ～ 899	右后门内
400 ～ 499	行李厢 - 从后轮罩到车辆后端	900 ～ 999	行李厢盖或舱盖内
500 ～ 599	左前门内		

注：001 ～ 099 是发动机舱的备用编码，仅在 100 ～ 199 的所有编号已用完时才使用。

二、通用汽车电路图的特点

1. 电路图的结构特点

通用汽车系统电路图与其他车辆的电路图一样，上部一般也为电源电路，中间部分为控制元件与用电设备，下部为搭铁线或搭铁点。但是通用汽车系统电路图在电源电路部分比较特殊，电源线从上方进入，通常从保险丝处开始，并于保险丝上方用黑线框进行了标注（图3-16），这些框格用于指示何时保险丝上有电压。电源通断图标说明见表3-10所示。

表3-10　电源通断图标说明

图　标	说　明
B+	蓄电池电压
IGN0	点火开关在 Off（关闭）位置
IGN I	点火开关在 Accessory（附件）位置时供电
IGN II	点火开关在 Run（运行）位置时供电
IGN III	点火开关在 Start（启动）位置时供电

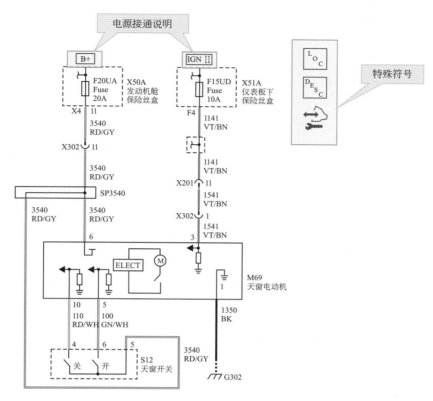

图 3-16　上汽通用别克凯越天窗示意图

2.电路图中标有特殊的图标提示符号

在电路图的右上角，标有特殊的图标提示符（图3-16），这些符号起警示作用，提醒技术人员电路中需要注意的地方。每一个符号都具有特定的含义，了解这些图标的含义对电路图的识读有很大的帮助，常见特殊图标符号说明如表3-11所示。

表3-11　通用汽车电路图特殊图标符号含义

名　称	图　标	说　明
主要部件列表图标	$^L_O{}_C$	该图标用于链接"主要电气部件列表"
说明与操作图标	$^D_E{}_S{}_C$	该图标用于链接特定系统的"说明与操作"
计算机编程图标		该图标用于链接"控制模块参考"，确定更换时需要编程的部件
下一页示意图图标	➡	该图标用于进入子系统的下一页示意图
前一页示意图图标	⬅	该图标用于进入子系统的前一页示意图
串行数据通信功能	↑↓	该图标用于向技术人员表明该串行数据电路详细信息未完全显示
辅助充气式约束系统（SIR）或辅助约束系统（SRS）图标		该图标用于提醒技术人员，系统内含有辅助充气式约束系统／辅助约束系统部件，在维修前需要特别注意

续表

名　称	图　标	说　明
信息图标	 ⚠	该图标用于提醒技术人员查阅相关的附加信息，以帮助维修某个系统
危险图标	 ⚠	该图标用于提醒技术人员该部件 / 系统包含 300V 电压电路
高压图标	 ⚡	该图标用于提醒技术人员该部件 / 系统包含高于 42V 但低于 300V 的电压
告诫图标	 ⚠	该图标用于提醒技术人员维修该部件时应小心

三、通用汽车电路图的识读方法

通用汽车电路是按照不同的系统分别画出来的，每个系统电路中，通常都会有一个或多个控制电路与主电路。对于某一个单独的局部电路，识读方法较简单，对于具有多个局部电路的系统，应将每一个局部电路分开分别进行识读。

1.局部单元电路的识读方法

在通用汽车电路图中，一个局部电路一般仅表示一个子系统或实现一种功能。对于这类单一局部电路，可以从用电设备处出发，按照闭合回路的原则，逆着电流的流向向前查找，直至到电源端，向后顺着电流的流向查找直至到搭铁端。

2.电源电压来源的识读方法

在一些单元电路中，对电源电压来源没有给出详细的电路。图3-17中，驾驶员侧车窗开关的电压来自X50A-发动机舱内保险丝盒的30A F32UA 保险丝，而 F32UA 保险丝之前的电压来自KR76辅助电源继电器，详细的电压来源则需要查看发动机舱保险丝盒的电源分布示意图（图3-18），从图3-18中可以看到，蓄电池正极电压进入X50A-发动机舱内保险丝盒KR76辅助电源继电器开关触点的输入端，当KR76线圈得电时，KR76辅助电源继电器开关触点闭合，蓄电池电压经KR76开关触点后输出。

3.搭铁点电路的识读

图3-17所示上汽通用别克凯越电动车窗示意图中，驾驶员侧车窗开关S79D经接头SP550L→插接器X500的19端→G301搭铁，图中SP550L的图标是一个不完整物理接头的符号，而且G301搭铁点上方用了虚线，表明除了电动车窗电路外，还有其他系统与G301搭铁点连接。

查看系统的搭铁点分布图意图（图3-19），图中变速器变速杆、冷却风扇继电器KR20F、前刮水器电动机、制动液位传感器、保留的辅助电源继电器KR76、点烟器继电器KR80、燃油泵继电器KR23A、运行/启动继电器KR73、空调鼓风机继电器KR32E、左侧转向信号灯、行李厢开关、门锁开关、驾驶员侧门锁开关、车身控制模块均和G301搭铁点相连接。

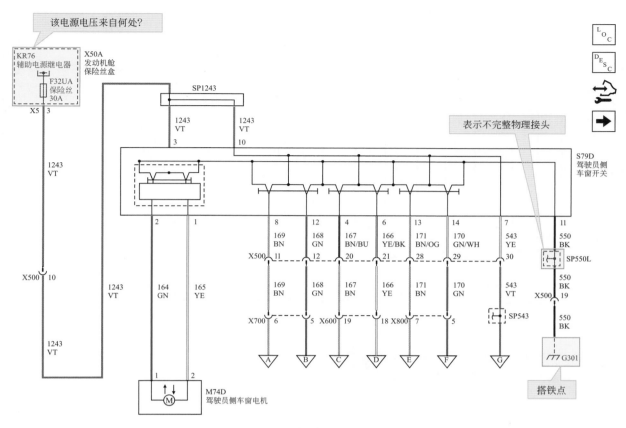

图 3-17　上汽通用别克凯越电动车窗示意图

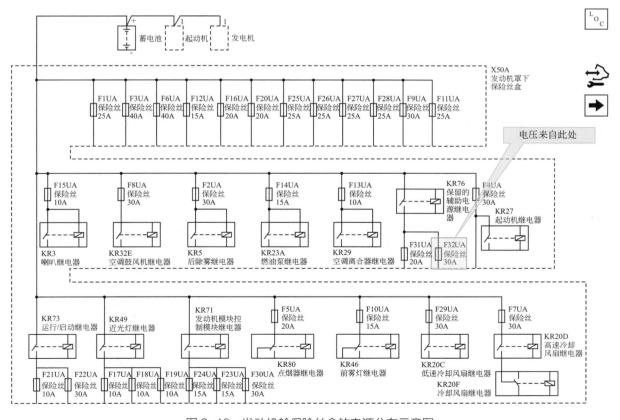

图 3-18　发动机舱保险丝盒的电源分布示意图

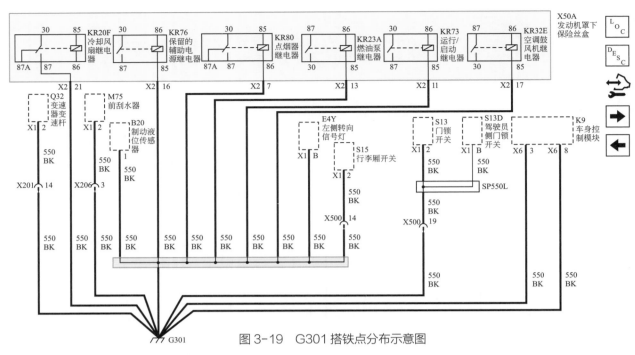

图 3-19　G301 搭铁点分布示意图

四、通用汽车电路图识读示例

下面以上汽通用别克凯越发动机控制系统示意图（电源、搭铁、串行数据和故障指示灯）为例予以说明，电路如图3-20所示，识读说明如表3-12所示。

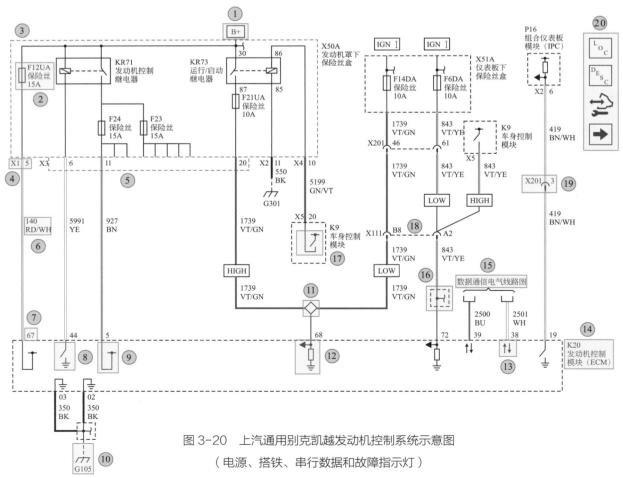

图 3-20　上汽通用别克凯越发动机控制系统示意图

（电源、搭铁、串行数据和故障指示灯）

表3-12　电路图识读说明表

序号	说　明	序号	说　明
1	电源接通说明，在电路图的上方用黑框表示，框内文字说明框下保险丝在什么情况下有电。"B+"表示该电路任何时间都有电，电压为蓄电池工作电压	11	选装件断裂点，这里表示"HIGH"高配置车型与"LOW"低配置车型的不同电路
2	表示 F12UA 号 15A 的保险丝	12	表示输出下拉电阻器，这里把来自 F21UA 保险丝（HIGH 配置）或 F14DA 保险丝（LOW 配置）的电压信号输出给发动机控制模块的内部控制电路
3	虚线框表示没有完全标示出发动机罩下保险丝盒的所有部分	13	表示串行数据通信功能，该图标表明该串行数据电路详细信息未完全显示
4	表示导线是由发动机罩下保险丝盒的 X1 连接插头的 5 端引出，连接插头编号 X1 写在左侧，端编号 5 写在右侧	14	表示部件的名称
5	虚线表示 6、11、20 端均属于 X3 连接插头	15	表示需要参考数据通信电气线路图
6	数字"140"表示该导线所在的电路号码，"RD/WH"表示带白色条的红色导线	16	不完整物理接头
7	表示发动机控制模块 K20 的 67 端	17	输出高压侧驱动开关 (+)，这里车身控制模块输出高电压信号，控制运行 / 启动继电器 KR73 的线圈工作
8	表示输出低压侧驱动开关 (−)，这里发动机控制模块 K20 的 44 端输出低电压信号，控制发动机控制继电器 KR71 的线圈工作	18	虚线表示两条导线接入同一连接器
9	表示输入高电压信号，这里发动机控制模块 K20 的 5 端接收来自发动机控制继电器 KR71 的高电压信号	19	表示直列线束连接器，左侧"X201"表示连接插头编号（其中 X 表示连接插头），右侧"3"表示直列线束连接器的 3 端
10	符号表示搭铁	20	表示特殊图标提示

电源电路共有四路。

第一路：蓄电池正极→发动机罩下保险丝盒内的 15A F12UA 保险丝→发动机罩下保险丝盒的 X1 连接插头的 5 端→140 号导线→发动机控制模块 K20 的 67 端。

第二路：蓄电池正极→发动机罩下保险丝盒内的发动机控制继电器 KR71 的线圈，当发动机控制模块 K20 的 44 端输出低电压信号时，发动机控制继电器 KR71 的线圈得电，继电器开关触点闭合。蓄电池正极→KR71 的开关触点→15A F24 保险丝→发动机罩下保险丝盒的 X3 连接插头的 11 端→927 号导线→发动机控制模块 K20 的 5 端。

第三路：分两种情况，一种是 HIGH 配置的车型，当车身控制模块 K9 的 X5 连接插头的 20 端输出高电压信号时，发动机罩下保险丝盒内的运行/启动继电器 R73 线圈得电，接通继电器内部的开关触点，蓄电池正极→KR73 的开关触点→10A F21UA 保险丝→发动机罩下保险丝盒的 X3 连接插头的 20 端→1739 号导线→发动机控制模块 K20 的 68 端；另一种是 LOW 配置的车型，当点火开关在 Accessory（附件）位置时供电，蓄电池正极→仪表板下保险丝盒内的 10A F14DA 保险丝→X201 连接插头的 46 端→1739 号导线→X111 连接插头的 B8 端→发动机控制模块 K20 的 68 端。

第四路：分两种情况，一种是HIGH配置的车型，由车身控制模块K9的X5连接插头的15端输出点火开关辅助电源信号→843号导线→X111连接插头的A2端→不完整物理接头→发动机控制模块K20的72端；另一种是LOW配置的车型，当点火开关在Accessory（附件）位置时供电，蓄电池正极→仪表板下保险丝盒内的10A F6DA保险丝→X201连接插头的61端→X111连接插头的A2端→不完整物理接头→发动机控制模块K20的72端。

搭铁电路：发动机控制模块K20的02、03端为搭铁端，经G105号搭铁点搭铁。

串行数据电路：发动机控制模块K20的38、39端为串行数据接口端。通过串行数据接口，发动机控制模块与其他电控单元进行数据通信。

故障指示灯电路：当发动机出现故障时，发动机控制模块K20的19端输出低电压开关信号，经419号导线→X201连接插头的3端→组合仪表板模块P16的X2连接插头的6端，点亮组合仪表板内部的故障指示灯。

第三节　北京现代汽车电路图的识读

一、北京现代汽车电路图符号

北京现代车系电路图内的符号说明如表3-13所示。

表3-13　北京现代汽车电路图符号说明表

符　号	说　明	符　号	说　明	符　号	说　明
 □	表示部件全部	 ▢	表示部件一部分		表示导线连接器在部件上
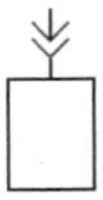	表示导线连接器通过导线与部件连接	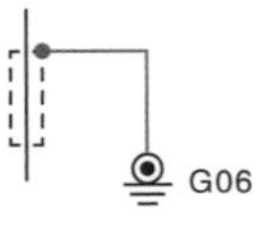 G06	表示为防波套，防波套要永久搭铁（主要用在发动机和变速器的传感器信号线上）	 ON电源　喇叭保险丝10A　室内保险丝&继电器盒	ON电源表示点火开关ON时的电源—表示短路片连接到每个保险丝10A表示电流容量
	表示导线连接器用螺钉固定在部件上	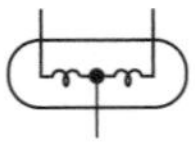	双丝灯泡		加热器
	表示部件外壳搭铁		单丝灯泡		传感器
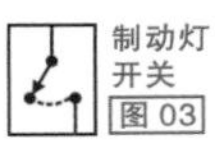 制动灯开关 图03	"制动灯开关"为部件名称，图03表示部件位置图编号		二极管（单向导通电流）		发光二极管（导通电流时发光）

续表

符　号	说　明	符　号	说　明	符　号	说　明
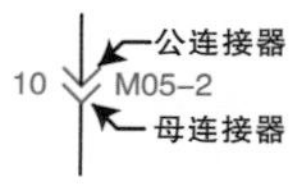 10 M05-2 公连接器 母连接器	M05-2 表示在部件位置索引上的连接器编号，10 表示对应端子编号	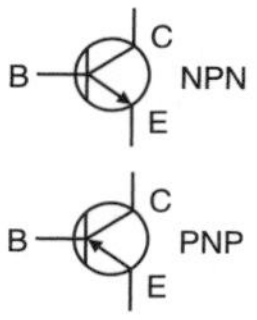 B C E NPN　B C E PNP	三极管（开关或放大作用）	 稳压二极管（流过反方向规定以上电流）
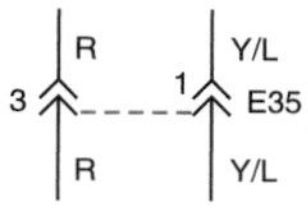 3 R R 1 Y/L Y/L E35	虚线表示两根导线同在 E35 导线连接器上	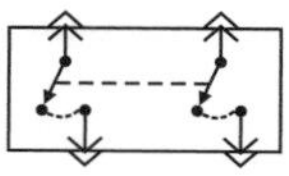 开关（双触点）沿虚线摆动，而细虚线表示开关之间的连动关系	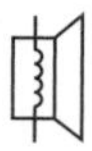	扬声器
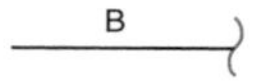 B	表示下页继续连接	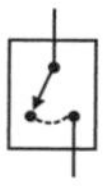	开关（单触点）	 喇叭、蜂鸣器、警笛、警铃
 Y/R	表示黄色底／红色条导线（两个以上颜色的导线）	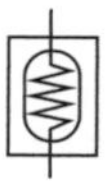	传感器	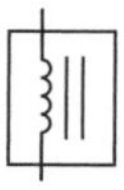 电磁阀
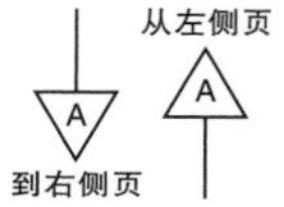 A 从左侧页 A 到右侧页	表示这根导线连接在所显示页，箭头表示电流方向	 M	电动机	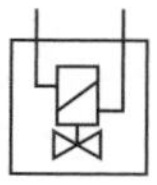 喷油嘴
 R 电路名称	箭头表示导线连接到其他线路	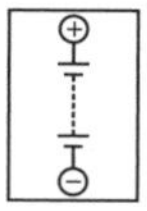 + −	蓄电池	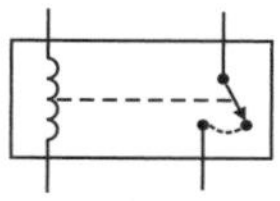 常开式继电器
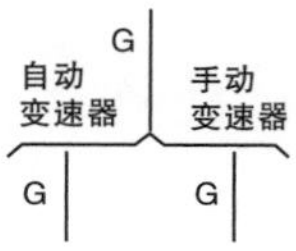 G 自动 变速器 G 手动 变速器 G	表示根据不同配置选择线路（指示判别有关选择配置为基准的电路）	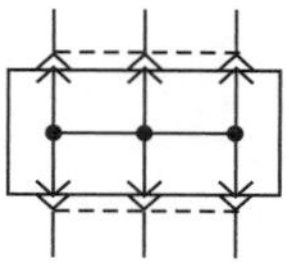	表示多线路短接的导线连接器	 常时电源 易熔丝 30A 发动机室保险丝&继电器盒	常时电源 表示电源易熔丝为名称 30A 为容量
 G06	表示导线末端在车辆金属部分搭铁	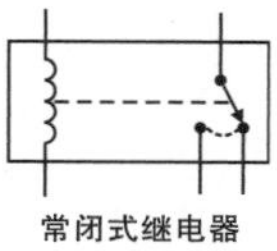 常闭式继电器	表示线圈无电流时的继电器状态。如果线圈通电流，触点的连接发生转换	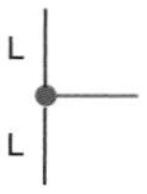 L L	一定数量线束连接以圆点表示，其位置和连接方式随车辆不同而不同

二、北京现代汽车电路图的特点与识读说明

　　北京现代汽车电路图简单易读，电路图是按电气系统来划分的，但是在表示形式上与其他汽车电路有所不同。例如，每个系统的电路后面都附有电路涉及的连接器配置图，配置图上有明确的端子编号（图3-21），另外，在电路图中标有控制单元的端子描述，在导线连接器识别、导线颜色缩写、连接器形状和端子号排列等方面都有它独特的地方，下面一一介绍。

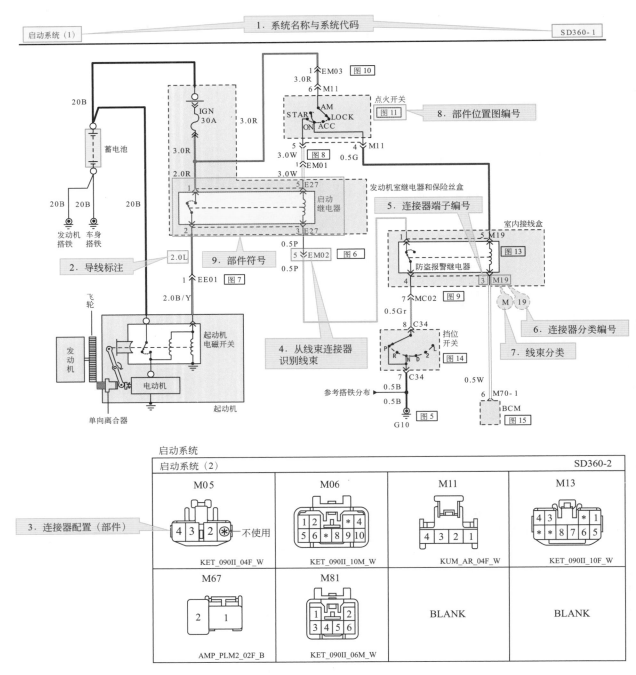

图 3-21　悦动轿车启动电路

1. 系统名称与系统代码

　　北京现代汽车整车电路由很多个系统电路组成，每一个系统电路分多页放置，每一页的最顶部都有系统名称和系统代码，以示区别。

　　系统电路图包括电流的路径，各个开关的连接状态，以及当前其他相关电路的功能，它适用于实际的维修工作中。系统电路依据部件编号并表示在电路图索引上。

2.导线标注

汽车电气整车线束由主色或主色加辅助颜色条纹的导线组成。电路图中标注的是导线颜色的缩写字母，导线颜色的缩写字母及色标如表3-14所示。

表3-14　导线颜色的缩写字母及色标

缩写字母	颜色	色标	缩写字母	颜色	色标	缩写字母	颜色	色标
B	黑色		Lg	浅绿色		W	白色	
Br	棕色		T	褐色		Y	黄色	
G	绿色		O	橙色		Ll	浅蓝色	
Gr	灰色		P	粉色		Pp	紫色	
L	蓝色		R	红色				

导线颜色字母前面的数字表示该导线的截面积，单位是mm^2。对于双色导线，导线颜色字母通常用斜杠分开，斜杠前的字母表示导线的底色，斜杠后的字母表示条纹的颜色。例如2.0B/Y，表示$2.0mm^2$的黑色底黄条导线。

3.连接器配置（部件）

在电路图的最后一页给出了系统各部分电路图组成部件的连接器图。在没有将部件连接到线束连接器时，它表明线束侧连到连接器前面。使用中的端子号依据一定的规则进行编制，不使用的端子标记为⊛，启动系统的连接器形状和代码说明如图3-22所示。

（a）连接器形状

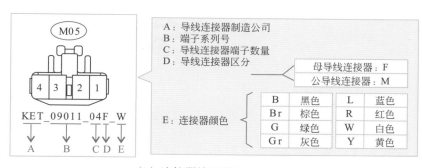

（b）连接器编码说明

图3-22　连接器配置（部件）说明

4.连接器配置（线束间的连接状态）

在线束间连接的连接器，有公导线连接器和母导线连接器两种（图3-23）。一般来说，在部件和导线连接状态下的线束侧连接器为母导线连接器，而部件上的连接器一般为公导线连接器。公、母导线连接器在连接器形状图上也表示了出来，如图3-24所示。

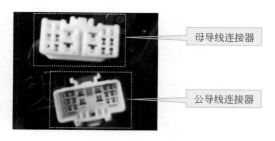

图3-23　连接器实物

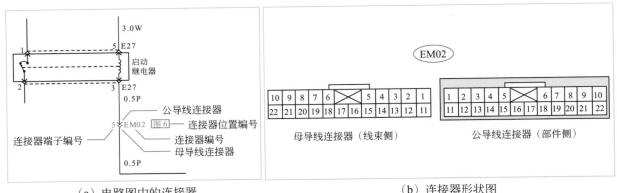

（a）电路图中的连接器　　　　　　　　　（b）连接器形状图

图3-24　线束间连接的连接器

5. 导线连接器端子编号与排列

公导线连接器和母导线连接器上的端子排列表示方式如下：母导线连接器从右上侧开始往左下侧的顺序读号，公导线连接器从左上侧开始往右下侧的顺序读号，如表3-15所示。当然，某些导线连接器端子不使用这种表示方法，具体情况请参照导线连接器形状图。

表3-15　导线连接器端子编号与排列说明

名　称	母导线连接器（线束侧）	公导线连接器（部件侧）
实际形状	卡扣／外壳　端子	卡扣／端子　外壳
电路图上标记	3 2 1 / 6 5 4	1 2 3 / 4 5 6
端子号排列顺序	3 2 1 / 6 5 4	1 2 3 / 4 5 6

6. 连接器识别

连接器识别代号由线束位置识别代号和连接器序列号组成（图3-25）。导线连接器位置参考线束布置图（图3-26）。线束布置图说明主要线束、导线连接器安装固定位置及主要线束的路线。这些线束布置图使电路检修更方便。

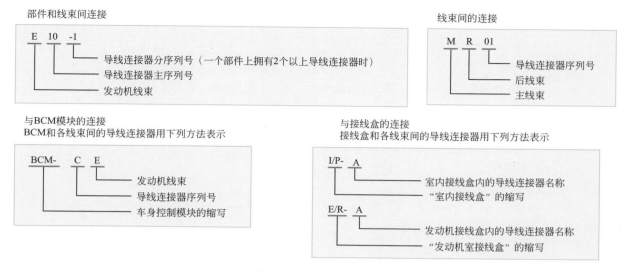

图 3-25 连接器识别

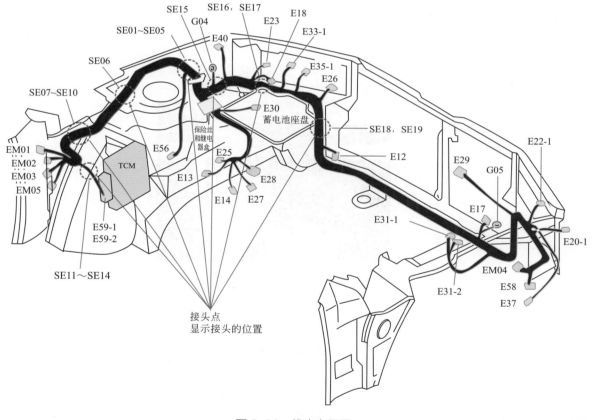

图 3-26 线束布置图

7.线束的分类

根据导线位置的不同，把线束分成表3-16所示的几类（以北京现代悦动为例）。

表3-16　北京现代悦动线束的分类表

符号	线束名称	位　置
A	气囊、气囊延伸线束	底板、仪表板下
C	控制、喷油嘴、点火线圈、机油控制阀线束	发动机室、蓄电池
D	车门、车门延伸线束	车门
E	前线束、前端模块、蓄电池、前警告延伸、发电机延伸线束	发动机室、蓄电池
F	底板、EPB 延伸线束	底板
M	主线束、底板控制台延伸线束	室内
R	行李厢盖、车顶、BWS 延伸线束	车顶、行李厢
S	座椅线束	座椅

注：为了了解符号的含义，可参考线束布置图上的线束名称符号。

8.部件位置图

为方便寻找部件，在电路图上用"图××"标示在部件名称的下面。为了方便区别连接器，采用图3-27所示的部件位置图显示部件连接器安装到车上的状态。

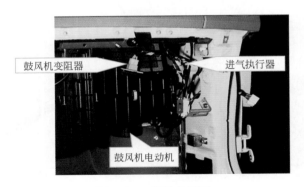

图 3-27　部件位置图

第四节　日产汽车电路图的识读

一、日产汽车电路图符号与特点

1.电路图符号说明

日产汽车电路图符号及其说明见表3-17。

表3-17　日产汽车电路图符号及说明

符　号	说　明	符　号	说　明	符　号	说　明
单丝灯泡	单丝灯泡	电阻	电阻	开关（常开）	开关（常开）
双丝灯泡	双丝灯泡	线圈	线圈		
保险丝	保险丝	蓄电池	蓄电池	开关（常闭）	开关（常闭）
熔断线	熔断线	可变电阻	可变电阻		
二极管	二极管	热敏电阻	热敏电阻	接地	接地
发光二极管（LED）	发光二极管（LED）	舌簧开关	舌簧开关	线路没有连接	线路没有连接
电动机	电动机	断电器	断电器	线路连接	线路连接
三极管	三极管	电容	电容	电路支路	电路支路

2.特殊符号说明

日产汽车对表示测量或步骤的符号进行了说明，常见符号及说明见表3-18。

表3-18　常见符号及说明

符　号	说　明	符　号	说　明
	断开要测量的接头后检查	NO TOOLS	不使用 CONSULT 或 GST 工具的步骤
	连接要测量的接头后检查	A/C ON	A/C 开关处于 ON 位置
	插入钥匙至点火开关		REC 开关处于 OFF 位置
	将点火开关转至 OFF 位置		风扇开关处于 ON 位置（除 OFF 外的任意其他位置）
	将点火开关转至 ACC 位置		将选挡杆置于 P 挡
	将点火开关转至 ON 位置	FUSE	使用保险丝
	将点火开关转至 START 位置		用保险丝直接施加蓄电池正极电压到部件上
	将点火开关从 ACC 位置转至 OFF 位置		在地板下检查
	将点火开关从 OFF 位置转至 ON 位置		驱动车辆

续表

符 号	说 明	符 号	说 明
	启动发动机或在发动机运转时检查	BAT	断开蓄电池负极电缆
	施加驻车制动		踩下制动踏板
C—H	发动机完全暖机后检查		踩下加速踏板
V ⊕⊖	用电压表测量电压	H.S. ⬚ 8 V ⊕⊖	检查引线末端是否为 SMJ 类型的 ECM 或 TCM 接头 有关端子不知的详细信息，请参看维修手册中的"电气单元"的电气参考项
Ω Ω ⊕⊖	用欧姆表测量电路中的电阻值		
∿ ⊕⊖	使用示波器检查脉冲信号		
	使用 CONSULT 的步骤		

3. 连接器说明

（1）连接器视图　日产车系电路图中大多数连接器符号都表示为端口侧视图。端口侧视图的连接器符号用单线框和方向标记共同表示，线束侧视图的连接器符号用双线框和方向标记共同表示，如图3-28所示。

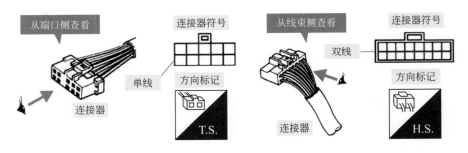

图 3-28　连接器符号

（2）连接器的拆装　日产汽车常用的线束连接器有三种，即锁扣式、滑锁式、杆锁式，下面分别介绍这三种线束连接器的拆装方法。

① 锁扣式连接器　锁扣式连接器可以防止连接器意外松动或断开，通过按下或抬起锁片可断开锁扣式连接器，如图3-29所示。

注 意

　　断开连接器时，不要拉扯线束或配线，以防止零件损坏。

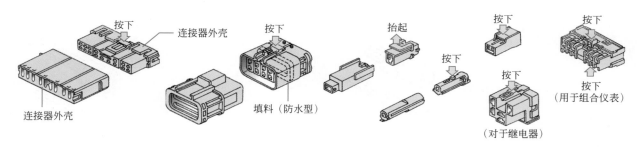

图 3-29　锁扣式连接器的拆卸

② 滑锁式连接器　滑锁式连接器可以防止锁止不完全、意外松动或断开。一些系统和部件（特别是与 OBD 相关）都采用了滑锁式连接器。通过按下或拉出滑块可断开滑锁式连接器，如图 3-30 所示。

断开连接器时，不要拉扯线束或配线，以防止零件损坏；也不要损坏连接器支架，以防止零件损坏。

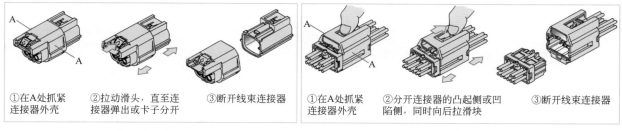

图 3-30　滑锁式连接器的拆卸

③ 杆锁式连接器　一些控制单元和控制模块（例如 ECM、ABS 执行器）、超级多路连接器（SMJ）等，使用了杆锁式线束连接器。连接时必须通过移动杆至止动位来确认杆完全锁定到位以确保连接完全，如图 3-31 所示。

断开或连接这些连接器前，务必确认杆已经完全释放（松开），以避免损坏连接器外壳或端子。

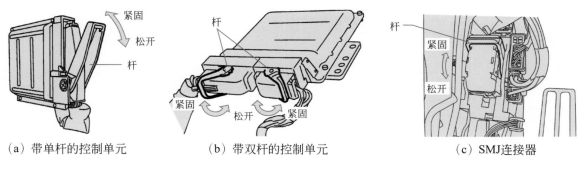

（a）带单杆的控制单元　　　　（b）带双杆的控制单元　　　　（c）SMJ连接器

图 3-31　杆锁式连接器的拆装

（3）插头和插座　在电路图中，阳端连接器的导向头用黑色表示，阴端连接器的导向头用白色表示，如图 3-32 所示。

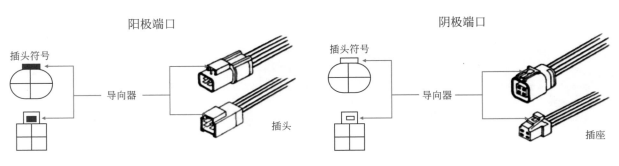

图 3-32　插头和插座

（4）连接器信息　日产车系对线束及连接器进行了编号（表3-19），并给出了连接器的相关信息（图3-33）。

表3-19　线束及连接器编号

连接器编号	线　束	连接器编号	线　束
A	交流发电机线束	E	发动机舱线束
B	车身线束	F	发动机控制线束
C	底盘线束	M	主线束
D	车门线束	R	车内灯线束

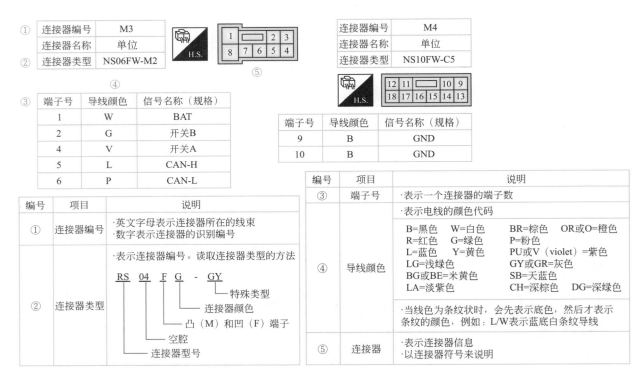

图 3-33　连接器的信息说明

4. 开关状态的表示方法

电路图中所示的开关位置是车辆处于"正常"状态下的情况，如图3-34所示。车辆"正常"状态：点火开关在 OFF 位置；车门、发动机罩和行李厢盖/尾门都处于关闭状态；踏板没有被踩下；驻车制动器处于释放状态。

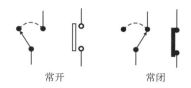

图 3-34　开关状态的表示方法

5.多路开关

多路开关的导通性一般用开关表或开关图两种方式表示，图 3-35 所示为刮水器开关表示方式。

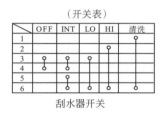

（开关表）

刮水器开关

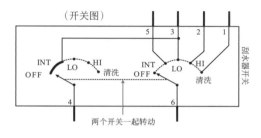

（开关图）

两个开关一起转动

刮水器开关的导通情况

开关位置	导通电路
OFF	3-4
INT	3-4，5-6
LO	3-6
HI	2-6
清洗	1-6

图 3-35　刮水器开关表示方式

二、日产汽车电路图识读说明

图 3-36 所示为日产汽车电路图识读说明图，电路图中图形、符号和代号所表示的意义说明见表 3-20。

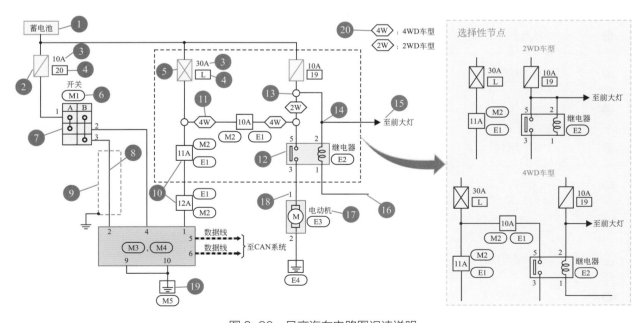

图 3-36　日产汽车电路图识读说明

表3-20　图形、符号和代号所表示的意义说明

编号	项　目	说　明
❶	电源	表示熔断器或保险丝的电源
❷	保险丝	"/"表示保险丝
❸	熔断器/保险丝的额定值	表示熔断器或保险丝的额定值
❹	熔断器/保险丝的编号	表示熔断器或保险丝的位置编号
❺	熔断器	"X"表示熔断器
❻	连接器编号	英文字母表示连接器所在的线束 数字表示连接器的识别编号
❼	开关	表示在开关处于A位置时，端子1和2之间导通；当开关在B位置时，端子1和3之间导通
❽	电路（配线）	表示配线
❾	屏蔽线	以虚线包围的线路表示屏蔽线
❿	连接器	表示一条传输线旁通两个连接器以上
⓫	选装缩写	表示将电路布局在"○"之间的车辆规格
⓬	继电器	表示继电器的内部结构
⓭	选择性分叉点	空心圈表示此分叉点为根据车型选配的
⓮	分叉点	有底纹的实心圆"●"表示接合
⓯	系统分支	表明电路分支到其他系统
⓰	跨页	电路延续至下一页
⓱	部件名称	表示部件的名称
⓲	端子号码	表示一个连接器的端子数
⓳	接地（GND）	表示接地的连接
⓴	选配说明	表示本页所使用的选配缩写的说明

第五节　丰田汽车电路图的识读

一、丰田汽车电路图符号

丰田汽车电路图符号及含义见表3-21，表中列举了部分元器件的实物，以供参考。

表3-21　丰田汽车电路图符号说明表

符号与实物	含　义	符号与实物	含　义
	蓄电池：存储化学能量并将其转换成电能，为车辆的各种电路提供直流电		点火线圈：将低压直流电转换为高压点火电流，使火花塞产生火花
	二极管：一个只允许电流单向流通的半导体		电阻器：有固定阻值的电气元件，安装在电路中以将电压降低到规定值
	稳压二极管：允许电流单向流动，但只在不超过某一个特定电压时才阻挡反向流动的二极管，超过该特定电压时，稳压二极管可允许超过部分的电压通过，可作为简易稳压器使用		发光二极管：电流流过发光二极管时会发光，但发光时不会像同等规格的灯一样产生热量
	电容器：一个临时储存电压的小存储单元		可变电阻器或变阻器：一种可调电阻比的可控电阻器，也被称为电位计或变阻器
	抽头式电阻器：一种电阻器，可以提供两种或两种以上不同的不可调节的电阻值		灯：电流流过灯丝，使灯丝变热，并发光
	光敏二极管：一种根据光照强度控制电流的半导体		喇叭：可以发出响亮音频信号的电子装置
	晶体管：主要用作电子继电器的一种固态装置；根据在基极上施加的电压来阻止或允许电流通过		扬声器：一种可利用电流产生声波的机电装置
适用于中等电流的保险丝	保险丝：一条细金属丝，当通过过量电流时会熔断，可以阻断电流，防止电路受损		点火开关：使用钥匙操作且有多个位置的开关，可用来操作各种电路，特别是初级点火电路

续表

符号与实物	含　义	符号与实物	含　义
适用于大电流的保险丝或易熔线	易熔线：位于大电流电路中的粗导线，如果电流过载其将会熔断，从而保护电路	常开 常闭	手动开关：打开或闭合电路，从而可阻断（常开）或允许（常闭）电流通过
	断路器：可重复使用的保险丝，如果有过大的电流经过时，断路器变热并断开；有些断路器在冷却后会自动复位，有些需要手动复位		双掷开关：使电流持续流过两组触点中任意一组的一种开关
单灯丝 双灯丝	前照灯：电流使前照灯灯丝发热并发光，前照灯可以有单灯丝或者双灯丝		模拟表：电流会使电磁线圈接通引起指针移动，在刻度上提供一个相应的指示
常闭 常开	继电器：通常指一个可常闭或常开的电控操纵开关，电流通过一个小型线圈产生磁场打开或关闭继电器开关	FUEL　N 421	数字表：电流会激活一个或多个LED、LCD或者荧光显示屏，这些显示屏可提供相关显示或数字显示
	双掷继电器：使电流流过两组触点中任意一组触点的一种继电器		电动机：把电能转换成机械能，特别是旋转运动的动力装置
电磁阀　　喷油器	电磁阀：电流通过电磁线圈产生磁场以便移动铁芯等		点烟器：一个电阻加热元件
	刮水器停止开关：刮水器开关关闭时可自动将刮水器返回到停止位置的开关		车速传感器：使用电磁脉冲断开和闭合开关，以生成一个信号，用来激活其他部件
	分电器：将来自点火线圈的高压电分配到每个火花塞	未连接 接合	线束：在线路图上以直线表示。连接处没有黑点的交叉线束为未接合连接；连接处标有黑点或正八角形（○）标记的交叉线束为接合连接
	短接销：用来在接线盒内部建立不可断开的连接		搭铁：线束与车身相接触的点，因此为电路提供一条回路，没有搭铁线路，电流就无法流动
	传感器（热敏电阻）：阻值随温度变化而改变的电阻器		

二、丰田汽车电路图识读说明

丰田汽车电路图识读说明如图3-37所示。电路图中字母是注释标号，其各部分的含义如下。

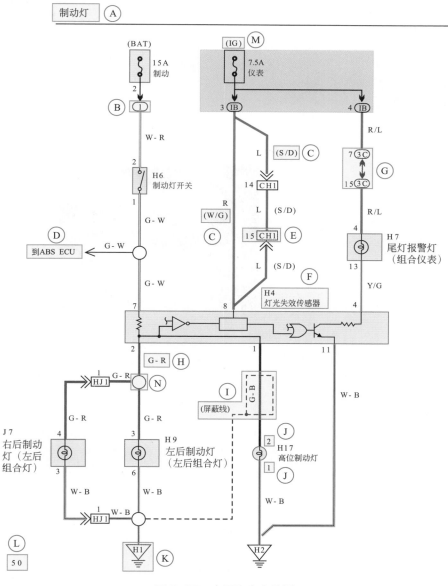

图3-37　丰田汽车电路图

注释标号Ⓐ：表示系统标题，在电路图上方用横线划分，区域内用文字和系统符号表示下方电路系统的名称。

注释标号Ⓑ：表示继电器盒，不使用阴影仅用继电器编号来区别于接线盒，图3-38中所示的①表示1号继电器盒。

例如图3-38中所示的P/W继电器，椭圆中"2"表示接线盒号码，字母"G"表示连接器代码。

图3-39中②、⑨表示连接器的端子号。

图3-40中①、②、③、⑤表示P/W继电器的端子号。

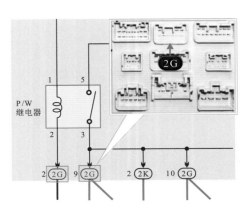

图 3-38　接线盒号码和连接器代码

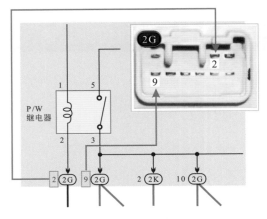

图 3-39　连接器的端子号

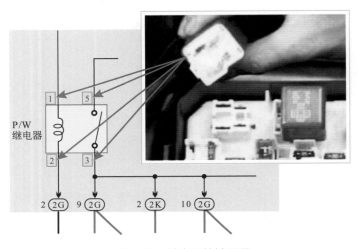

图 3-40　继电器的端子号

在丰田汽车电路图中，接线盒也称为 J/B，包括发动机室接线盒、仪表板接线盒及其他接线盒。接线盒内部电路图描述了接线盒各插接件端子之间以及各插接件端子与内部保险丝、继电器的电路连接关系，这些电路是没有导线连接的，但实际的接线是存在的，如图 3-41 所示。

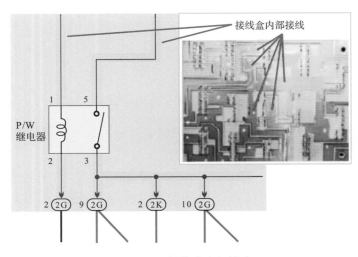

图 3-41　接线盒内部线路

注释标号Ⓒ：当车型发动机型号或规定不一样时，用"（ ）"来表示不同的线和连接器。

注释标号Ⓓ：表示相关联的系统。

注释标号Ⓔ：表示线束和线束连接器（图3-42），使用公端子的导线束用箭头⋎来表示，外侧的数字是端子号码。

导线束和导线束连接器的第一个字母表示这部分的位置，例如"E"为发动机部分；"I"为仪表板及其相关部分；"B"为车身及相关部分。当多个代码的第一个和第二个字母相同时，后跟数字（如CH1、CH2）表示相同类型的线束和线束连接器。

注释标号Ⓕ：代表一个零件代码，与零件位置使用的代码相同。

注释标号Ⓖ：接线盒（圈中的数字是接线盒的代码，旁边是连接器的符号），接线盒涂阴影以清楚地区别于其他零件。

例如图3-43中3C表示3号接线盒，数字7和15表示两条配线分别在插接器7号和15号接线端子上。

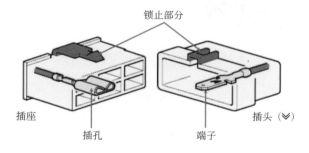

图3-42　线束连接器

图3-43　接线盒

注释标号Ⓗ：表示线色，导线的颜色用字母代号表示。

常见字母代号及颜色见表3-22。

表3-22　丰田汽车导线的颜色代号及色标

代号	线色	色标	代号	线色	色标
B	黑色		BR	棕色	
G	绿色		GR	灰色	
L	蓝色		LG	淡绿色	
O	橙色		P	粉红色	
R	红色		V	蓝紫色	
W	白色		Y	黄色	
SB	天蓝色		BE	米黄色	

当用双色线时，第一个字母表示主色，第二个字母表示辅色。例如图3-44中，L表示蓝色，Y表示黄色。丰田汽车上的各种导线如图3-45所示。

例：L-Y

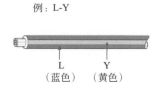

图3-44　导线的颜色

图3-45　丰田汽车上各种颜色的导线

图 3-46 丰田汽车上的屏蔽线

注释标号 (I)：表示屏蔽线，如图 3-46 所示。

注释标号 (J)：表示连接器端子编号，插座和插头编号是不同的，编号顺序如图 3-47 所示。连接器端子编号示例如图 3-48 所示。

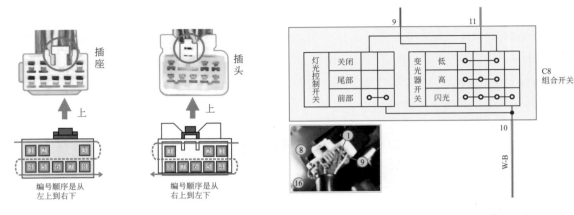

图 3-47 连接器端子编号

图 3-48 组合开关连接器端子编号

注释标号 (K)：表示接地点。接地点把线路连接到车体或发动机上（图 3-49），表示接地点的字符由字母和数字两部分组成，字母表示线束，当有多个接地点同时存在一个线束中时，用数字以示区别。

注释标号 (L)：表示在原厂电路图中的页码。

注释标号 (M)：表示保险丝通电时的点火开关的位置。

注释标号 (N)：表示配线接点，配线接点不通过连接器直接与线路相连，如图 3-50 所示。

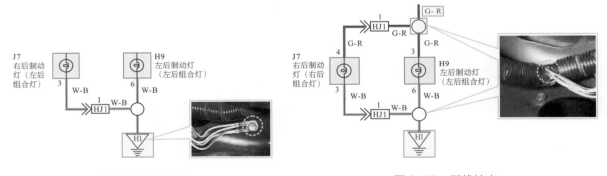

图 3-49 接地点

图 3-50 配线接点

三、丰田汽车电路布线图识读说明

电路布线图主要表明元器件在汽车上的位置，一般包括发动机舱、仪表板、车身、电动座椅等部位。另外，布线图还包括配线连接器、接地点和铰接点位置图。配线连接器用于连接各元件和配线之间的电路。接地点位置图主要用于经常检查电路接地点，清理接地点的锈蚀、油污以及拧牢紧固螺栓等，对于保证电路的正常工作是非常重要的。铰接点表示配线之间用铰接形式连接，它在电路图中用相交点"●"或正八角形"〇"来表示。图 3-51 所示为丰田凯美瑞仪表板电路布线图。

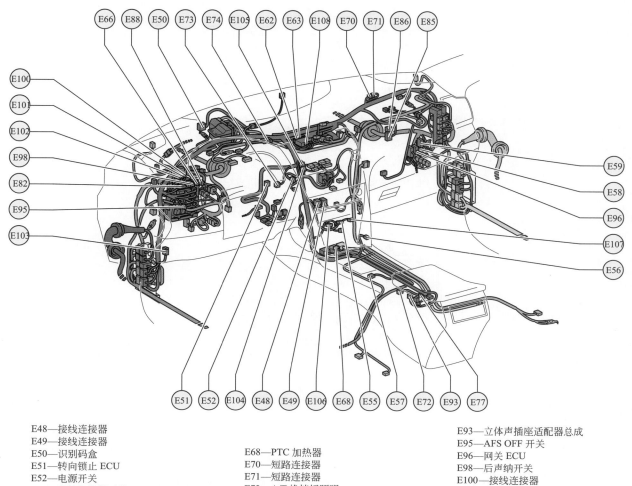

图 3-51　丰田凯美瑞仪表板电路布线图

E48—接线连接器
E49—接线连接器
E50—识别码盒
E51—转向锁止 ECU
E52—电源开关
E55—座椅加热器开关
E56—电子钥匙振荡器（控制台）
E57—换挡锁止控制 ECU
E58—认证 ECU
E59—认证 ECU
E62—接线连接器
E63—接线连接器
E66—ECO 开关

E68—PTC 加热器
E70—短路连接器
E71—短路连接器
E72—A/T 换挡杆照明
E73—制动灯控制继电器总成
E74—接线连接器
E77—A/T 换挡杆照明
E82—车外后视镜开关
E85—车外后视镜控制 ECU
E86—车外后视镜控制 ECU
E88—座椅存储器开关

E93—立体声插座适配器总成
E95—AFS OFF 开关
E96—网关 ECU
E98—后声纳开关
E100—接线连接器
E101—接线连接器
E102—接线连接器
E103—接线连接器
E104—接线连接器
E105—接线连接器
E106—求救信号开关总成
E107—后遮阳帘开关
E108—接线连接器

四、丰田汽车继电器位置图识读说明

在丰田汽车电路图中，继电器以两种形式分布在汽车中：一种为多个继电器集中装在一个盒内，称为继电器盒（R/B）；另一种以一个或两个继电器单独存在。

继电器位置图有总图也有分图；总图给出的是继电器盒或继电器组的位置（图 3-52 所示为丰田凯美瑞 HV 混合动力车发动机室的继电器位置总图），而分图给出每个继电器在盒中的位置及继电器端子的分布（图 3-53 所示为丰田凯美瑞 HV 混合动力车发动机室 3 号继电器盒）。这些继电器包括发动机主继电器、起动机继电器、大灯清洗控制继电器、ABS 继电器、风扇继电器、空调电磁离合器继电器、喇叭继电器等。

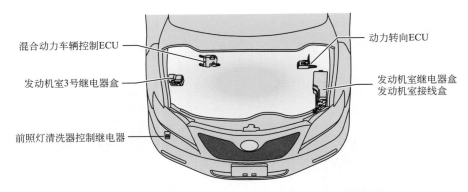

图 3-52　丰田凯美瑞 HV 混合动力车发动机室继电器位置总图

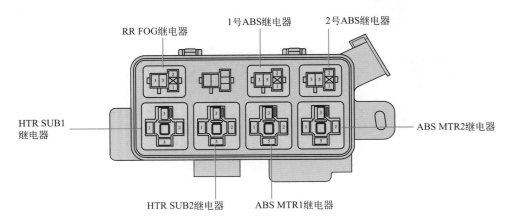

图 3-53　丰田凯美瑞 HV 混合动力车发动机室 3 号继电器盒

第六节　本田汽车电路图的识读

一、本田汽车电路图符号

1.汽车电路图符号说明

本田汽车电路图符号见表3-23，表中列举了部分元器件的实物，以供参考。

表3-23　本田汽车电路图符号说明表

名称	符号及实物	名称	符号及实物	名称	符号及实物
电容器		热敏电阻器	冷却液温度传感器	连接器	
蓄电池	蓄电池	点火装置开关		喇叭	

续表

名称	符号及实物	名称	符号及实物	名称	符号及实物
搭铁点	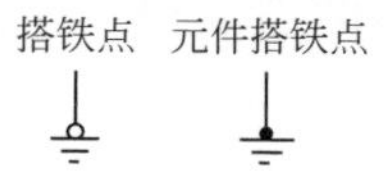 搭铁点　元件搭铁点	灯泡		二极管	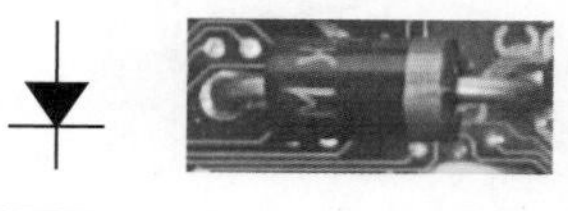
熔丝		暖气		扬声器	
线圈，螺线管	 喷油器	弹簧开关		天线（杆状天线）	
点烟器		电动机		天线（窗式天线）	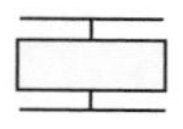
发光二极管	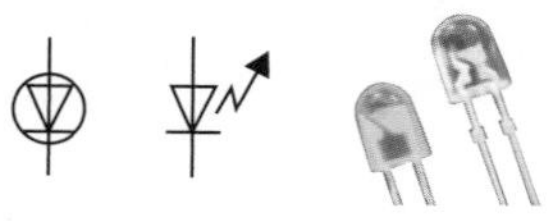			晶体管（VT）	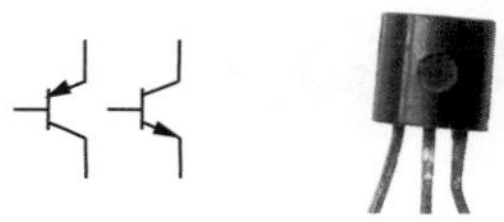
电阻		油泵	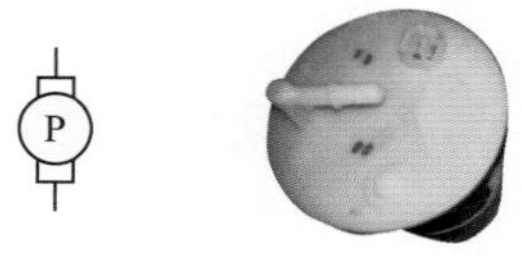	继电器	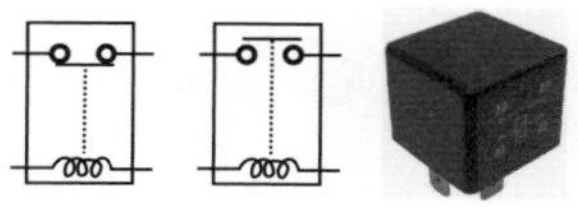
可变电阻		断路器		开关	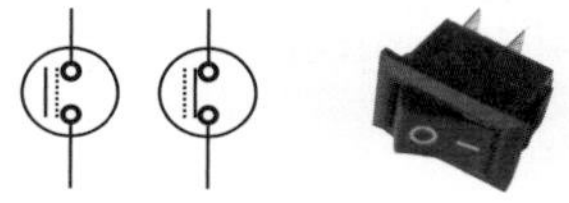

2.导线颜色代码

本田轿车每条导线上都标有颜色，分单色线和双色线，以英文缩写来表示。导线颜色代码及色标见表3-24。

表3-24　本田汽车导线颜色代码及色标

代码	颜色	色标	代码	颜色	色标
WHT	白色		BRN	棕色	
YEL	黄色		GRY	灰色	
BLK	黑色		PUR	紫色	
BLU	蓝色		LT BLU	浅蓝色	
GRN	绿色		LT GRN	浅绿色	
RED	红色		PNK	粉红色	
ORN	橙色				

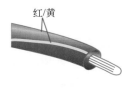

红/黄

图3-54　导线颜色识别

有的导线绝缘层只有一种颜色，有的导线绝缘层则在一种颜色的基础上加上另一种颜色的条纹。第二种颜色即为条纹颜色，如图3-54所示。

本田汽车的电路图导线并没有标出导线的截面积，只是根据和导线相连的熔丝的通电电流的大小来判断导线的截面积大小。

二、本田汽车电路图识读说明

图3-55所示为本田汽车电路图识读说明，图中指示出常见图形、符号和代号所表示的意义。

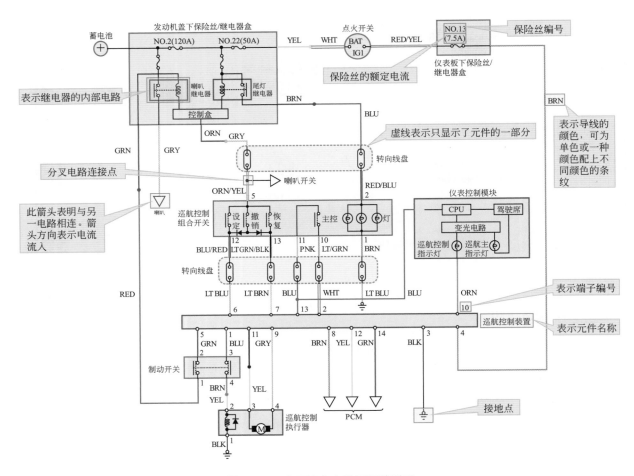

图3-55　本田汽车电路图识读说明

第七节　奔驰汽车电路图的识读

奔驰汽车在电路图符号标注、文字标注、导线颜色的规定上与通常的电路图有较大的差别。

一、奔驰汽车电路图符号

1.奔驰汽车电路图符号及实物对照

奔驰汽车电路图符号及实物对照见表3-25所示。

表3-25　奔驰汽车电路图符号及实物对照

名称	符号与实物	名称	符号与实物	名称	符号与实物
电阻		电容	电解电容　瓷片电容　贴片电容	发光二极管	
可变电阻		二极管		灯泡	
电子器件		熔丝	8	爆震传感器	
电磁线圈		氧传感器		电磁阀	喷油器　节温器
点火线圈		常开触点	或	直流电动机	M
火花塞		常闭触点	或	继电器	油泵继电器
温度传感器	进气温度传感器　冷却液温度传感器	指示仪表		加热器加热电阻	
				电位计	
压力传感器	进气压力传感器	喇叭		平插头	

续表

名称	符号与实物	名称	符号与实物	名称	符号与实物
手动开关		蓄电池		圆插头	
手动按键开关	危险报警按钮　ESP关闭按钮	发电机		螺钉连接	
自动开关		霍尔式传感器	凸轮轴霍尔传感器	焊接点	
压簧自动开关		起动机		插接板	

2.奔驰汽车电路图导线的标识

为便于识别和检修汽车电气设备，奔驰汽车电路中的低压导线通常由不同的颜色组成（图3-56），并在电路图上用导线颜色的字母代号标注出。

图 3-56　不同颜色的导线

在奔驰汽车电路图中，导线颜色代码大多采用两位大写的英文缩略语，导线颜色代码含义见表3-26。

除单色线外，奔驰汽车还采用了双色线，在电路图中，用VT YL、RD WS、BK YL、BN GN 等形式表示。

导线的标识不仅只有线色，还有线粗（即导线的截面积）。奔驰汽车电路图中，导线的标称截面积写在线色符号之前，如0.75BN表示截面积为0.75mm²的棕色导线，0.35GY BU表示截面积为0.35mm²的灰底蓝色导线。

表3-26 奔驰汽车导线颜色代码含义

英文简写	颜色	色标	英文简写	颜色	色标
BK	黑色	■	GN	绿色	■
BN	棕色	■	BU	蓝色	■
RD	红色	■	VT	紫色	■
YL	黄色	■	GY	灰色	■
WS	白色	□	TR	透明色	□
PK	粉红色	■			

3.奔驰汽车电路图各信号说明

奔驰汽车电路图各信号说明如表3-27所示。

表3-27 奔驰汽车电路图各信号说明表

信号	说 明	信号	说 明
15R	转换正极，位于点火位置1、2和3	55R	右侧雾灯
30	蓄电池正极电压	56a	远光灯
30g	转换正极，受保险丝保护	56b	近光灯
30z	电路30的1级输入	58	示廓灯、尾灯、牌照灯和仪表照明灯
31	蓄电池负极或接地的直接回馈线路	58d	可变仪表和开关照明
5V	5V供电电源	58L	左侧侧灯
49L	左侧转向信号灯	87	电路87输入
49R	右侧转向信号灯	87M	87发动机电控系统
50	起动机控制（直接）	（+）	蓄电池正极
54	制动灯	GND 或（-）	接地
55L	左侧雾灯	D	换挡杆位置D的功能

4.电气符号及标注

代码前部是字母，表示电器种类，如A为仪表，B为传感器，C为电容，E为灯，F为熔断器盒，G为蓄电池、发电机，H为喇叭、扬声器，K为继电器，L为转速、速度传感器，M为电动机，N为电控单元，R为电阻、火花塞，S为开关，T为点火线圈，W为搭铁点，X为插接器，Y为电磁阀，Z为连接套。代码后部数字代表编号，一般电器代码之下注明电器名称。

二、奔驰汽车电路图特点及识读说明

在奔驰原厂资料中，电路图采用横、纵坐标来确定电器在电路图中的位置，其中数字作横坐标、字母作纵坐标。电气符号及位置在电路图的前面以文字的方式给出，如图3-57所示。

文件编号：PE46.35-P-2101-97FAA —— 表示电路图的编号

文件标题：电动动力转向控制单元的电路图 —— 表示电路图的名称

代码	元件名称	位置
A91/1	电动液压动力转向系	5A
CAN E	底盘控制器区域网络（CAN）	11K
F32	前部备用电子保险丝的保险丝盒	4L
F99/04	电动液压动力转向保险丝	2L
G1	车载网络蓄电池	3L
N10/1	带保险丝和继电器模块的前SAM/SRB控制单元	8L
N10/1f36	保险丝36	7L
U240	适用于除了ECO启动/停止功能外的所有型号	4G
U250	适用于电子动力转向	4G
U412	适用于电动液压动力转向	1A
W52	右前纵梁接地	4E
X30/30	车辆底板底盘控制器区域网络（CAN）电位分配器电气插接器	11L
X35/6	仪表板和模块盒电气插接器	7G

电气符号及位置说明。其中代码用字母及数字表示电器的种类和编号。位置用数字和字母表示电器的横坐标和纵坐标。如代码为"X30/30"的"车辆底板底盘控制器区域网络（CAN）电位分配器电气插接器"，位置是"11L"，表明元件 X30/30 在横坐标11 和纵坐标 L 的位置

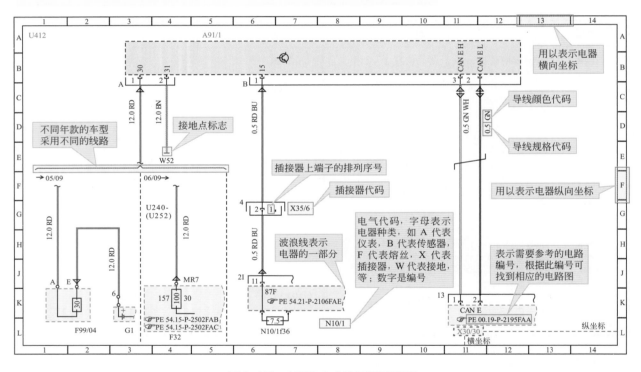

图 3-57　奔驰汽车电路图识读说明

第八节　宝马汽车电路图的识读

宝马汽车电气系统的设计与其他厂家有着相同的规律，但其电路图符号标注、文字标注、导线颜色的规定与其他厂家略有不同，因此在阅读电路图前，需要了解宝马汽车电路图的特点及电气符号的表示方法。

一、宝马汽车电路图符号

1.宝马汽车电路图符号及实物对照

宝马汽车电路图符号及实物对照见表3-28。

表3-28 宝马汽车电路图符号及实物对照

名称	符号与实物	名称	符号与实物	名称	符号与实物
保险丝		机油压力开关		二极管	
电阻		可变电阻		发光二极管	
灯泡		电容	电解电容 瓷片电容 贴片电容	表示部件的一部分	
电子控制器		偏心轴位置传感器		表示部件外壳搭铁	
半导体		继电器	30 86 87 85	表示导线连接器在部件上	
爆燃传感器		带保护电阻的继电器	30 86 87a 87 85	表示导线连接器用螺钉固定在部件上	
氧传感器		电动机	刮水器电动机	开关	1 2 危险报警按钮 中控锁按钮
电磁阀	喷油器 VANOS 进气电磁阀	起动机	M	多挡开关	1 2 1 2 刮水器开关 (虚线表示开关之间的联动关系)
点火线圈		发电机	31	括号	自动变速器 手动变速器 2.5 BK YL 2.5BK 括号表示了车上可供选择项目在线路上的区分

续表

名称	符号与实物	名称	符号与实物	名称	符号与实物
火花塞		蓄电池		导线规格、导线颜色、插头号码与接地号码	SFFA① 0.35② GR/SW③ ④4 X256⑤ X172⑥ ①：信号 ②：导线截面（单位为mm²） ③：线路颜色 ④：端子号码 ⑤：插头参考号码 ⑥：地线参考号码
发动机温度传感器		喇叭			
进气温度压差传感器		线圈		同一插接器	3 4 X270 同一插接器标注，用虚线表示"3""4"端子均属于X270连接插头
霍尔式传感器	凸轮轴传感器	表示部件全部			

2.宝马汽车电器代码说明

宝马汽车电器代码由字母和数字两部分组成。代码前部分是字母，表示电器种类；代码后部是数字，表示编号。一般电器代码下面注明电器名称。宝马汽车电器代码说明见表3-29。

表3-29　宝马汽车电器代码说明

电器代码字母	说　明	示　例
A	控制单元、模块	A6000—汽车发动机DME控制单元；A3—照明模块
B	传感器、电气转换器	B1—右前车轮转速传感器；B10—加速踏板模块
D	诊断接口	—
E	灯、电气加热装置	E7—右侧大灯；E9—后窗加热
F	保险丝	F01—01号保险丝
G	供电、触发单元	G1—蓄电池；G5—驾驶员安全气囊发生器
H	声光信号仪	H53—右后高音喇叭
I	来自国外生产商的部件	I01004—转向盘电子控制装置
K	继电器	K6—大灯清洗装置继电器
L	线圈	L1—环形线圈EWS
M	电动机、驱动装置	M2—电动燃油泵；M16—油箱盖板中控锁驱动装置
N	放大器、控制器、控制装置	N22—CD光盘转换匣；N40a—高保真功率放大器；N42a—耳机接口模块
R	电阻、电位计	R8554—分级电阻；R012—后座区分区风门电位计
S	开关、按钮	S4—喇叭开关；S6—DSC/DTC键

电器代码字母	说　明	示　例
T	点火线圈	T6151—1缸点火线圈
U	无线电设备、抗干扰设备	U400a—电话发射接收器
W	天线、屏蔽	W12—后部车内天线
Y	机电部件	Y2341—喷油器1
Z	抗干扰滤波器	Z13—抗干扰滤波器

3.宝马汽车电路图各信号说明

宝马汽车电路图各信号说明见表3-30。

表3-30　宝马汽车电路图各信号说明

信　号	说　明	信　号	说　明
15 __ WUP 或 15WUP	总线端KL.15，唤醒	54	制动信号灯开关信号
30	总线端KL.30，蓄电池	55HL	左后雾灯
30<1	总线端KL.30，保险丝1	56AL	左侧远光灯
30G	总线端KL.30，已接通	58VR	右侧停车灯
31	蓄电池负极	58G	仪表和背景照明
31 __ SENS	传感器负极	KL.87	继电器输出端信号
31E	电子接地线	S __ 50	点火开关
31L	负载接地	U __ 30	总线端KL.30电源供应
5V	5V供电电源	B+ 或 B（+）	蓄电池正极
49HL	左后转向信号灯	KL.31 或 KL31	接地
50L	总线端KL.50，负荷信号	POS	挡位信号

4.宝马汽车电路图导线的标识

为便于识别和检修汽车电气设备，宝马汽车电路中的低压导线通常由不同的颜色组成，并在电路图上用导线颜色的字母代号标注出。宝马汽车电路图导线颜色及英文简写见表3-31。

表3-31　宝马汽车电路图导线颜色及英文简写说明表

英文简写	颜色	色标	英文简写	颜色	色标	英文简写	颜色	色标
BL	蓝色		RT	红色		SW	黑色	
BR	棕色		GR	灰色		VI	紫色	
GE	黄色		OR	橙色		WS	白色	
GN	绿色		RS	粉红色		TR	透明色	

导线除了用颜色进行标识外，还需注明导线的粗细，即导线的截面积（单位为mm^2）。

例如，0.35GE/BR代表主色为黄色，辅色为棕色，截面积为$0.35mm^2$的导线；0.5SW/VI代表主色为黑色，辅色为紫色，截面积为$0.5mm^2$的导线；4.0RT代表红色，截面积为$4.0mm^2$的导线。

二、宝马汽车电路图识读说明

图3-58所示为宝马汽车电路图识读说明图，图中指示出常见图形、符号和代号所表示的意义。

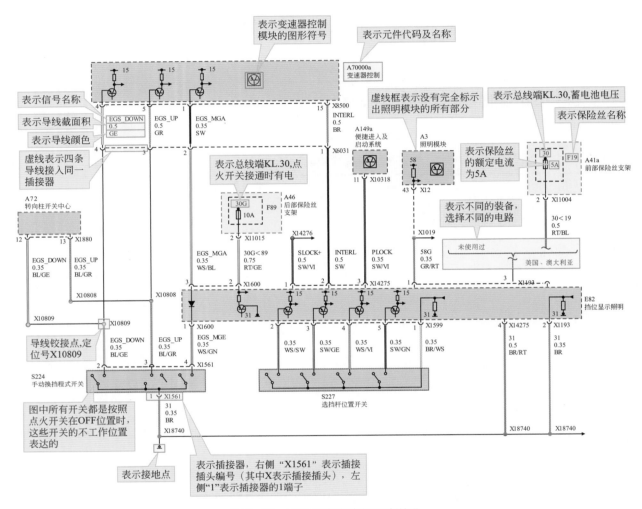

图 3-58　宝马汽车电路图识读说明

第九节　福特汽车电路图的识读

一、福特汽车电路图符号

1.电路及元件符号

福特汽车电路图中使用的符号及含义见表3-32。

表3-32　福特汽车电路图中使用的符号及含义

部　件	图形说明	部　件	图形说明	部　件	图形说明
	配置接点		连接器		组件外壳直接与车身金属部位连接（搭铁）
	不相连的跨越电路		组件整体		组件上配置螺钉锁接式端子
	接点		组件的部分		直接接到组件的连接器
	可移动连接		晶体管		代表两条或两条以上线路
	接地（搭铁）		灯		代表一条连接线路
	母连接器（母子）		霍尔传感器		继电器
	公连接器（公子）		钟式弹簧		联动开关（虚线代表在开关之间以机械方式相连接）
	电磁控制阀或离合器电磁阀		蜂鸣器		常开接点（线圈通电时，开关被拉回闭合）
	线圈		加热元件导体环	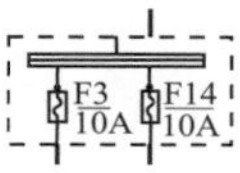 F3 10A　F14 10A	汇流排
	蓄电池		温控计时继电器	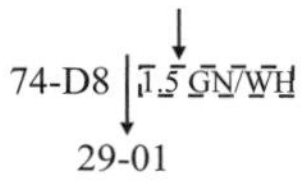 74-D8　1.5 GN/WH 29-01	线路参照编号（可借此找出连接于其他回路中的线路）
			可变电容器	I5　P91 F18 3A　蓄电池连接盒（BJB） 53　C224 A11 音响主机	其他回路也共同利用18号保险丝，但未显示在同一线路图中
	断电器		压电传感器		
	电阻或加热元件		温度断路器		
	电位计（压力或温度）		转向灯符号	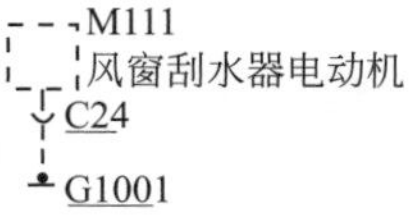 M111 风窗刮水器电动机 C24 G1001	仍有其他回路通过 G1001 搭铁，但未显示在同一线路图中
	电位计（受外来因素影响）		天线		
	连接组件导线的连接器		二极管（电流依箭头方向流通）	 A7 ABS控制模块	该符号用以显示系统中的硬件装置（仅由电子元件组成）
			发光二极管（LED）	 ① ② 31-DA15　75 BN G18	① 线路编号 ② 导线截面积（mm^2），线路连接于车身金属表面（搭铁），可利用部件位置表的搭铁编号
	电路阻抗		永磁单速电动机		

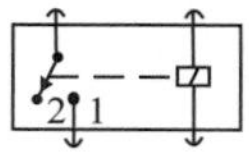

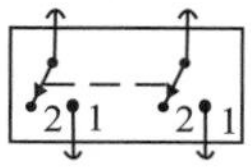

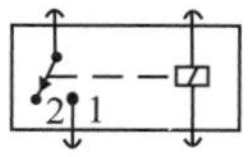

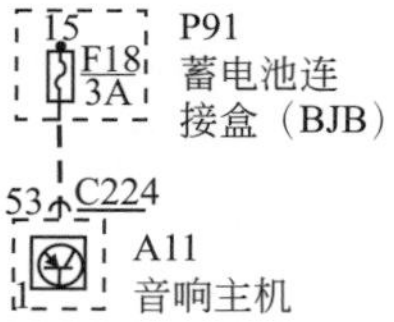

续表

部 件	图形说明	部 件	图形说明	部 件	图形说明
	燃油发送器		永磁双速电动机	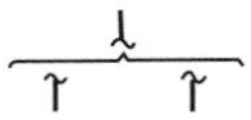	选择用支路，代表在不同机型、国别或选装设备时，线路有所不同
	保险丝		转向柱滑环		单极、两投开关
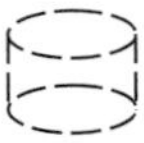	屏蔽	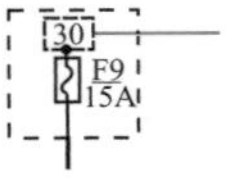 30 F9 15A	代表该保险丝一直供电	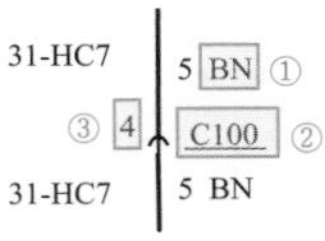 31-HC7　5 BN ① ③ 4 C100 ② 31-HC7　5 BN	① 线路绝缘为单一颜色 ② 可利用部件位置表的连接器参照编号 ③ 端子号码
	易熔线		滤波器	.5 BN/RD 9-MD11　.5 GN 3　4 C103 .5 BN/RD 9-MD11　.5 GN	"3""4"为同一组连接器的两个接点（端子），虚线代表各端子位于同一组连接器中
	电容器		后雾灯	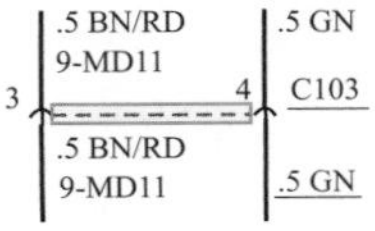	
	双芯灯		前雾灯		
	远光灯		量表	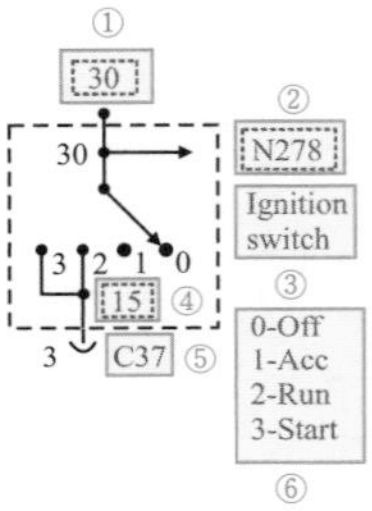 ① 30 3 2 1 0 15 3 C37	① 端子号 ② 部件编号 ③ 部件名称 ④ "15" 表示在位置 2 或 3 供应蓄电池电压 ⑤ 部件连接器 ⑥ 相关部件或工作的具体内容
	AC 交流电	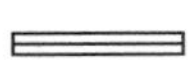	汇流排	N278 Ignition switch 0-Off 1-Acc 2-Run 3-Start	注释： Ignition switch- 点火开关 0-Off（关闭）
	点火线圈总成		分电器		1-Acc（附件） 2-Run（运转） 3-Start（启动）
	ABS 轮速传感器	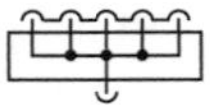	短路条连接器		

对于2012年后生产的福特汽车，电路图中使用的部分符号进行了修改，表3-33列出了2013年款福克斯电路图符号及含义。

表3-33　2013年款福克斯电路图符号及含义

符 号	说 明	符 号	说 明	符 号	说 明
	内嵌式连接器	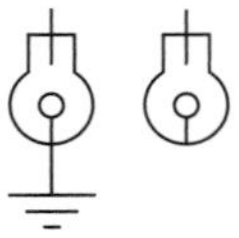	接地	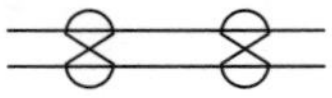	双绞线
	公连接器（公子）			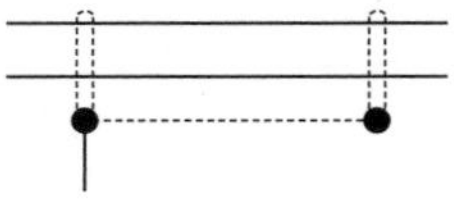	屏蔽电缆
	母连接器（母子）	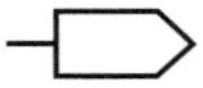	离页引用（关于）		
	有镀膜的端子（如黄金）		离页引用（来自）		组件的部分

2.导线颜色符号

福特汽车电路图中导线颜色符号的含义见表3-34。

表3-34　福特汽车导线颜色符号

英文简写	颜色	色标	英文简写	颜色	色标	英文简写	颜色	色标
BK	黑色		GN	绿色		WH	白色	
BN	棕色		BU	蓝色		OG	橙色	
RD	红色		VT	紫色		LG	淡绿	
YE	黄色		GY	灰色		SR	银色	
PK	粉红		NA	自然色				

二、福特汽车电路图的特点

1.整体电路图的特点

每一电路都独立而完整地在一个单元中绘出，其他连接在该电路上的电器组件，如果对该电路无影响，都可能未绘出，如图3-59所示。

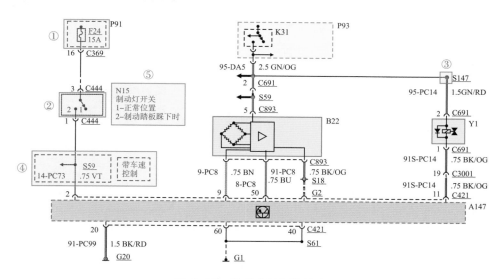

图 3-59　整体电路图的特点

编号①：电流流通路径。通常情况下，每一电路的起点总是从保险丝或点火开关等提供电源的组件开始。电路图中，电流流通路径是按从该页顶部电源处到底部接地点的路线流动的。

编号②：开关位置。电路图中，所有开关、传感器及继电器等都处于其不工作状态（就如点火开关在OFF时一样）。

编号③：电路结合处。用箭头指示某结合处没有被完全绘出。完整的结合处所在页码已在索引中列出了。

编号④：虚线方框。线路图中，窄的虚线方框表示该部分电路仅限某些特殊车型、某国使用或选配件。对该限制的备注标在图中方框旁。

编号⑤：组件名称与标注。组件名称标注于该组件右侧，说明开关位置或工作条件的备注紧邻着它。内部组件如速度传感器的说明也标注于此。

2.保险丝及继电器信息

保险丝及继电器信息包含的保险丝及继电器盒示意图（图3-60）说明了全部保险丝及继电器的信息，还以表格的形式列出了每个保险丝所保护的电路与系统。

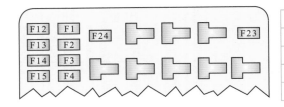

保险丝名称	容量/A	保护的电路与系统
F1	60	冷却风扇模块
F2	80	电动液压动力辅助转向（EHPAS）模块
F3	60	中央接线盒
……	……	……

（a）保险丝及继电器分布图 　　　　　　　　（b）信息表

图3-60　保险丝及继电器信息

3.动力分配系统

动力分配系统单元显示了电流回路，该电路图显示了从蓄电池到点火开关及所有保险的电路，动力分配系统部分电路如图3-61所示。

4.保险丝明细

保险丝明细指出了每个保险丝所保护的电路，该电路依次从保险丝到各电器组件。在保险丝及第一个组件间的所有细节（包括导线、连接处、连接器等）都指示在了图上，如图3-62所示。

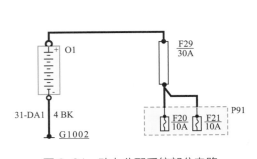

图3-61　动力分配系统部分电路

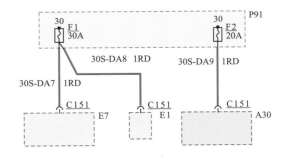

图3-62　保险丝明细

5.接地点

接地点部分说明了每一接地点或搭铁线全部细节。这对于一个故障同时影响几个组件的诊断是很有用的（接地不良）。接地点电路如图3-63所示，在接地点及组件间的所有细节都已列出（导线、接点、连接器等）。

6.原理方框图

　　某些单元电路前面，给出了原理方框图，这些方框图给出了需要详细说明的系统的概述。所有连接到该控制模块的组件在方框图上都有标示，这样就为理解系统中各组件间的相互作用提供了方便。图3-64所示为福克斯动力控制模块原理方框图。

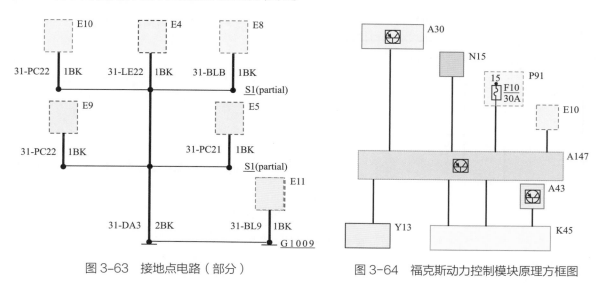

图 3-63　接地点电路（部分）

图 3-64　福克斯动力控制模块原理方框图

三、福特汽车电路图识读说明

　　图3-65、图3-66所示为福特汽车电路图识读说明，图中指示出常见图形、符号和代号所表示的意义。

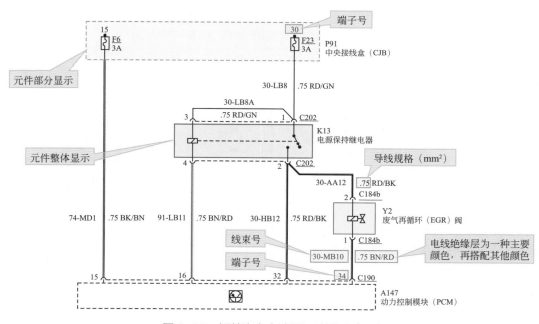

图 3-65　福特汽车电路图识读说明（一）

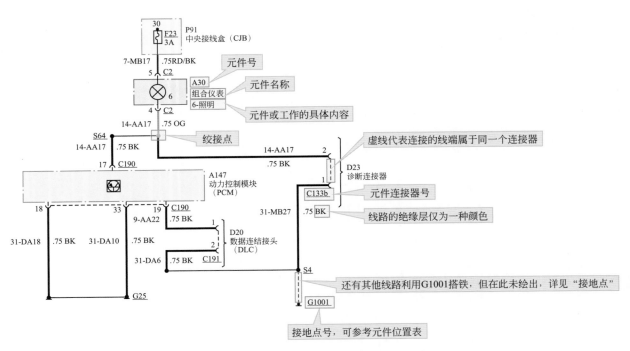

图 3-66　福特汽车电路图识读说明（二）

第十节　雪铁龙汽车电路图的识读

一、雪铁龙汽车电路图符号说明

雪铁龙汽车电路图中各电气装置与电路的符号见表3-35。

表3-35　雪铁龙汽车各电气装置与电路的符号

部件	图形说明	部件	图形说明	部件	图形说明	部件	图形说明
	起动机		继电器		电泵		传感器
	发电机		开关		压缩机		电动机
	插线盒		钥匙		二极管		组合仪表
	蓄电池		电阻		电动阀		熔断器
	氧传感器		可变电阻（探头）		点火线圈		压力开关
	电位计		电控单元		喷油器		灯泡

二、雪铁龙汽车电路图识读说明

下面分别对雪铁龙汽车常用电路原理图及接线图进行说明。

1. 原理图说明

雪铁龙汽车电路原理图说明如图3-67所示。

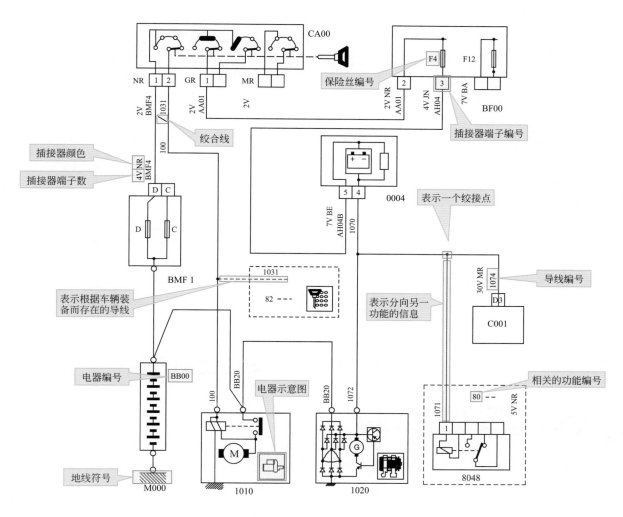

图 3-67   雪铁龙汽车电路原理图说明

2. 接线图说明

雪铁龙汽车接线图说明如图3-68所示。

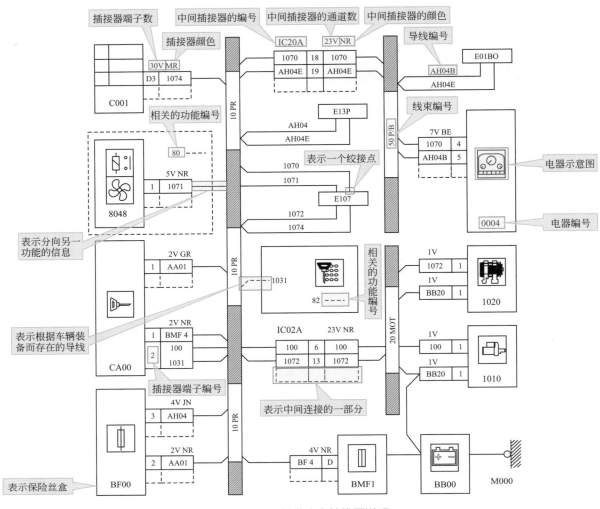

图 3-68　雪铁龙汽车接线图说明

第十一节　马自达汽车电路图的识读

一、马自达汽车电路图符号

马自达汽车电路图符号及含义见表3-36。

表3-36　马自达汽车电路图符号及含义

符　号	含　义	符　号	含　义
灯 3.4W	当电流通过白热丝时发光并发热	传感器3	• 阻抗会随温度的变化而变化的电阻器 • 当温度升高时，阻抗减小
电阻	• 电阻值恒定的电阻器 • 主要通过保持额定电压，来保护电路中的电气部件	传感器4	检测旋转物体发出的脉冲信号

续表

符　号	含　义	符　号	含　义
电动机 Ⓜ	将电能转化为机械能	传感器5	当施加张力或压力时，会产生电势差
泵 Ⓟ	吸入并排放气体和液体	二极管	也被称为半导体整流器，二极管只允许电流朝一个方向流动 阴极(K) ─▶ 正极(A) ◀─ 电流流动 K-▢-A　K-•-A　K-▣-A
附件插座	内部电源	发光二极管（LED）	• 有电流通过时发光的二极管 • 与一般小灯泡不同，二极管点亮时不产生热量 负极 ─▶ 正极 负极 正极 电流
点烟器	产生热的电线圈	稳压二极管（齐纳二极管）	在一定电压下，电流朝一个方向流动，当超过一定电压，电流方向将发生改变
喇叭	当有电流通过时发出声音	线束连接 当电路C-D与电路A-B连接时，连接点D表示为黑点 选择 根据车辆的技术规格，不同电路的改向点D表示为白点	• 对于有 ABS 的车辆，使用 A-B 电路 • 对于无 ABS 的车辆，使用 C-B 电路 Ⓐ──────D──────Ⓑ Ⓒ 有ABS Ⓐ D──────Ⓑ 无ABS Ⓒ
扬声器		接线位置（1）的变化范围 E C A B B B B B B F D B	接线位置可以在端子自由交换
加热器	当有电流通过时产生热量	接线位置（2）的变化范围 E C A B B B B B B F D B	接线位置中可以根据下列组合进行交换 在 A 与 B 之间、在 C 与 D 之间、在 E 与 F 之间
点火开关	转动点火钥匙来转换电流以对各个部件进行操作 注：点火开关在柴油车辆上称为发动机开关	接线位置（3）的变化范围 3 L 2 B 1 B 5 L 4 B 8 B/Y 7 B 6 R 2-1 4 7	• 接线位置只能按照下面的组合变换位置在 1、2、4 和 7 之间 • 接线位置也可以用某些连接器的号码来表示

续表

符 号	含 义	符 号	含 义
开关（1） 常开（NO）	通过打开和关闭电路，使电流流动或将其断开	蓄电池	• 通过化学反应发电 • 向电路提供直流电
开关（2） 常闭（NC）		接地线1	若有电流从蓄电池的正极向负极流动，则将接地点连接到车体或其他接地线 • 接地线 1 表示一个接地点通过线束与车身搭铁之间的连接 • 接地线 2 表示部件直接与车身搭铁接地的点 注：如果接地有故障，那么电流不会流过电路
自动停止开关	当满足某些条件时，自动切断电路	接地线2	
继电器（1） 常开（NO）	通过线圈的电流产生电磁力使触点连接 线圈无电流　线圈有电流	接地线3	
继电器（2） 常闭（NC）	通过线圈的电流产生电磁力使触点断开 线圈无电流　线圈有电流	保险丝1	当电流超过电路的规定，它将熔化，并中断电流 注：不要使用超过规定容量的保险丝进行更换 片式　管式　滤芯式　熔丝式
电磁阀	通过线圈的电流产生电磁力操纵阀芯	保险丝 2 （适用于强电流的保险丝 / 熔丝）	
电容器	能够暂时储存电荷的部件	晶体管1 集电极（c） 基极（b） NPN 发射极（e）	• 电器转换部件 • 当有电压作用在基极（b）上时，其打开 集电极标号
传感器1	根据阻抗的变化检测某些特性，例如进气歧管真空度及空气流量		
传感器2	根据其他部件的操作检测阻抗的变化	晶体管2 集电极（c） 基极（b） PNP 发射极（e）	• 阅读码： 2 S C 828 A — 修订标记 A：高频率 PNP 半导体　B：低频率 PNP 端子数　C：高频率 NPN D：低频率 NPN

二、马自达汽车导线颜色代码

马自达汽车导线颜色代码含义见表3-37。

表3-37 马自达汽车导线颜色代码含义

英文简写	颜色	色标	英文简写	颜色	色标	英文简写	颜色	色标	英文简写	颜色	色标
B	黑色	▬	GY	灰色	▬	P	粉红色	▬	W	白色	▭
L	蓝色	▬	G	绿色	▬	R	红色	▬	Y	黄色	▬
BR	棕色	▬	LB	浅蓝色	▬	SB	天蓝色	▬			
DL	深蓝色	▬	LG	浅绿色	▬	T	黄褐色	▬			
DG	深绿色	▬	O	橙色	▬	V	紫色	▬			

三、马自达汽车线束符号说明

马自达汽车线束符号见表3-38。

表3-38 马自达汽车线束符号

线束名称		符 号	线束名称		符 号	线束名称		符 号
前部线束	F		后部线束	R		车门1号线束	DR1	
前部2号线束	F2	▨	后部2号线束	R2	▨	车门2号线束	DR2	
发动机线束	E	◆◆◆	后部3号线束	R3		车门3号线束	DR3	
前围板线束	D	○○○	仪表板线束	I		车门4号线束	DR4	
			排放线束	EM		空调线束	AC	
底板线束	FR		排放2号线束	EM2		燃油喷射线束	INJ	
内部照明线束	IN		排放3号线束	EM3		手制动线束	HB	

四、马自达汽车电路图识读说明

马自达汽车系统电路图给出了各个系统从电源到接地的电路。电源在页面的上半部分，接地在页面的下半部分。以图3-69所示点火装置的电路为例对电路图中的各个点进行解释说明。

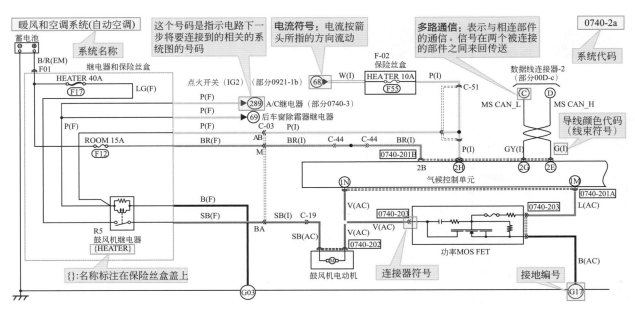

图 3-69　点火装置的电路

第四章

新能源汽车电路图的特点及识读方法

新能源汽车是指采用新型动力系统，完全或者主要依靠新型能源驱动的汽车，包括插电式混合动力汽车、纯电动汽车、燃料电池电动汽车等。

第一节　新能源汽车电路的特点

一、混合动力汽车电路的特点

1.了解混合动力汽车

混合动力汽车是指拥有至少两种动力源，使用一种或多种动力源提供部分或全部动力的车辆。通常我们所说的混合动力汽车是指在汽油、柴油燃料发动机基础上配以电动机，从而能够减少排放，改善汽车的运动性能，减少燃油消耗的汽车。

2.混合动力汽车与传统燃油汽车结构比较

混合动力汽车与传统燃油汽车的区别主要是驱动系统，混合动力汽车通常至少有两种动力源：一种是由发动机提供的与传统汽车燃油类似的动力系统；另一种是传统汽车上所没有的电力驱动系统（也称动力系统、高压系统）。为了能够利用发动机发电或回收汽车的制动能量，电力驱动系统的电动机一般都可作为发电机使用，也有电动机和发电机分开设置的。大部分混合动力汽车取消了起动机，而由驱动电动机带动发动机启动。在空调系统方面，混合动力汽车把机械式空调压缩机改成了电动空调压缩机并增加了PTC电加热装置。混合动力汽车与传统燃油汽车结构比较见表4-1。

表4-1　混合动力汽车与传统燃油汽车结构比较

编号	传统燃油汽车	混合动力汽车
1	有加油口	有加油口和充电接口
2	有油箱	有油箱和高压电池
3	有发动机	有发动机和电动机
4	有发动机电控系统	有发动机电控系统和电动机电控系统
5	有发电机	取消了发电机，增加了 DC/DC 功率转换器
6	有机械式空调压缩机	把机械式空调压缩机改成了电动空调压缩机，增加了 PTC 电加热装置
7	有起动机	大部分混合动力汽车取消了起动机，而由驱动电动机带动发动机启动

3.混合动力汽车高压系统动力框图

混合动力汽车在传统车型上增加了一套高电压系统，整车既有低压电路也有高压电路，高压电路受低压电路的控制。高压系统动力框图如图4-1所示。

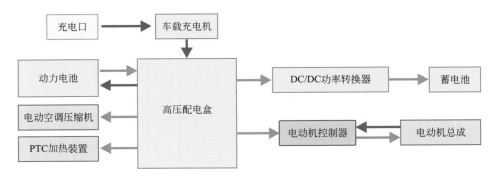

图4-1 混合动力汽车高压系统动力框图

二、纯电动汽车电路的特点

1.了解纯电动汽车

纯电动汽车是指以车载电源为动力，用电动机驱动车轮行驶，符合《道路交通安全法》各项要求的汽车。

2.纯电动汽车的结构

纯电动汽车用电动机代替了发动机，其动力由电动机来提供。纯电动汽车主要由电源系统、电力驱动系统和辅助系统三部分组成。

电源系统：包括动力电池组、高压配电盒、电池管理系统、DC/DC功率转换器、蓄电池和车载充电机等。

电力驱动系统：主要包括整车控制器、电动机控制器、驱动电动机、机械传动装置和车轮等。

辅助系统：主要包括空调系统、动力转向系统、导航系统、刮水器、收音机以及照明和除霜装置等。

纯电动汽车与传统燃油汽车的结构比较如图4-2所示。

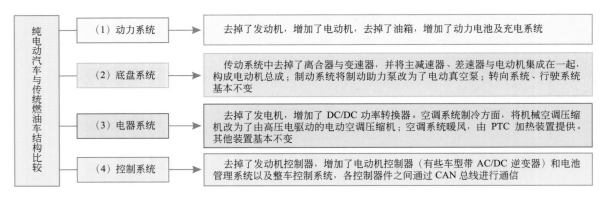

图4-2 纯电动汽车与传统燃油汽车的结构比较

3.纯电动汽车电路结构

纯电动汽车电路中12V的低压系统电路与传统燃油汽车基本相同，不同点在于高压系统电路，如动力电池、车载充电机、高压配电盒、电动机控制器、DC/DC功率转换器、空调系统等。纯电动汽车高压系统结构如图4-3所示。

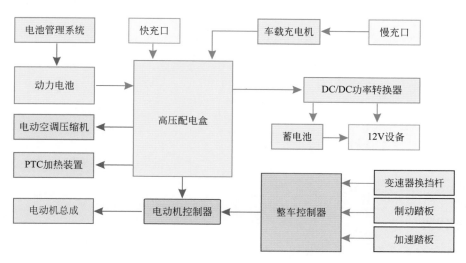

图4-3　纯电动汽车高压系统结构

第二节　新能源汽车电路图的识读

一、特斯拉电动汽车电路图的识读

特斯拉电动汽车原厂家电路图采用英文进行标注，电路图识读示例如图4-4所示。

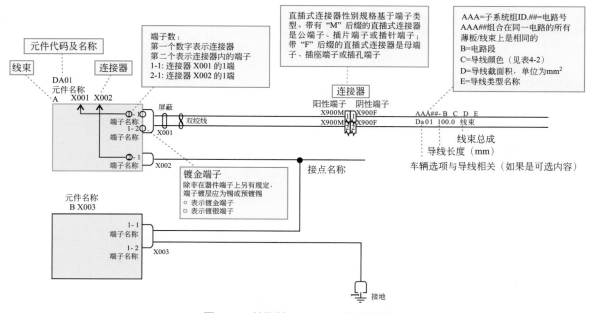

图4-4　特斯拉 Model X 电路示例

1. 导线颜色符号

特斯拉电动汽车电路图中同时标注了导线所在电路号码和导线的颜色、导线的截面积。导线有单色导线和双色导线两种，对于双色导线，左侧字母表示底色，右侧字母表示条纹颜色，例如"BK/WH"表示带有白色条纹的黑色导线，常用导线颜色代码见表4-2。导线的截面积是以数字标示在导线颜色后面，单位是mm²。

表4-2　特斯拉Model X电动汽车导线颜色代码

英文简写	颜色	色标	英文简写	颜色	色标
BK	黑色		YE	黄色	
BN	棕色		GN	绿色	
RD	红色		BU	蓝色	
OG	橙色		VT	紫色	
GY	灰色		WH	白色	

2. 线束的代码

电路图元件名称下面都标有线束代码，为寻找线路的方位和走向提供方便。表4-3所示为特斯拉Model X电动汽车各线束代码。

表4-3　特斯拉Model X电动汽车线束代码

线束代号	线束名称	线束代号	线束名称	线束代号	线束名称	线束代号	线束名称
C	中控台	J	主体线束	RO	左后门支柱线束	SU	右后门上部线束
D	左前门线束	K	顶棚	RT	左后门饰线束	T	尾门线束
DT	左前门饰线束	L	前端模块	RU	左后门上部线束	V	控制台顶部线束
F	前保险杠线束	P	右前门线束	SL	右后门下部线束	W	行李厢线束
G	后保险杠线束	PT	右前门饰线束	SO	右后门支柱线束	X	后副车架线束
H	仪表板线束	RL	左后门下部线束	ST	右后门饰线束		

二、长城电动汽车电路图的识读

1. 电路图的特点

长城电动汽车电路图供电在页面的上半部分，接地在页面的下半部分，下面以图4-5为例对电路图中的各个点进行解释说明。

[A]：熔断器名称及规格。

[B]：配线颜色及编号。配线颜色用字母表示（B＝黑色；W＝白色；Y＝黄色；R＝红色；G＝绿色；Br＝棕色；Bl＝蓝色；Gr＝灰色；Or＝橙色；P＝粉色），单色导线的颜色标注直接使用上述字母；双色导线的颜色标注第一位为主色，第二位为条纹色。例如，单色导线，红色，标注为R；双色导线，主色为绿色，条纹颜色为黑色，标注为G-B。

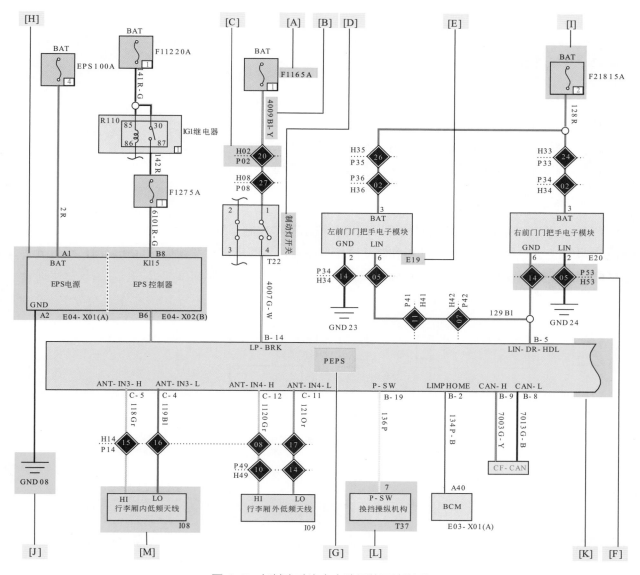

图 4-5　长城电动汽车电路图的识读说明

[C]：两根线束插件的连接。H02 与 P02 为两根线束的插件编号，20 为插件端子号。

[D]：电气元件的名称。

[E]：电气元件与线束连接插件的编号，此插件为线束端插件。

[F]：两个端子在同一插件中。例如，14 与 05 两个端子同在 P53/H53 中。

[G]：系统模块名称。

[H]：此模块有两个或两个以上插件。例如，图 4-5 中所示为两个插件，分别为 E04-X01（A）和 E04-X02（B）。

 提示

当模块有两个或两个以上插件时，可表示为"A1、B1"。

[I]：熔断器，框中数字表示熔断器盒序号。图 4-5 所示为此熔断器在 2 号熔断器盒内。

1号熔断器盒为仪表板熔断器盒；2号熔断器盒为机舱熔断器盒；3号熔断器盒为行李厢熔断器盒；4号熔断器盒为蓄电池正极熔断器盒。

[J]：搭铁点，统一用"GND"加数字表示。图4-5所示为第8号搭铁点。

[K]：系统未展示完。

[L]：此系统在本页内为非重点表达内容，填充颜色为灰色。

[M]：此系统为本页内重点表达内容，填充颜色为蓝色。

2.电路图识读示例

图4-6、图4-7所示为2021款欧拉黑猫纯电动汽车整车控制系统电路图。整车控制器（VCU）根据电源状态、变速杆状态、加速踏板和制动踏板传感器信号等来识别驾驶员的行驶意图，经过分析、判断等处理，向电动机控制器发出相应的控制指令，电动机控制器驱动电动机运行，实现汽车前进、后退、加速、减速、制动等控制。

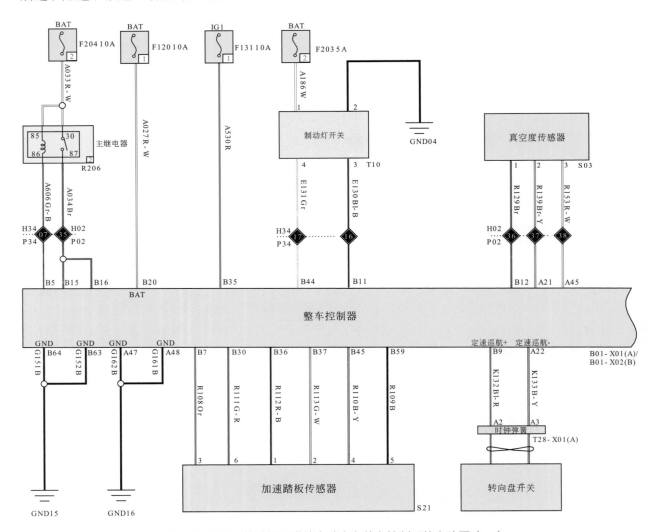

图4-6　2021款欧拉黑猫纯电动汽车整车控制系统电路图（一）

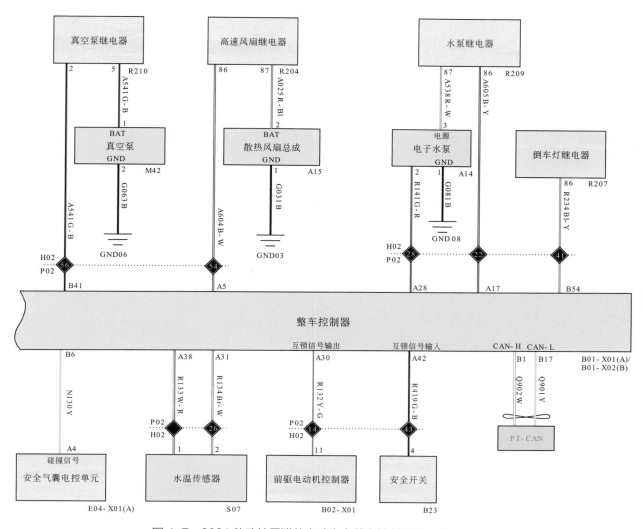

图 4-7　2021 款欧拉黑猫纯电动汽车整车控制系统电路图（二）

（1）供电　12V 的蓄电池 BAT 经 10A 熔断器 F120 后供电给整车控制器 B20 端，为常供电电源；12V 的蓄电池 BAT 经 10A 熔断器 F204 后分别供电给主继电器的 85 端和 30 端，当整车控制器的 B5 端输出搭铁控制信号时，主继电器的 30 端与 87 端导通，BAT 电压经连接器 H02/P02 的 35 端后分别供电给整车控制器的 B15、B16 端；当点火开关闭合时，经点火开关的 12V 蓄电池电压经 10A 熔断器 F131 后供电给整车控制器的 B35 端。

整车控制器的 B63 端、B64 端、A47 端、A48 端都为接地端，B63 端、B64 端通过 GND15 接地，A47 端、A48 端通过 GND16 接地。

（2）开关与传感器信号

加速踏板传感器：加速踏板传感器的 1 端是加速踏板传感器 2 的供电端，接整车控制器的 B36 端；加速踏板传感器的 2 端是加速踏板传感器 1 的供电端，接整车控制器的 B37 端；加速踏板传感器的 3 端是加速踏板传感器 1 接地端，接整车控制器的 B7 端；加速踏板传感器的 4 端是加速踏板传感器 1 信号输出端，接整车控制器的 B45 端；加速踏板传感器的 5 端是加速踏板传感器 2 接地端，接整车控制器的 B59 端；加速踏板传感器的 6 端是加速踏板传感器 2 信号输出端，接整车控制器的 B30 端。

制动灯开关：12V 的蓄电池 BAT 经 5A 熔断器 F203 后供电给制动灯开关的 1 端；制动灯开关的 2

端为接地端，经GND04接地；制动灯开关的3端输出制动灯开关信号，经连接器H34/P34的16端后，输入整车控制器的B11端；制动灯开关的4端输出制动灯开关信号，经连接器H34/P34的17端后，输入整车控制器的B44端。

转向盘开关：转向盘开关上的定速巡航+、定速巡航−信号经时钟弹簧的A2、A3端后分别输入整车控制器的B9端、A22端。

碰撞信号：安全气囊电控单元A4端为碰撞信号输出端，接整车控制器的B6端。

水温传感器：水温传感器的1端为信号端，经连接器P02/H02的25端后，接整车控制器的A38端；水温传感器的2端为接地端，经连接器P02/H02的26端后，接整车控制器的A31端。

真空度传感器：真空度传感器的1、2、3端分别为传感器信号端、接地端和供电端，经连接器H02/P02的36端、37端、38端后，分别接整车控制器的B12端、A21端、A45端。

高压互锁信号：车辆通过使用低压电信号来检查整个高压模块、导线及连接器的电气连接安全性。当发生高压互锁故障，整车不能上高压电。整车控制器的A42端为高压互锁信号输入端，经连接器P02/H02的43端后接安全开关的4端；整车控制器的A30端为高压互锁信号输出端，经连接器P02/H02的14端后接前驱电动机控制器的11端。

（3）执行器

真空泵：真空泵的1端为供电端，接真空泵继电器的5端，真空泵继电器受整车控制器控制，整车控制器控制的B41端为控制端，经连接器H02/P02的56端后接真空泵继电器的2端；真空泵的2端为接地端，通过GND06接地。

散热器风扇总成：散热器风扇总成的1端为接地端，通过GND03接地；散热器风扇总成的2端为供电端，接高速风扇继电器的87端，高速风扇继电器受整车控制器控制，整车控制器的A5端为控制端，经连接器H02/P02的54端后接高速风扇继电器的86端。

电子水泵：电子水泵的1端为接地端，通过GND08接地；电子水泵的2端为驱动控制端，经连接器H02/P02的28端后接整车控制器的A28端；电子水泵的3端为供电端，接水泵继电器的87端，水泵继电器受整车控制器控制，整车控制器的A17端为控制端，经连接器H02/P02的22端后接水泵继电器的86端。

倒车灯继电器：整车控制器的B54端为倒车灯继电器控制端，经连接器H02/P02的41端后接倒车灯继电器的86端。

整车控制器的B1端、B17端分别为PT-CAN（动力CAN）的CAN高、CAN低信号端，通过PT-CAN总线与电池管理系统、车载充电机、电动机控制器、电动助力转向系统、安全气囊模块等进行通信。

三、比亚迪电动汽车电路图的识读

比亚迪电动汽车电路图在电路图符号、文字标注、导线颜色的规定上沿用之前生产的燃油汽车的风格。下面以比亚迪汉EV电动汽车前驱动电动机控制器（图4-8）为例，讲解比亚迪电动汽车电路图的识读。

前驱动电动机控制器位于前电驱动总成中，它将动力电池提供的直流电，整流逆变成三相交流电，根据整车需要改变输入驱动电动机的三相交流电的电流及频率，从而控制前驱动电动机的输出。

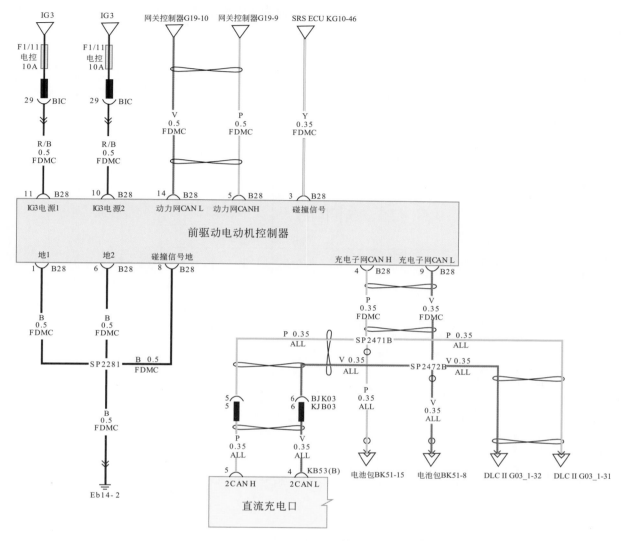

图 4-8　比亚迪汉 EV 电动汽车前驱动电动机控制器电路

供电：经点火开关后的12V电源经熔断器F1/11后分别供电给前驱动电动机控制器的B28-10端和B28-11端。

接地：前驱动电动机控制器的B28-1端、B28-6端是接地端，经EB14-2点接地。

前驱动电动机控制器的B28-3端为碰撞信号正极输入端、B28-8端为碰撞信号接地端。

前驱动电动机控制器的B28-4端为充电子网CAN H端、B28-9端为充电子网CAN L端，通过充电子网CAN总线与直流充电口、动力电池和诊断接口进行通信。

前驱动电动机控制器的B28-5端为动力网CAN H端，B28-14端为动力网CAN L端，通过动力网CAN总线与整车控制器进行通信，即接收整车控制器的命令，将直流电压转化为交流电压，控制电动机在不同转速下的转矩输出，并将电动机控制器系统的状态返回给整车控制器。

四、奇瑞电动汽车电路图的识读

以奇瑞小蚂蚁eQ1电动汽车空调系统（图4-9）为例，介绍奇瑞电动汽车电路图的识读方法。eQ1

电动汽车空调系统为冷暖一体电动空调，该空调系统可以为车内提供制冷、除湿、采暖、除霜、通风等功能，给车内提供舒适的乘坐环境。

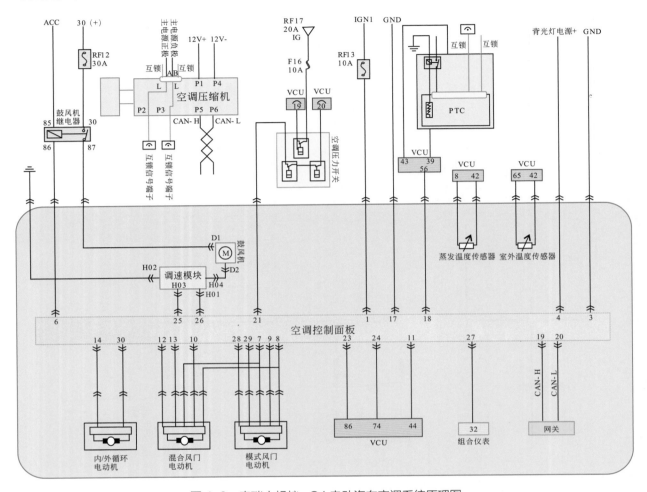

图 4-9　奇瑞小蚂蚁 eQ1 电动汽车空调系统原理图

（1）供电　空调控制面板的1端为面板12V电源供电端，接10A熔断器RF13；空调控制面板的17端为接地端。

（2）制冷、除湿　空调由鼓风机引入外部（内部）空气，将其通过蒸发器降温、除湿，并送入驾驶室。

空调压缩机：按下空调开关面板上A/C开关，A/C请求信号经过空调压力开关将信号传递到整车控制器（VCU），VCU采集蒸发温度传感器的信号来判断是否开启压缩机，同时采集室外温度传感器的信号来控制压缩机的转速。空调系统只有在空调A/C开关接通、空调压力符合要求、VCU功能正常、动力电池电量足够的条件满足时才能启动工件。空调控制面板的21端为A/C请求信号端，接空调压力开关，高电平有效。

鼓风机及调速模块：空调控制面板的6端为鼓风机启动继电器控制端，接鼓风机继电器的86端，低电平有效；空调控制面板的26端为鼓风机反馈信号端，接调速模块的H01端；空调控制面板的25端为鼓风机控制信号端，接调速模块的H03端；调速模块的H02端为接地端；接调速模块的H04端为鼓风机负极端，接鼓风机的D2端。

（3）采暖、除霜　短按一下PTC开启请求开关，PTC加热请求开启。VCU驱动PTC继电器，促使PTC工作，通过鼓风机将热量传递出去。空调控制面板的18端为PTC请求信号端，接VCU的56端，高电平有效。

（4）通风　通过调节空调分发器上的各个风门，使之按需要移动到各种位置，可引入内部或外部的空气，通过不同的风道，实现各种模式。

空调控制面板的14、30端为内/外循环电动机控制端，通过改变14、30端电压的极性，控制内/外循环电动机的正/反转，可将风门移动至出风转换的任何位置，从而实现车外新鲜空气或车内循环模式的切换。空调控制面板的7端为外部参考5V电压，分别供电给模式风门电动机和混合风门电动机；空调控制面板的8端为信号接地端；空调控制面板的12、13端为混合风门电动机控制端，通过改变12、13端电压的极性，控制混合风门电动机的正/反转，带动混合风门移动，从而实现车内温度冷暖的调节；空调控制面板的10端为混合风门电动机位置反馈信号端。空调控制面板的28、29端为模式风门电动机控制端，通过改变28、29两端电压的极性，控制模式风门电动机的正/反转，带动模式风门移动，从而实现吹面、吹面吹脚、吹脚、吹脚除霜功能；空调控制面板的9端为模式电动机位置反馈信号端。

（5）传感器信号

蒸发温度传感器：开启A/C开关后，VCU采集蒸发温度传感器的温度，对比设定的压缩机允许的开启和断开的温度值来确定是否允许压缩机的开机和关闭，VCU的8、42端外接蒸发温度传感器。

室外温度传感器：开启A/C开关后，VCU采集室外温度传感器的温度，对比设定的压缩机转速，来控制压缩机的转速，VCU的65、42端外接室外温度传感器。

（6）其他端子功能

空调控制面板的3、4端分别为背光灯负极端和正极端；空调控制面板的11端为经济/动力模式切换信号输出端，接VCU的44端；空调控制面板的23端为后除霜工作信号输入端，接VCU的86端；空调控制面板的24端为后除霜信号输出端，接VCU的74端；空调控制面板的27端后雾灯信号输出，接组合仪表的32端；空调控制面板的19、20端分别为CAN H、CAN L通信端。

第五章

汽车电路常见故障及检测方法

第一节　常见故障及检查方法

一、电气系统常见的故障

汽车电气系统的故障总体上可分为两大类：一类是用电设备故障；另一类是线路故障。

1.用电设备故障

用电设备故障是指用电设备自身丧失其原有机能，包括用电设备的机械损坏、烧毁以及电子元件的击穿、老化、性能退化等。

2.线路故障

线路故障包括接线松脱、接触不良、潮湿、腐蚀等导致的绝缘不良、短路等。这类故障一般与元器件无关。接触不良故障有时会出现一些假象，给故障诊断带来困难。例如，有的搭铁线多为几个用电设备共用，一旦该搭铁线出现接触不良，就有可能通过其他线路找到搭铁途径，造成一个或多个用电设备工作异常。

二、常用的检测工具

汽车维修常用的检测工具有跨接线、试灯、万用表、故障诊断仪等。

1.跨接线

跨接线可用来将存在故障的电路中的开关、导线和插接器等短路，以观察电路是否正常。如果电路正常，说明被短路的部分有故障。图5-1是用跨接线的一端接蓄电池正极，另一端分别跨接各点进行检测。

（a）跨接线

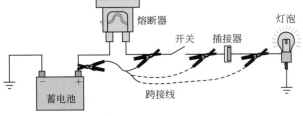

（b）跨接线的使用

图 5-1　跨接线及其使用

注意

　　跨接线不能直接跨接在蓄电池的两端或蓄电池正极和搭铁之间。

2.试灯

试灯有两种，即测电压的无源试灯和测电路导通性的有源试灯。

（1）无源试灯　内部装有一只12V的灯泡（图5-2）。将带夹子的搭铁线接地后，再将带尖的探头同电路上任何一个应有电压的点连接。若灯泡亮，说明被测试的点上有电压。

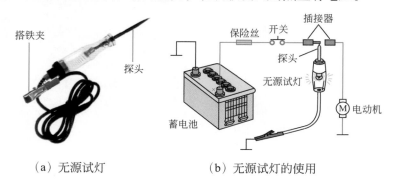

（a）无源试灯　　　　　（b）无源试灯的使用

图5-2　无源试灯及其使用

（2）有源试灯　使用有源试灯（图5-3）可以检测电路的导通性。使用时要将电路的电源断开，搭铁夹接负载部件的搭铁端子，探头接触被检查的电线。若电路是连通的，内装电池便将灯点亮；若电路不连通（有断路的地方），灯不亮。

⚠ 注意

　　用有源试灯接带电的电路，会损坏试灯。

图5-3　有源试灯

3.万用表

万用表有指针式万用表和数字式万用表两种，数字式万用表测试准确度远远超过指针式万用表，普遍用于汽车电器诊断与检测。

不同的数字式万用表功能及结构不尽相同，但基本都是由显示屏、功能按钮、量程选择开关、测试表笔插口等构成，如图5-4所示。数字式万用表可测量直流电压、交流电压、电阻、电流、频率、温度、二极管、电容等。

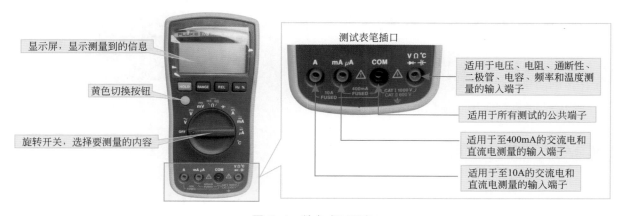

图5-4　数字式万用表

（1）测量交流和直流电压（图5-5）

• 将旋转开关转到 $\widetilde{V}$、$\overline{\overline{V}}$ 或 $\overline{\overline{mV}}$，选择交流电或直流电。

• 将红色测试导线插入 $\underset{\sim}{V\Omega}$ 端子并将黑色测试导线插入 COM 端子。

• 将探针接触想要的电路测试点，测量电压。

• 阅读显示屏上测出的电压。

（2）测量交流和直流电流

• 将旋转开关转到 $\widetilde{\overline{A}}$、$\widetilde{\overline{mA}}$ 或 $\widetilde{\overline{\mu A}}$。

• 按下黄色切换按钮，在交流或直流电流间切换。

• 根据待测电流的大小，将红色测试导线插入 A、mA 或 μA 端子，并将黑色测试导线插入 COM 端子。

• 断开待测的电路，然后将测试导线串接断口并接通电源。

• 阅读显示屏上测出的电流。

（3）测量电阻（图5-6）

• 将旋转开关转至 $\overset{\cdot))}{\Omega}$，确保已切断待测电路的电源。

• 将红色测试导线插入 $\underset{\sim}{V\Omega}$ 端子，并将黑色测试导线插入 COM 端子。

• 将探针接触想要的电路测试点，测量电阻。

• 阅读显示屏上测出的电阻。

（4）通断性测试 当选中了电阻模式，按两次黄色切换按钮可启动通断性蜂鸣器。若电阻不超过 50Ω，蜂鸣器会发出连续音，表明短路。

（5）测试二极管（图5-7）

• 将旋转开关转至 $\overset{\cdot))}{\Omega}$。

• 按黄色切换按钮一次，启动二极管测试。

• 将红色测试导线插入 $\underset{\sim}{V\Omega}$ 端子并将黑色测试导线插入 COM 端子。

• 将红色探针接到待测的二极管的阳极，黑色探针接到阴极。

• 阅读显示屏上的正向偏压值。

（a）测交流电压　　（b）测直流电压

图 5-5　测量交流和直流电压

图 5-6　测量线路的电阻

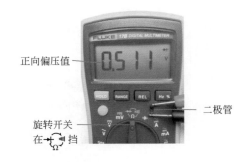

图 5-7　测试二极管

三、常见的检查方法

汽车电路发生的故障主要有线路断路、线路与电源短路、线路与搭铁短路、线间短路、线路接触电阻增大、线路插接器连接松动、线路漏电、电器损坏等。为了能迅速、准确地诊断出故障，下面介绍几种常见的电气故障检修方法。

1.直观诊断法

汽车电路发生故障时，有时会出现冒烟、火花、异响、焦臭、发热等异常现象。这些现象可通过人的眼、耳、鼻、手感觉到，从而可以直接判断出故障所在部位。检查继电器时，可对继电器线圈端子供电，正常会听到"咔嗒"声，手摸会有振动感；检查保险丝时，可取下保险丝，通过观察保险丝是否熔断，来判断保险丝的好坏（图5-8）。

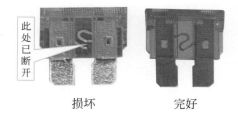

图5-8 直观法判断保险丝的好坏

2.断路法

断路法适用于电路系统发生搭铁（短路）故障的检查，方法是将怀疑有搭铁故障的电路段断开后，根据电器中搭铁故障是否还存在，判断电路搭铁的部位和原因。

例如汽车行驶时，听到喇叭长鸣，则可以将喇叭继电器的开关控制线拔下，此时如果喇叭停鸣，则说明转向盘上的喇叭开关至继电器这段电路有搭铁现象。

3.短路法

短路法又称跨接法，当汽车电路中出现断路故障时，可用跨接线将某段线路或某一电器跨接，观察仪表指针变化或电器工作状况，从而判断出该电路中是否存在断路故障。

例如，怀疑汽车电路中的各种开关有故障，可用跨接线将开关短接来判断开关是好还是坏。

4.试灯法

试灯法是利用试灯对线路故障进行诊断，判断出电路是否存在短路或断路故障。

如果保险丝熔断，说明电路存在短路故障，这时可用试灯进行检查。如图5-9所示，开关打开，断开负载，拆下熔断的保险丝，并将测试灯跨接在保险丝端子上，从保险丝盒旁开始，左右摆动导线，观察测试灯是否发光，如果测试灯发光，则说明该处附近导线对地短路。

5.万用表法

万用表法是利用万用表对故障器件和电路直接进行测量，读取有关数据（电阻、电流和电压等）后，再判断电路及器件是否存在故障的一种检测方法。

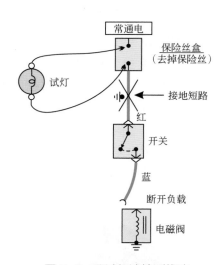

图5-9 用试灯法检测线路

 注意

使用万用表时，如果是带电检测（指电路有电）必须用电压挡。不带电检测用电阻挡，具体方法可参考万用表的使用说明。

6. 换件法

换件法在实际故障诊断中经常采用，即用一个无故障的元件替换怀疑可能出现故障的元件，观察出现故障系统的工作情况，从而判断故障所在。采用换件法必须注意的是，在换件前要对其线路进行必要的检查，确保线路正常方可使用，否则会造成更大的损失。

7. 仪器法

随着汽车电气设备的日趋复杂，在维修中，特别是维修装置电子设备较多的车辆，使用一些专用的仪器是十分必要的。

例如，检测点火、喷油系统时使用示波器，检测发动机电控系统时使用专用诊断仪。

第二节 常见元件检测及电路故障诊断

一、熔断器及相关电路的检测

目测或用万用表测量熔断器是否导通，如果电阻为无穷大，则烧毁，应找出烧毁原因，并对电路进行测量。测量熔断器电源端是否有电压，电器端是否直接搭铁。如果电源端无电压则应继续向电源方向查找，直到查到电源为止。若电器端搭铁（测得的电阻为0），则必须查出线路在何处搭铁，并排除故障，否则换上新熔断器也会烧毁。

二、继电器及相关电路的检测

（1）测电阻 用万用表电阻挡测继电器的线圈阻值，从而判断该线圈是否存在开路现象。

（2）通电检测 如果电阻符合要求，再给继电器线圈加载工作电压，然后用万用表检查触点的导通情况，如果是常开触点，加载工作电压后，触点应闭合，测得电阻为0；如果是常闭触点，加载工作电压后，触点应断开，测得电阻为无穷大。

以大众汽车上的X触点卸荷继电器为例，用万用表电阻$R \times 100$挡检查接线端子86端与85端，应导通（有一定的电阻值），而接线端子30与87间电阻应为无穷大（图5-10）；在接线端子86与85间加12V电压，用万用表测30端与87端，应导通。如果检测结果与上述不符，说明继电器已损坏。

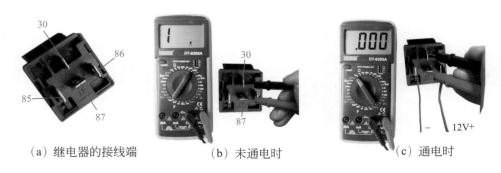

（a）继电器的接线端   （b）未通电时   （c）通电时

图5-10 继电器的检测

三、传感器类零件的检测

目前汽车上的传感器按是否需要工作电源分为有源传感器和无源传感器两种；按输出信号分为输出电压信号和输出频率信号两种。

检查时应根据传感器的不同类型按不同的方法进行。对有源传感器，应检查其工作电压和信号电压/频率是否正常，能测电阻的还要进行电阻的测量，检查其电阻值是否在规定的范围内；对无源传感器应检查信号电压/频率是否正常，同样能测电阻的也要检查电阻是否在规定的范围内。

下面以爆燃传感器为例介绍其检测方法：爆燃传感器是有源传感器，可通过测爆燃传感器两端子间的电阻、电压的方法进行检测。

① 测电阻：在无压力的情况下，把传感器的插接器拔下，用数字式万用表检测两输出线的电阻，一般电阻值较大为正常，否则说明传感器有问题。如丰田卡罗拉、凯美瑞、雅力士、汉兰达、酷路泽等轿车，20℃时正常电阻值为 120 ~ 280kΩ。

② 测电压：将万用表的表笔连接在传感器的信号输出端子上，然后敲击爆燃传感器，用万用表应能检测到脉冲信号（图5-11），若敲击传感器时没有电压输出说明传感器损坏。

图 5-11　测爆燃传感器的电压输出

四、喷油器的检测

（1）简单检查方法　在发动机工作时，用旋具或听诊器测听各缸喷油器针阀开闭时的振动或声响。正常喷油器应能感觉到振动或能听到有节奏的"嗒嗒"声。

（2）喷油器电阻的检测　拔下喷油器线束插头，用万用表测量喷油器两接线柱间电阻值（图5-12），如正常，高阻抗型喷油器电阻应为 12 ~ 16Ω，低阻抗型喷油器电阻应为 3 ~ 5Ω。

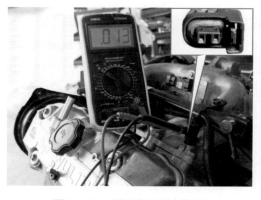

图 5-12　测量喷油器电阻值

五、点火线圈的检测

（1）独立式点火线圈的检测　某个独立式点火线圈出现故障时，会造成单缸不工作或工作不正常，表现为怠速抖动、动力不足、加速不良等。

检测方法：拆下火花塞观察电极处的燃烧情况来判断是哪一个气缸不正常，燃烧不正常的火花塞电极处会发黑或有油污。确定某缸有故障后，将有故障气缸的点火线圈与另一气缸点火线圈互换，如果故障随着点火线圈转移，即可确定为点火线圈故障。同时也要检查点火线圈的连接线是否存在断路现象，点火线圈的控制信号与控制单元之间应无断路或短路现象。

（2）双缸式点火线圈的检测　双缸式点火线圈出现故障时，会造成两个或四个气缸不工作（以四缸发动机为例）。表现为发动机不能启动或启动困难、怠速熄火、加速不良等现象。

检测方法：可用万用表20kΩ挡测量点火线圈高压端1、4缸和2、3缸之间的电阻，正常应有一定的阻值，如图5-13所示。如果出现电阻值无穷大，说明点火线圈次级绕组断路，应更换点火线圈。如果点火线圈没有故障，应检查点火线圈的连接线及连接线与控制单元之间是否存在断路现象。

（a）测1、4缸间的电阻 　　　　　（b）测2、3缸间的电阻

图5-13　用万用表检测点火线圈

六、电磁阀类元件的检测

用万用表检查其线圈的电阻是否符合要求。检查通电后电磁阀的动作是否符合要求及是否达到规定的效果。以丰田车系占空比控制真空开关阀（VSV）的检查为例：

（1）测量电阻　关闭点火开关，拔下电磁阀插接器，用万用表电阻挡测量电磁阀线圈的电阻（图5-14），其阻值应符合规定（一般为20~500Ω），不同车型电磁阀的电阻值不同，具体参看相应车型的维修手册，如卡罗拉VSV电阻值为23~26Ω。

（2）检查VSV的工作情况　当电磁阀不通电时，端口E与端口F之间应不通［图5-15（a）］；在图5-14中的端子1和2上施加蓄电池电压，空气应能从端口E流到端口F［图5-15（b）］。否则说明电磁阀损坏，应更换。

七、灯泡的检测

汽车车灯的故障常见的是灯泡烧坏、插座锈蚀或插头损坏。对于灯泡的好坏，可以用万用表进行检测，如图5-16所示，检查灯丝的通断，如果电阻为无穷大则灯丝损坏。

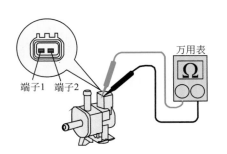
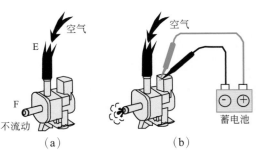

图5-14　测量VSV电阻　　　图5-15　VSV工作情况的检查　　　图5-16　灯泡的检测

八、开关的检测

检查时应根据开关的功能和开关各挡的导通情况，用万用表电阻挡进行检查，图5-17所示为灯光组合开关及端子。

检查步骤如下。

• 检查灯光控制开关是否导通。按照表5-1检查开关在每个位置时各端子之间是否导通。

• 检查前照灯变光开关是否导通。

• 检查雾灯开关是否导通。

• 检查转向开关是否导通。

• 如果不符合规定，则更换组合开关。

图5-17　灯光组合开关及端子

表5-1　灯光组合开关挡位及端子导通关系

名　称		挡　位	导通端子
灯光组合开关	灯光控制开关	TAIL 挡	10 与 13
		HEAD 挡	10 与 13
	变光开关	Flash 挡	9 与 11
		Low 挡且灯光控制开关在 HEAD 挡时	8 与 11
		High 挡且灯光控制开关在 HEAD 挡时	9 与 11
	雾灯开关	Front 挡	2 与 3
		Front Rear 挡	2 与 3 与 4
	转向开关	LH 挡	5 与 6
		RH 挡	6 与 7

九、插接器的检测

汽车行驶产生振动、端子氧化或脏污，会引起插接器接触不良。插接器的检测方法如下。

（1）防水插接器的检测　当对防水插接器的导通性及电压进行测试时，要求用专用工具，如图5-18所示，以免引起插接器接触不良或防水性能降低，切忌不要从背面伸入探针检测防水插接器，否则会引起端子腐蚀，使电路性能下降。

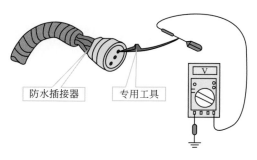

防水插接器　　专用工具

图5-18　防水插接器的检测

> ⚠ **注意**
>
> 　如果断开插接器检测，面对的部分是插孔一侧，要选用合适的探针，且接触端子时不可用力过大，探针不要同时接触两个或多个端子，否则可能损坏电路。
>
> 　如果面对的部分是插针一侧，在检测某一个端子时，不要将探针碰到其他端子。
>
> 　若需要拉动线束时，应小心轻拉，不要让端子脱离插接器。
>
> 　当发现插接器端子结合不良时，先拆下插接器座上的端子，拔出导片，再维修插接器端子。

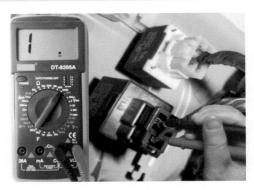

　（2）普通插接器的检测　对普通插接器的导通性及电压进行测试时，可以用从插接器背面伸入探针的方法直接检测，如图5-19所示，但检测时要小心，不要将导线刺透、刺断，也不要碰到其他端子的导线。

图 5-19　普通插接器的检测

十、线路的检查方法

　线路检查一般采用两种方法：一种是用万用表的电阻挡测量相应导线的通断程度及搭铁情况；另一种方法是利用万用表的电压挡，沿着电路图中的线路分段用万用表检查电压或用试灯测试亮灭的情况。如图5-20所示，前大灯的好坏可用万用表电阻挡通过测量电阻值进行判定；前大灯变光开关的好坏可用万用表电阻挡通过测量开关各挡位的通断程度来判定；前大灯近光灯、远光灯的1端是否有电，可通过万用表的电压挡进行测量。

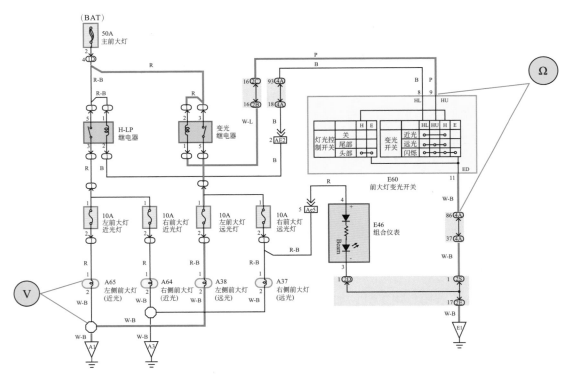

图 5-20　大灯的电路图

十一、电路故障诊断

在诊断车辆电气故障时，应参阅系统电路图，以电路图为诊断起点，然后进行系统检查。在未确定可能的故障原因前，切勿开始拆解部件或进行测试。

例如客户报修左前照灯远光灯不亮。

1. 对前照灯电路进行系统检查

检查结果是：

• 前照灯近光工作正常；

• 接通远光时，右前照灯远光灯工作正常，但左前照灯远光灯不亮；

• 启动远光/闪光开关时，左前照灯远光灯仍不亮。

2. 识别并分析故障

经检查和询问驾驶员，确定左前照灯没有远光，阅读系统电路图，研究相关电路的工作原理（图5-20所示的红色线路部分），检查故障电路。

3. 找出可能的故障原因

• 由于两个前照灯近光工作正常，因此蓄电池到50A主前大灯之间的电路正常。

• 由于右前大灯远光工作正常，因此变光继电器、前大灯变光开关、前大灯变光开关至E1搭铁之间电路肯定正常，故障原因确定在左前大灯保险丝与A1搭铁点之间的线路（图5-21所示的红色线路部分）。

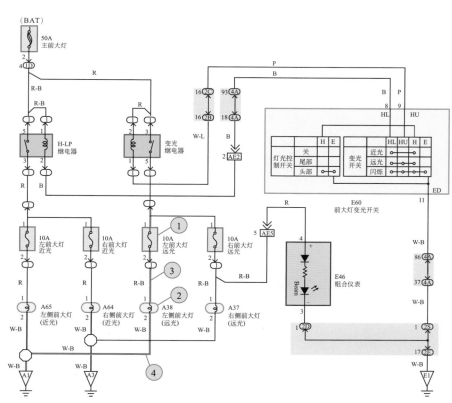

图 5-21　确认故障部位

• 对保险、灯泡进行检查，检查的结果是保险丝烧坏。

• 确定保险丝烧坏的原因。保险丝烧坏的多数原因是线路发生了短路，因此还需对线路进行检查。

• 检查时可将灯泡的插接器作为检查的部位，用万用表的电阻挡检查插接器两个端子的绝缘情况，检查发现存在短路的情况。维修后更换保险丝，故障排除。

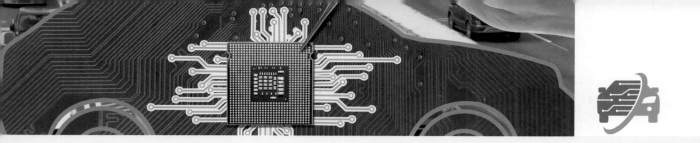

参考文献

[1] 孙运生. 从识读汽车电路图到学会维修就这么容易. 北京：化学工业出版社，2014.

[2] 杨智勇. 汽车电气结构与维修. 北京：化学工业出版社，2014.

[3] 张华. 汽车电工电子技术. 第2版. 北京：北京理工大学出版社，2014.

[4] 李子云. 汽车电工电子技术. 北京：清华大学出版社，2014.

[5] 李永力. 汽车电路和电子系统检修. 北京：机械工业出版社，2014.

[6] 陈宁. 汽车电路分析与检测. 第2版. 北京：电子工业出版社，2014.

[7] 刘森. 新编怎样识读汽车电路图. 北京：金盾出版社，2013.

[8] 董宏国. 汽车电路分析. 第3版. 北京：理工大学出版社，2013.

[9] 张振. 汽车电器构造与维修. 北京：中国电力出版社，2013.

[10] 孙余凯，吴鸣山，项绮明. 汽车电路识图轻松入门. 北京：化学工业出版社，2013.

[11] 唐先桂. 轻松维修汽车电气故障. 北京：化学工业出版社，2012.

[12] 刘春晖. 汽车电工电子技术基础. 北京：机械工业出版社，2012.

[13] 毛峰. 汽车电器. 北京：机械工业出版社，2011.

[14] 季杰，吴敬静. 轻松看懂汽车电路图. 北京：化学工业出版社，2011.

[15] 夏敏磊. 汽车电路分析与检测. 北京：电子工业出版社，2011.

[16] 谭本忠. 汽车电路图识读入门. 北京：化学工业出版社，2011.

[17] 高元伟，吕学前. 汽车电气设备构造与维修. 北京：人民交通出版社，2011.